Mère Teresa

Navin Chawla

Mère Teresa

Traduit de l'anglais
par Jean-Paul Mourlon

Préface de l'Abbé Pierre

Titre Original :
MOTHER TERESA
Sinclair-Stevenson, Londres, 1992
et Penguin Books, New Dehli, 2002 (édition augmentée)

© Navin Chawla, 1992, 1997, 2002, 2003
Pour la traduction française et la préface
© Éditions L'Archipel, 1994
Édition revue et complétée, 2003

Préface

Il est des rencontres inattendues, de telle femme ou tel homme, sans notoriété alors, et dont un enrichissement restera pour toujours en nous, enrichissement et blessure, comme lorsqu'une vigne est blessée, taillée pour donner plus et meilleur.

La grâce m'a été donnée d'une telle rencontre, en 1954, avec Mère Teresa. Pas une rencontre d'un moment, mais d'une journée entière, depuis tôt le matin, le temps d'Adoration vécu alors par une trentaine de sœurs, puis la dispersion comme des volées d'oiseaux vers la tâche, la mission vers tel quartier de Calcutta, vers telle plus extrême misère, désespérante.

Mère Teresa, en pleine vitalité, sans doute au sommet de ses forces humaines, décida que ce jour je le passerais entièrement sur ses pas.

Ce fut d'abord un quartier de lépreux. Les sourires de visages ravagés, les bras mutilés tendus vers elle parlaient un langage mystérieux, me changeaient une fois de plus. Au long de la longue journée, aidé d'une sœur interprète venue au secours de mon anglais de mauvais élève, nous découvrîmes, Mère Teresa et moi, si éloignés et inconnus l'un de l'autre, qu'au moment même où Emmaüs était né, comme une semence minuscule dont rien ne pouvait faire imaginer les suites – j'avais alors décidé de partager ma vie de prêtre et de maladroit député avec des criminels, des suicidés, des ratés –, elle posait ses premiers gestes de partage des souffrances d'humains devenus comme des rebuts, de trop.

Après qu'elle eut veillé à l'efficacité sans cesse améliorée du service des sœurs, dont nombre étaient toutes nouvelles, soudain jetées dans le partage, confrontées à ces débris d'humains qui avaient pourtant été, un temps, bambins rieurs, miséreux mais rieurs comme tous les enfants du monde, sur le retour elle me conduisit à ce que les Français avaient appelé le « mouroir ».

On emportait les corps des défunts de la nuit. Elle avait pour tous les malades un mot ou un sourire.

Dans ce lieu, l'hôtellerie d'un temple hindou, le cuisinier rayonnait de bonté. Cet homme, m'expliqua-t-elle, était un musulman venu, volontaire, lui offrir son aide. Les petites sœurs venaient de très diverses nations. Un moment, nous parlâmes avec une jeune Allemande, devenue habile menuisier.

Le docteur, abordant Mère Teresa, lui dit, montrant un jeune homme couché : « Celui-ci est guéri, il peut nous quitter, cela fera une place pour l'un de ceux qui attendent. » Mère Teresa montrait un visage angoissé. Après que le médecin se fut éloigné, elle me dit, les larmes aux yeux : « Il est guéri. Il va repartir. Mais comment serait-il gardé de la faim et de la misère ? D'ici très peu, il se trouvera à l'agonie, comme lorsque nous l'avons relevé du trottoir. »

C'est pour ceux-là qu'elle s'évertuait à tenter de créer des ateliers professionnels rentables.

Aujourd'hui où la « crise » s'est abattue sur la France et les pays industriels, chaque jour, nous connaissons dans les Communautés d'Emmaüs quelque chose d'analogue. La mort est aux aguets, elle menace de jeunes gens, foule de solitudes sans espérance. La Communauté les aide à retrouver l'estime d'eux-mêmes, mais quel « projet », logis, emploi, ressources, autonomie peut-elle leur offrir pour qu'ils puissent espérer un jour créer une famille ? Il faut sans cesse lutter : lequel sera le plus inventif, du malheur ou des initiatives créatives ?

Douleur planétaire, 35 % de Nord-Américains vivent sous le seuil de la misère, 40 % dans l'Europe qui veut naître. Et combien en Afrique et en Amérique latine ?

« Vous êtes le sel de la terre », disait déjà Jésus aux Apôtres, se voyant si peu et si fragiles.

Croire, c'est Aimer « quand même ». Aimer, c'est être blessé du mal des autres et s'unir à eux pour goûter, ne serait-ce que par instant et avec des larmes, l'ineffable Joie, ensemble, de chacun se savoir Aimé et capable d'Aimer.

Merci, mon Dieu, pour toutes les Mères Teresa du monde, illustres ou ignorées.

Que votre être d'Amour les multiplie, jamais parfaites mais preuves que le monde n'est pas abandonné au Mauvais, qu'il n'est pas chemin vers nulle part, mais par l'Amour vers l'Amour.

Et merci à toi, Navin Chawla, qui as reçu le don d'être heureux de pouvoir et savoir faire voir ce mystère, notre sœur Teresa.

ABBÉ PIERRE

Avant-propos

C'est en 1975, lors d'une brève cérémonie au Nirmal Hriday – la Maison du cœur pur – de Delhi, que je fis la connaissance de Mère Teresa. Elle avait invité le lieutenant-gouverneur à inaugurer un centre de réhabilitation pour ses pensionnaires âgés, car elle désirait vivement que les hôpitaux de Delhi passent commande du linge et des pansements de gaze que fabriquait sa minuscule entreprise. Elle savait que l'approbation de celui qui dirigeait l'administration municipale ferait beaucoup pour assurer du travail à la dizaine de vieillards qui s'affairaient devant leur métier à tisser. J'accompagnais rarement mon supérieur hiérarchique en de telles occasions, mais j'étais curieux de rencontrer Mère Teresa, et je m'y rendis donc avec lui.

Je lui avais préparé, dans le cadre de mes fonctions officielles, un discours un peu guindé, qu'il lirait lors de la cérémonie. Mais je fus heureux qu'il n'en fasse rien après avoir visité le centre et les deux dortoirs accueillant des sans-foyer âgés, assis dans leur lit, qui nous reçurent avec chaleur.

Ce n'était pas, en effet, le jour des discours tout préparés. Mère Teresa parla de choses très simples : l'amour, l'affection, le partage. Elle évoqua le nouveau centre, les gouttes d'eau qui finissent par former un océan. Le lieutenant-gouverneur répondit avec une simplicité égale à la sienne. Il l'assura que les hôpitaux achèteraient, jusqu'aux derniers, draps de lit, serviettes et bandages, et les invita, elle et ses sœurs, à venir le voir chaque fois qu'elles le voudraient, même sans rendez-vous.

Mère Teresa accepta l'invitation sans perdre de temps. Moins de deux semaines plus tard, un matin, on frappa à la porte de mon bureau, et elle entra. Je fus si surpris qu'il me fallut quelques instants pour me reprendre et répondre au *namaste* (le salut à l'indienne, mains jointes) de cette religieuse vêtue d'un sari. Elle était venue de Calcutta pour résoudre un problème dont la seule pensée faisait frissonner tout le monde : la lèpre. Ainsi commença ma participation à la tâche qu'elle accomplit.

Elle alla droit au but – ce qui, comme je m'en rendis bientôt compte, était sa manière d'agir habituelle. Je me souviens parfaitement de ses paroles : « De nombreux lépreux viennent dans les grandes villes pour chercher un traitement ou du travail. Beaucoup ne bénéficient d'aucune assistance et n'ont d'autre choix que de mendier. Si on pouvait nous donner deux ou trois hectares de terre, nous bâtirions pour eux un centre de traitement et de réinsertion. » Je demandai à Mère Teresa d'attendre quelques instants, et informai le lieutenant-gouverneur de sa présence. Il la reçut aussitôt, avec les deux sœurs qui l'accompagnaient. Comme c'est la règle, on leur proposa du thé qu'elle refusa aimablement, expliquant qu'elles n'acceptaient rien, pas plus des riches que des pauvres. Puis elle évoqua le problème des lépreux : « Leur plus grande souffrance, c'est qu'ils sont redoutés de tous, et que personne n'en veut. Mes sœurs et moi essayons de leur donner une nouvelle vie. Nous avons ouvert en Inde de nombreux centres de traitement et de réinsertion. Ils y travaillent dans la dignité et n'ont plus besoin de mendier. Nous sommes en contact étroit avec eux, et leur apportons tous nos soins et toute notre affection. Nous voulons leur faire sentir qu'ils sont aimés. » Le lieutenant-gouverneur fut profondément ému, et lui demanda de quelle superficie elle avait besoin. Mère Teresa sentit que la victoire était proche ; elle eut un sourire enfantin tout à fait charmant, puis doubla sa première estimation et demanda cinq hectares. Le lieutenant-gouverneur m'enjoignit de faire en sorte qu'ils soient attribués aux Missionnaires de la charité afin qu'elles créent à Delhi un centre destiné aux lépreux.

L'entretien dura près d'une demi-heure, au cours de laquelle j'eus l'occasion d'observer Mère Teresa de près. Elle était déjà menue, son visage profondément ridé, un peu ratatiné ; ses yeux bruns cillaient sans arrêt. Elle me parut très sagace et d'un esprit remarquablement pratique. Il lui aurait été difficile de ne pas remarquer l'émotion qu'elle faisait naître chez les autres, mais elle-même était gaie et dépourvue de sensiblerie. Elle faisait usage d'un vocabulaire des plus restreints, répétant souvent « Dieu merci ». Cela n'avait pas de sens religieux précis ; c'était plutôt une sorte de ponctuation : « Il fait chaud, Dieu merci », ou « Je suis heureuse d'être venue, Dieu merci ». Je notai qu'elle portait son sari avec beaucoup de grâce, chose dont peu d'Européennes sont capables. Il est vrai qu'elle n'était plus guère albanaise. Je savais qu'elle était devenue citoyenne indienne en 1947, peu après l'indépendance, et qu'elle parlait couramment bengali. De longues années de travail dans les bidonvilles de Calcutta et d'ailleurs l'avaient rendue aussi profondément indienne que tous les habitants de son pays d'adoption. Mais ses mains – aux doigts noueux et tordus – et ses pieds – déformés, chaussés de sandales grossières – montraient quelle existence difficile elle avait menée.

Au fil des années, j'ai souvent repensé à cette matinée. Qu'est-ce qui avait bien pu la rendre si particulière ? La pièce opulente où nous nous trouvions avait-elle paru plus petite du fait de sa présence discrète ? Était-ce le sari, reprisé avec soin en plusieurs endroits, ou le vieux sac de toile à poignées de bois qu'elle portait, qui lui donnait cet air d'humilité ? Tout cela à la fois, peut-être, tout comme le sentiment d'enchantement qui émanait de cette femme si proche de son dieu.

Je compris peu à peu à quel point sa foi en le Christ était profonde et sans réserve : c'est Lui qu'elle voyait dans chaque personne à qui elle venait en aide. Il y a bien des années, la première femme qu'elle releva dans une rue de Calcutta, le visage à demi dévoré par les fourmis et les rats, ne pouvait être que le Christ abandonné. Chaque corps émacié de sa Maison des mourants est le Christ souffrant ou agonisant. Pour elle et sa communauté, c'est Lui qu'elles soignent dans chaque ulcère qu'elles traitent, chaque enfant qu'elles nourrissent, chaque corps souillé d'urine qu'elles baignent. Comme elle l'a expliqué elle-même : « S'il n'en était pas ainsi, je ne pourrais au mieux m'occuper que de quelques rares élus. Les gens me demandent parfois comment je peux nettoyer les plaies d'un lépreux. Ils me disent : "Nous ne ferions pas cela pour tout l'or du monde", et je leur réponds : "Nous non plus. Mais nous le faisons par amour pour Lui." »

C'est en comprenant cela que je parvins à saisir pourquoi les sœurs acceptent toutes les situations, et sourient avec tant d'aisance. Je compris également, peu à peu, le sens profond de leurs vœux. Par celui de chasteté, elles donnent leur cœur au Christ. Mère Teresa expliqua un jour négligemment : « Je suis, pour ainsi dire, mariée avec Lui, comme vous l'êtes avec votre épouse. » Le vœu d'obéissance fait que les sœurs Lui consacrent leur libre volonté. Le vœu de pauvreté les amène à vivre comme les pauvres, à les traiter en égaux. Elles n'acceptent jamais d'argent, ni même une seule tasse de thé offerte par gratitude. Comment celle-ci pourrait-elle prendre forme, quand elles servent Dieu, par Dieu et pour Dieu ? Leur quatrième vœu est propre à leur ordre : ne servir que les plus pauvres des pauvres. Ainsi, Mère Teresa, chemin faisant, était-elle toujours heureuse de donner aux riches et aux puissants l'occasion de prendre part à sa tâche. Je vis un jour deux sénateurs américains et une riche matrone nigériane, à quatre pattes, récurant les planchers de la Maison des mourants de Kalighat. Elle hocha la tête et dit : « C'est là la beauté de l'œuvre de Dieu, elle implique beaucoup de gens. » Puis elle ajouta avec douceur : « Je leur donne l'occasion de toucher les pauvres. »

Quand je lui demandai si la pauvreté était sa force, elle me répondit qu'en fait elle était sa liberté. Quand elle quitta Entally, le couvent de Notre-Dame-de-Lorette à Calcutta, elle ne possédait que trois saris et un billet de cinq roupies. La seule chose qu'elle eût en abondance, c'était la foi : la foi dans sa mission, la conviction qu'Il la guiderait et se chargerait de tout. Et quand elle s'installa à Motijhil, elle ne jugea pas nécessaire d'entreprendre une enquête, de tracer des plans, de recueillir des fonds. À l'aide d'une baguette, elle se mit à tracer sur le sol les lettres de l'alphabet bengali, dans un petit espace libre au milieu des masures. Quelques enfants vinrent la trouver, et ils furent de plus en plus nombreux à mesure que le temps s'écoulait. Des gens donnèrent une chaise ou deux, un banc, un tableau noir : en quelques jours la petite école était devenue une réalité.

Les pauvres de Motijhil avaient également besoin de soins médicaux. En ce domaine, Mère Teresa possédait une certaine formation, mais pas de médicaments. Dans la grande tradition des ordres mendiants, elle apprit à demander la charité. Les remèdes qu'elle parvenait à recueillir disparaissaient presque aussitôt, car les besoins étaient grands. Certains malades devaient être hospitalisés sans retard. Quand un hôpital, arguant du manque de place, refusa d'accueillir une femme mourante, elle resta assise à l'entrée jusqu'à ce que les responsables fléchissent. Ils apprirent peu à peu non seulement à lui dire oui, mais à lui envoyer une ambulance chaque fois qu'elle le demandait. Bientôt, elle ouvrit son premier dispensaire. Au cours des décennies qui suivirent, les Missionnaires de la charité devaient créer, outre des écoles et des dispensaires, des foyers pour les enfants abandonnés, les lépreux, les indigents, les mourants et, plus récemment, pour les malades du sida.

En 1990, 456 centres fonctionnaient dans plus d'une centaine de pays. Cette année-là, 500 000 familles furent nourries, 20 000 enfants accueillis dans 124 écoles, 90 000 lépreux soignés, tandis que 17 048 personnes recevaient des visites à domicile. Six centres recueillirent 661 sidéens, dont 88 moururent cette même année. Des cours de catéchisme aux visites des prisons, des foyers pour enfants abandonnés aux centres pour alcooliques et drogués, les Missionnaires de la charité ont créé une organisation internationale tournée vers les pauvres et les malheureux. On les trouve sur tous les continents, dans les endroits les plus inattendus. Je demandai une fois à Mère Teresa s'il existait un lieu qu'elle n'eût pas encore exploré. Elle rit : « S'il y a des pauvres sur la Lune, nous irons aussi là-haut ! »

À une époque où l'Église s'inquiète de la crise des vocations, les Missionnaires de la charité sont aujourd'hui près de quatre mille quatre cents. Plusieurs centaines de jeunes femmes attendent avec impatience d'être acceptées au sein d'un ordre où elles connaîtront une existence difficile au point d'en paraître absurde : la bonne humeur, le bon sens et une santé robuste sont des conditions indispensables. La formation des sœurs, comme l'administration de l'ordre et de ses activités, sont très largement menées depuis la « Maison mère », nom donné aux quartiers généraux de Mère Teresa, 54 A AJC Bose Road[1]. Après 22 heures, elle-même s'y réfugiait dans un petit bureau qu'occupent pendant la journée trois sœurs assises devant des machines à écrire hors d'âge. Elle y répondait aux messages, aux demandes urgentes, et s'occupait de sa correspondance jusqu'au petit matin. C'est pendant ces heures solitaires qu'ont été écrites nombre de lettres que j'ai reçues au fil des années. Parfois, quand je la voyais, les paupières lourdes, et que je lui demandais pourquoi elle ne dormait pas au moins six heures par nuit, elle répondait en riant qu'elle en aurait tout le temps dans l'autre monde.

Les premiers temps, je rencontrai Mère Teresa presque chaque fois qu'elle était à Delhi, visitant fréquemment l'*ashram* qu'elle y a fondé. Il lui arrivait de me surprendre, comme la première fois, en ouvrant la porte de mon bureau et en demandant, avec un sourire désarmant : « Puis-je entrer ? » À d'autres occasions, j'allai l'accompagner à l'aéroport. J'en vins à me féliciter que les vols aient été retardés de temps à autre, car cela me donnait la possibilité de discuter plus longtemps avec elle.

Un jour, je lui demandai si je pouvais l'aider d'une façon ou d'une autre. Elle comprit mon besoin. Le lieutenant-gouverneur, de son côté, m'accorda mes jeudis après-midi, que je passais avec les lépreux et les vieillards indigents du Nirmal Hriday.

---

1. Anciennement Lower Circular Road.

C'est donc naturellement qu'au fil des années Mère Teresa et ses sœurs sont devenues une part importante de ma vie. Elle visita notre maison, bénit ma famille, mes amis et mes voisins. Lors de sa toute première visite, la nouvelle de son arrivée se répandit dans le quartier comme une traînée de poudre, et bientôt notre demeure fut envahie. Je lui demandai de prendre la parole devant nous, ce qu'elle fit du fond du cœur, nous parlant de la nécessité, pour les familles, d'être unies et de prier ensemble.

Au cours de toutes ces années, Mère Teresa nous écrivit des lettres et des messages d'encouragement avec sa bénédiction ; parfois c'était simplement le texte imprimé d'une prière. Elle nous guida pendant des moments difficiles, priant quand mes enfants s'apprêtaient à passer des examens, et allant jusqu'à faire dire une messe pour moi quand cela lui parut nécessaire. Une fois, à l'issue d'un de ces orages que la vie nous réserve, comme elle me demandait comment j'allais, je répondis que je me sentais bien. Elle rit et dit : « Dans ce cas, je peux cesser de prier pour vous. »

En octobre 1988, Mère Teresa vint tout spécialement à Delhi pour rendre public un rapport sur la lèpre en Inde, que j'avais rédigé. Son charisme était tel que l'endroit où devait se tenir la conférence de presse était bondé bien avant qu'elle ne commence. Quand vint son tour de parler, elle demanda à ceux qui étaient là de lire à voix haute, avec elle, la prière de saint François d'Assise pour la paix, dont elle m'avait demandé de distribuer préalablement des exemplaires. Elle parla de façon très simple, sans effets rhétoriques, du travail accompli contre la lèpre par les Missionnaires de la charité, et demanda à son public de leur venir en aide, ne fût-ce que par de petites choses. Puis elle évoqua la « peste de l'Occident » : ces gens abandonnés, contraints de mener des vies solitaires. Elle donna l'exemple d'une famille de six personnes à Calcutta qui, lorsqu'elle les rencontra par hasard, n'avaient rien mangé depuis deux jours ; les yeux des enfants brûlaient de faim. Quand elle leur apporta un peu de riz, ils en firent deux parts, de façon à pouvoir en donner à une autre famille du voisinage qui était dans la même situation. « Les pauvres partagent toujours », nous dit-elle. Ce qui l'avait surprise, c'est qu'ils savaient que d'autres avaient des besoins aussi importants que les leurs. Mère Teresa évoqua des vérités très simples, comme l'amour, qui commence chez soi, ainsi que le partage de la joie, surtout au sein de sa propre famille.

On ne peut prétendre que Mère Teresa était une très grande oratrice et, ce soir-là, elle ne dit rien qu'elle n'eût déjà répété souvent. Quand elle se tut, pourtant, ses auditeurs restèrent silencieux ; c'était comme un charme que personne ne voulait être le premier à rompre. Pendant quelques instants, je n'entendis rien d'autre que les sanglots d'une femme manifestement riche et égocentrique assise à côté de moi : les paroles de la mère avaient touché quelque chose en elle qui la faisait pleurer. Puis une petite fille se leva, courut vers Mère Teresa et lui demanda un autographe. Elle fut suivie de sa mère et de toute l'assistance ou presque. Presque tous avaient un exemplaire du rapport, qu'on leur avait distribué, et sur chacun d'eux elle écrivit, lentement et non sans peine, les mêmes mots : « Dieu vous bénisse, M. Teresa M.C. » Quand le dernier solliciteur parti, il faisait noir. Elle se rassit, épuisée, avec un sourire las, prit ma main dans les siennes et chuchota, comme pour elle-même : « Jésus, je fais cela pour Toi. Ce message est pour Toi. »

Peu de temps après, je lui suggérai mon intention d'écrire un livre sur elle. Elle me répondit aussitôt qu'elle ne voulait pas d'un énième résumé de sa vie. Puis elle réfléchit, hocha la tête et me dit : « Parlez de l'œuvre accomplie. » Que je ne partage pas sa foi ne la préoccupait nullement.

Au cours des quatre années qui suivirent, je m'en servis fréquemment lors de mes voyages. J'allais souvent à Calcutta et Mère Teresa, en me voyant, demandait invariablement : « Est-ce que le livre est prêt ? » Trois ans plus tard, cependant, je n'en avais pas écrit une ligne, trop inquiet et nerveux. Je finis par lui dire que, étant fonctionnaire, j'éprouvais le besoin de procéder d'abord à des recherches approfondies. Elle en convint, et ne me posa plus jamais la question. Par la suite, chaque fois que je passais à la Maison mère, elle disait : « Achha, vous êtes donc venu ? » et entreprenait de me remettre une nouvelle lettre d'introduction, ou de répondre à mes interminables questions. Elle ne se montrait réticente qu'au sujet de sa propre vie, déclarant, en haussant les épaules, que cela n'avait aucune importance.

Mère Teresa ne se prêtait pas aisément aux exigences des aspirants biographes. Elle répétait constamment qu'elle-même n'était rien, tout au plus un crayon entre les mains de Dieu. Quoi qu'il en soit, les éléments relatifs à sa jeunesse sont aussi rares que bien connus. Quand on s'enquérait de son enfance à Skopje, de l'influence de sa mère, de sa séparation d'avec sa famille alors qu'elle n'avait que dix-huit ans, ses réponses étaient décousues et, manifestement, elle pensait à autre chose : son sourire vous ramenait sans cesse aux tâches de sa communauté, à ses préoccupations du moment. S'agissant des vingt ans passés dans l'ordre de Notre-Dame-de-Lorette, elle me renvoya à des sœurs qui l'avaient connue à cette époque, lesquelles me parlèrent de ce temps où elles avaient été ses collègues ou ses étudiantes. Le père Céleste van Exem, qui fut son confesseur et son directeur de conscience au moment crucial où elle reçut l'Appel, puis pendant les années qui suivirent, partagea avec moi ce qu'il savait de cette importante période. C'est avant tout en parlant de sa tâche que l'enthousiasme de Mère Teresa se montrait le plus contagieux : elle évoquait sa foi en le Christ, l'incarnation de Dieu, la messe où elle puisait le réconfort. J'étais bien conscient qu'elle m'avait demandé d'écrire sur «l'œuvre», mais je découvris qu'il était extrêmement difficile de la dissocier de l'ordre qu'elle avait fondé. Le modèle qu'elle donnait, son humilité et sa grâce étaient comme autant de fils invisibles qui maintenaient l'unité de l'ensemble. Partout où j'allais, les sœurs me conseillaient souvent de «demander à la Mère». Même dans des pays très éloignés de l'Inde, c'était toujours «Mère ceci» ou «Mère cela». C'était comme si elle eut été dans la pièce voisine, prête à entrer à tout moment pour les soustraire à mes questions et leur permettre d'en revenir au «vrai travail».

J.D.M.

Calcutta, India
11-12-87

My dear Sisters,

Mr. & Mrs. Chawla – are coming to your place, allow them to take photos of the work and the Poor you serve – and also if they put any questions regarding the work answer.

God bless you
M Teresa mc.

Elle me fit confiance et me donna une lettre écrite de sa main, destinée à toutes ses sœurs, leur permettant de me montrer ce qu'elles faisaient, et de répondre à mes questions.

Son œuvre a eu de grands effets dans les endroits les plus inattendus, et souvent au plus haut niveau. L'Union soviétique n'ayant pas répondu à sa demande de créer un couvent là-bas, elle eut l'idée de se rappeler au bon souvenir de Mikhaïl Gorbatchev en lui envoyant un message le jour de la Saint-Michel ! Elle implora les présidents George Bush et Saddam Hussein d'arrêter une guerre qui serait fatale à des millions d'innocents et, après la fin des hostilités, obtint du président irakien la permission d'ouvrir six centres dans son pays ravagé par la guerre. Bien qu'elle ne représentât que les pauvres et les démunis, Mère Teresa avait accès aux coulisses du pouvoir, et de nombreuses nations ont fait pleuvoir sur elle les plus grands honneurs. Qu'elle le reconnaisse ou non, cette religieuse octogénaire constituait une force énorme au sein de l'Église. Sans doute aurait-elle été accablée d'apprendre qu'au Vatican, on parlait de l'archevêque de Calcutta comme du « prélat de Mère Teresa ». Les cardinaux rivalisaient pour être vus en sa compagnie, le pape la recevait à chacune de ses visites à Rome. Et pourtant, elle restait l'humilité même.

Il n'a pas été facile de la présenter dans les limites d'un simple livre, car chaque rencontre avec cette femme d'allure très ordinaire a laissé quelque chose de mémorable. Je me souviens l'avoir vue, descendant gaiement d'un avion de ligne internationale, portant deux lourds sacs-plastique pleins de biscuits, de savons et autres objets que le commandant de bord lui avait donnés pour les enfants des Shishu Bhawan. Je me souviens l'avoir vue consoler une femme terriblement déformée par la lèpre, et qui avait été abandonnée par ses fils. Je me souviens l'avoir vue serrer dans ses bras un enfant de six ans, dont les parents m'apprirent ensuite que les médecins de Calcutta avaient renoncé à le sauver. Il se mourait. Puis, un jour, Mère Teresa arriva sans prévenir. Elle s'agenouilla pour prier dans la maison, et un miracle parut bien s'être produit : depuis deux ans, l'enfant se porte bien et prend du poids.

Ma femme et moi la manquâmes une fois à l'aéroport de Delhi : sans que nous le sachions, le chauffeur d'une voiture l'avait rencontrée au pied de l'avion et l'avait emmenée directement ; elle avoua par la suite, en plaisantant, qu'il y avait certains avantages à être Mère Teresa ! Je me souviens, comme si cela s'était passé hier, de la surprise et du bonheur qu'on lisait sur son visage quand, étreignant un minuscule bébé abandonné devant sa porte, elle s'exclama : « Elle est vivante ! Si Dieu le veut, elle s'en sortira. » Je lui rappelai ses débuts, quand chaque jour elle faisait des kilomètres à pied afin de trouver un endroit pour commencer son travail, et elle répondit que cela aussi faisait partie du sacrifice ; elle n'avait jamais éprouvé le moindre doute, rien d'autre que le bonheur tout particulier de servir Dieu.

Hindouiste, armé tout au plus d'un certain éclectisme, il me fallut plus de temps qu'à d'autres pour comprendre que Mère Teresa était avec le Christ à chaque heure, que ce soit pendant la messe ou avec chacun de ceux dont elle s'occupait. Il n'y a pas Celui qui est représenté sur son crucifix, et un autre qui meurt à Kalighat. Aucun des deux n'existe sans l'autre, ils sont tous deux

> Dear Navin,
> All you do, all you write do it all for the Glory of God and the good of all People.
> Let your book be Love for God in action.
>
> God bless you
> M. Teresa M.C.
> 24-2-91

« Cher Navin, tout ce que vous faites, tout ce que vous écrivez, faites-le pour la Gloire de Dieu et pour le bien de l'humanité. Que votre livre soit la manifestation vivante de l'Amour pour Dieu. Dieu vous bénisse. M. Teresa M.C. 24-2-91. »

le même. Il n'y a pour elle aucune contradiction dans l'affirmation, qu'elle a souvent répétée, qu'on doit tendre la main à son prochain. Pour Mère Teresa, aimer son prochain, c'est aimer Dieu : l'un ne peut aller sans l'autre. C'est là l'essentiel à ses yeux, bien avant l'importance de son ordre, ou le pouvoir que certains peuvent lui prêter. Lors d'une récente rencontre, elle me l'expliqua, simplement mais avec bon sens, me disant : « Nous sommes appelés non pour réussir, mais pour être fidèles. » Sa vie fut l'incarnation exemplaire de sa foi dans la prière, dans l'amour, dans le dévouement et la paix.

1

ENFANCE

Selon son passeport diplomatique indien, Maria Teresa Bojaxhiu est née le 26 août 1910[1], à Skopje, en Yougoslavie. C'était à cette époque une petite ville comptant près de vingt-cinq mille habitants. À présent située en Macédoine, elle faisait alors partie du royaume d'Albanie, lui-même intégré à l'Empire ottoman. La domination turque, vieille de plusieurs siècles, avait imposé l'islam au pays, et les catholiques ne représentaient qu'une faible part de la population. L'Albanie elle-même était un carrefour de forces culturelles et religieuses divergentes.

La famille de Mère Teresa était composée de citadins engagés dans le commerce – et non de souche paysanne, comme on le croit parfois. Son père, Nikolai Bojaxhiu, était entrepreneur, et sa société était bien connue : elle fut ainsi chargée de construire le premier théâtre de Skopje. Il était membre du conseil municipal et parlait plusieurs langues, dont l'albanais, le serbo-croate et

---

1. On croit souvent, à tort, que Mère Teresa est née le 27. Mais cette date correspond à celle de son baptême.

le turc. Le père Céleste van Exem m'a relaté qu'elle parlait de son père comme d'un homme charitable, qui ne refusait jamais de donner aux pauvres. Sa mère, Dranafile Bernai, était originaire de Venise. Ils vivaient dans une grande maison entourée d'un vaste jardin planté d'arbres fruitiers. Elle avait deux aînés : Aga, sa sœur, née en 1904, et Lazare, son frère, né en 1907. Mère Teresa a souvent confié que sa famille était très gaie, ajoutant : « Nous étions très unis, surtout après la mort de mon père. »

Les enfants furent d'abord inscrits à l'église du Sacré-Cœur, puis dans les écoles d'État, où ils apprirent le serbo-croate, alors obligatoire. Leur sentiment religieux s'y développa, comme à la maison. Dans une de ses rares confidences, Mère Teresa a déclaré qu'elle était « très proche de [sa] mère », ajoutant que celle-ci était « très sainte ». Le père van Exem est persuadé que Drana eut une profonde influence sur la jeune Agnes (puisque tel est son nom de baptême), notamment dans le domaine spirituel ; sa mère n'était pas seulement religieuse, au sens formel du terme, mais elle avait une foi qui l'amenait à ne jamais éconduire ceux qui venaient frapper à sa porte en quête d'abri, de nourriture, de vêtements ou d'argent. « Elle nous enseignait à aimer Dieu et à aimer notre prochain », se souvenait Mère Teresa.

En décembre 1979, quand elle reçut à Oslo le prix Nobel de la paix, son frère Lazare donna quelques aperçus fascinants de l'enfance de sa sœur, qu'ils appelaient Gonxha, « fleur en bouton » en albanais, car elle était rose et grassouillette. Elle était soignée de sa personne, très ordonnée, et toujours prête à rendre service. Lazare confessa qu'étant enfant, il avait une grosse faiblesse pour les confiseries et les desserts, et rendait de fréquentes visites nocturnes au buffet de la cuisine. Gonxha était la seule à ne jamais voler de confiture, rappelant sans faiblir à son frère qu'il leur fallait s'abstenir de toute nourriture après minuit s'ils voulaient assister à la messe le lendemain ; mais jamais elle ne dénonça ces expéditions à sa mère.

Celle-ci avait un vif sentiment des valeurs. Les enfants l'appelaient Nana Loke, « Mère de mon âme » en albanais. Elle ne supportait aucun gaspillage. Mère Teresa m'a confirmé un récit que j'avais souvent entendu à ce sujet : un soir, les enfants étaient absorbés dans des bavardages puérils. Leur mère, assise à côté d'eux, gardait le silence. Elle finit par quitter la pièce, éteignant la lumière, ce qui plongea la demeure dans l'obscurité : « Inutile, leur dit-elle, de gâcher de l'électricité pour des sottises. »

Sans doute est-ce la profondeur de sa foi qui l'aida à surmonter la tragédie que fut pour elle la mort prématurée de son mari, en 1919. Pendant plusieurs mois, elle resta dans l'hébétude. Puis elle entreprit d'ouvrir un commerce de broderies. Cela lui permit d'élever ses trois enfants, ce qui était d'autant plus nécessaire que l'associé de Nikolai Bojaxhiu s'était emparé de l'entreprise, ne laissant guère à la veuve et à sa famille que le toit au-dessus de leurs têtes. Cette autosuffisance face à l'adversité doit avoir profondément marqué Agnes, à peine âgée de neuf ans à la mort de son père.

L'église du Sacré-Cœur prit une importance plus grande que jamais dans la vie familiale. Agnes et sa sœur commencèrent à participer à diverses activités paroissiales. La fillette était souvent dans la bibliothèque de l'église : elle adorait les livres.

Mère Teresa : « Je n'avais que douze ans quand j'ai pour la première fois ressenti le besoin de devenir religieuse. » Elle se confia, tout naturellement, à sa mère, qui s'opposa à cette idée ; après tout, Agnes n'était encore qu'une enfant. Avec le temps, la fillette oublia cette première impulsion, tout en s'avançant inexorablement sur un chemin presque tracé d'avance. Mère et fille passaient de nombreuses heures à l'église, récitant avec ferveur le rosaire aux pieds de Notre-Dame de Letnice, ou tard le soir à la maison. Après l'école, Agnes se consacrait à des activités paroissiales. C'est là que la famille fit la connaissance du père Jambrenkovic, devenu curé de la paroisse en 1925. Il créa la section locale d'une association appelée Fraternité de la Sainte-Vierge – celle-là même qu'Agnes, bien des années plus tard, devait rejoindre au couvent d'Entally, à Calcutta.

Le père Jambrenkovic leur parlait des jésuites yougoslaves envoyés en mission au Bengale, l'année précédente, évoquant leur zèle, ce qui éveillait chez Agnes des échos particulièrement forts. « Ils nous dressaient un tableau merveilleux des expériences qu'ils avaient des gens en Inde, et surtout des enfants. » Elle apprit qu'il existait au Bengale des religieuses dont l'éducation était la tâche principale. L'ordre de Notre-Dame-de-Lorette, auquel elles appartenaient, œuvrait dans le monde entier : la section irlandaise s'était vu confier la province du Bengale.

Devenue jeune fille, Agnes avait déjà de grandes qualités. Selon son frère, c'était une écolière studieuse, d'allure toujours soignée, et fort bien organisée. Elle se mit à faire le catéchisme aux enfants, et en vint à adorer enseigner. Une cousine se souvient également que, dès cette époque, elle ne refusait son aide à personne ; c'était quelqu'un à qui on pouvait se fier, et qui se montrait l'amie de tous, quelles que soient leurs croyances religieuses.

C'est six ans après la première manifestation de sa vocation que Mère Teresa se sentit appelée par Dieu à quitter sa famille et ceux qu'elle aimait pour devenir missionnaire. Ne sachant que penser, elle se tourna vers le père Jambrenkovic, qui lui expliqua que l'appel de Dieu devait nécessairement s'accompagner d'une grande allégresse, surtout quand c'était l'indication d'une vocation.

Un jour, assise sur un petit banc devant la chapelle de la Maison mère, Mère Teresa m'a dit : « À dix-huit ans, j'ai décidé de quitter les miens pour devenir religieuse. J'avais compris que ma vocation était d'aller vers les pauvres. Ensuite, je n'ai plus jamais eu le moindre doute. » Et, levant un doigt vers le ciel, elle a ajouté : « Il a choisi. » Cette fois, sa mère elle-même ne douta pas. Quand Gonxha lui apprit la nouvelle, Nana Loke alla dans sa chambre, où elle s'enferma une journée entière. Quand elle en sortit, mère et fille savaient quel itinéraire il fallait suivre, et elle dit à Agnes : « Mets ta main dans la Sienne, et marche tout au long du chemin avec Lui. »

Pour se soumettre à ce qui était clairement la volonté de Dieu, la jeune fille demanda à faire partie des religieuses de Notre-Dame-de-Lorette envoyées au Bengale. Elle apprit que le chemin passait par le couvent de l'ordre à Rathfarman, en Irlande, où elle devrait d'abord séjourner pour apprendre l'anglais. Le 26 septembre 1928, accompagnée de sa mère et de sa sœur, Agnes se rendit à Zagreb par le train. À la gare de Skopje, elle dit adieu, en larmes, à sa famille, ses amis, et aux membres de l'association venus la saluer. Elle passa à Zagreb quelques jours qui ne parurent durer qu'un instant. À la gare, elle dit adieu à sa mère : c'était la dernière fois qu'elle la voyait.

2

LA TERESA BENGALI

Bien que Mère Teresa eût passé à peine deux mois au couvent Notre-Dame-de-Lorette de Rathfarman, à Dublin, elle se souvenait nettement de la chapelle, de la salle commune, ainsi que de la mère Borgia Irwin, qui lui enseigna l'anglais, la langue qu'elle parlerait désormais. En novembre 1928, elle s'embarqua à destination de l'Inde, et parvint à Bombay à l'issue d'un voyage de sept semaines.

Nous ne saurons jamais quelles furent ses premières impressions, car elle n'aimait pas en parler. Descendant du *Bombay Mail* et se dirigeant vers la gare de Howrah, elle dut s'éveiller à des couleurs, des odeurs et des sons inconnus, aux coolies s'affrontant pour porter les bagages parmi les foules de gens venus accueillir marchandises et voyageurs. Elle ne passa que quelques jours dans la ville : le 16 janvier, elle fut envoyée au noviciat de l'ordre, à Darjeeling, dans les montagnes, à près de six cents kilomètres au nord de Calcutta. C'est là, sous le mont Kangchenjunga, toujours couvert de neige, qu'elle entama sa vie de novice.

Darjeeling, endroit à la mode fréquenté par les hauts fonctionnaires anglais et les maharajah, était aussi le principal centre d'éducation britannique en Inde. L'endroit se flattait d'accueillir plusieurs écoles tenues par des missionnaires, essentiellement peuplées d'enfants anglais, ainsi que de rares enfants de riches familles indiennes. Le couvent de Notre-Dame-de-Lorette en était une.

La sœur Marie-Thérèse Breen, décédée en 2000, eut l'occasion d'y côtoyer Mère Teresa. Il y a soixante ans, la vie y était vraiment celle d'«une autre époque». La sœur Murphy était maîtresse des novices; elle croyait fermement qu'elles devaient recevoir une formation exhaustive, aussi bien pour la prière que pour les œuvres d'apostolat. Chaque jour, pendant deux heures, elles devaient également donner des leçons à des enfants pauvres, à titre d'expérience. Une fois par semaine elles rendaient visite à leur confesseur. La sœur Breen m'a confié qu'Agnes avait été dès le début plongée dans des leçons d'anglais. Il fallait également que les novices apprennent une langue indienne; elle choisit le bengali, acquérant au passage une certaine teinture d'hindi. Derrière les murs du couvent, les activités quotidiennes étaient si absorbantes que les deux années passèrent bien vite.

Le 24 mai 1931, Agnes prononça ses premiers vœux – pauvreté, chasteté, obéissance. Elle choisit son nouveau prénom d'après Thérèse Martin, sainte Thérèse de Lisieux, morte de tuberculose à peine âgée de vingt-quatre ans, et que le Vatican avait canonisée en 1925.

Le choix d'un tel nom posait toutefois un problème: la sœur Breen, qui avait achevé son noviciat l'année précédente, avait déjà pris celui de Marie-Thérèse. Pour couper court à toute confusion, Agnes décida de l'orthographier à l'espagnole, « Teresa », ce qui conduisit invariablement les gens à lui demander si c'était celui de la célèbre religieuse espagnole. « Ce n'est pas la grande sainte Thérèse, m'a-t-elle expliqué patiemment, comme elle l'avait déjà fait des centaines de fois, mais la petite » – désignant ainsi sainte Thérèse de Lisieux. Toutefois, la communauté d'Entally ne tarda pas à trouver un moyen plus subtil de les différencier : elle fut vite appelée « la Teresa bengali », sans doute parce qu'elle parlait si bien la langue.

Une fois son noviciat achevé, sœur Teresa fut envoyée à Calcutta, dans une banlieue appelée Entally, afin d'enseigner à la St. Mary's School. Elle devait y passer dix-sept années très heureuses, d'abord comme professeur puis, à partir de 1937, comme principale. Ce fut une époque de profonde formation spirituelle, ce qu'elle devait, au fil des années, reconnaître en disant : « Dans mon cœur, je suis Lorette. »

Mon voyage à travers ces années, où elle ne fut qu'une simple religieuse, commença dans son quartier général de Calcutta, 54 A Lower Circular Road. Avec le temps, j'en étais venu à accepter que Mère Teresa répugne à parler d'elle-même : « Je n'ai pas d'importance », disait-elle souvent, ajoutant invariablement : « Parlez de l'œuvre accomplie. » Je décidai donc d'interroger sœur Joseph-Michael, que Mère Teresa en personne avait chargée de m'aider dans la reconstitution de son existence à St. Mary's. Elle-même originaire de Calcutta, la sœur fit le nécessaire pour que je rencontre le père van Exem. Il vit désormais retiré au prestigieux St. Xavier's College de la ville. Âgé de plus de quatre-vingts ans et incapable de marcher sans canne, il quitte rarement sa chambre.

Ce jésuite belge est arrivé en Inde pendant la Seconde Guerre mondiale, après avoir passé plusieurs années au Moyen-Orient. Il parlait couramment l'arabe, et ne tarda pas à se faire de nombreux amis chez les musulmans. C'est à cette époque qu'on lui demanda de célébrer la messe à St. Mary's School, dans ses locaux temporaires de Convent Street, et c'est là que, le 12 juillet 1944, il fit la connaissance de Mère Teresa. Peu de temps après, il devint son directeur de conscience, et la conseilla au cours de ce qui fut peut-être la période la plus cruciale de sa vie.

Un après-midi, le père van Exem me dit : « Êtes-vous déjà allé à Entally ? Ils possèdent un compte rendu écrit qui comporte des détails très révélateurs. On le doit à des sœurs qui ont vécu avec Mère Teresa pendant près de vingt ans, d'abord à Darjeeling quand elle était novice, puis au couvent d'Entally. Montrez aux religieuses la lettre de Mère Teresa, dites-leur que vous êtes venu me voir et que c'est moi qui vous envoie. Vous en apprendrez davantage ! »

Ainsi encouragé, je me rendis à Entally. Ce n'était qu'à quelques kilomètres de Park Street et de ses grands hôtels, ses boutiques et ses agences de voyages, mais, à mesure que nous dépassions quartiers misérables et grands bidonvilles, il devint évident que nous entrions dans un autre monde.

Le couvent d'Entally fut d'abord un orphelinat. Aujourd'hui encore, la plupart de ses trois cents pensionnaires sont des orphelins ou des enfants sans foyer. Trois cents autres, issus de familles bengalis originaires des classes moyennes, sont inscrits à l'école du couvent, et deux cents autres encore reçoivent des cours dans leur langue.

C'est au couvent St. Mary's que Mère Teresa fut envoyée, après avoir prononcé ses premiers vœux à Darjeeling. Les sœurs y travaillaient avec les Filles de Sainte-Anne, congrégation diocésaine fondée en 1898 par Notre-Dame-de-Lorette. Ces femmes, d'origine bengali, ne portaient pas l'habit à l'européenne, mais le sari. Au cours des années qui suivirent, Mère Teresa enseigna l'histoire, la géographie et le catéchisme, tout en accomplissant divers autres devoirs. À cette époque, mère Marie du Cénacle, religieuse mauricienne, était la supérieure de St. Mary's ; Agnes ne tarda pas à devenir son bras droit. « Je ne sais pas si j'étais une bonne enseignante, m'a un jour rapporté Mère Teresa en riant, je sais simplement que j'adorais cela. »

Sœur Marie-Thérèse vit désormais dans une semi-retraite à Middleton Row, premier collège féminin créé en Inde par l'ordre. Elle a quatre-vingt-dix ans, et quand je lui ai fait remarquer qu'elle en paraissait quinze de moins, elle a eu un petit rire ravi. En dépit des rigueurs du soleil indien, elle a gardé un teint de pêche. Elle me dit être sortie de Rathfarman en 1928, « un an avant Mère Teresa », et avoir passé pratiquement toute sa vie à Entally : cela ne faisait que neuf ans qu'elle était à Middleton Row. Elle n'enseigne plus mais, en dépit de ses difficultés à marcher, elle s'appuie sur une canne et veille sur les jardins de l'établissement, qui semblent en bien meilleure santé que ceux de Raj Bhavan, la demeure toute proche du gouverneur.

« Mère Teresa, me dit la sœur Breen, a toujours été très simple et très gentille. Je l'ai connue en 1929. Elle n'avait rien d'extraordinaire, c'était une jeune fille très simple et très ordinaire, très gentille, pleine de drôlerie, qui s'amusait de tout ce qui se passait. À cette époque, rien, vraiment rien ne laissait prévoir qu'elle quitterait jamais le couvent. Nous n'avons jamais pensé un seul instant que cela se produirait.

« Nous étions ensemble au noviciat de Darjeeling, puis je suis venue à Calcutta. Elle y était encore, et n'avait pas achevé ses études. En 1931, quand elle en a eu terminé, elle est venue à Entally, où j'étais, et à nouveau nous avons vécu ensemble pendant près de quinze ans. Mais pas tout le temps, parce qu'elle était à St. Mary's et moi à l'orphelinat. Je ne la rencontrais donc qu'aux repas, ou quand la communauté se réunissait. À cette époque, nous ne sortions pas, nous étions davantage cloîtrées. »

Comme je lui demandais comment Mère Teresa s'était adaptée à Lorette, sœur Breen me répondit : « Elle travaillait très, très dur. Sans cesse occupée à ceci ou à cela. Jamais elle ne cherchait à s'esquiver, elle était toujours prête. Elle a toujours été très pieuse, elle était simplement elle-même. Elle n'imposait rien à qui que ce soit, elle était juste ce qu'elle pensait devoir être. Elle était tout à fait à sa place ; nous étions toutes très, très heureuses. »

J'ai également rencontré d'autres religieuses, qui m'ont fait une description avenante de la vie au couvent dans les années 1930. Sœur Francesca, aujourd'hui âgée de soixante-seize ans, est toujours secrétaire de St. Mary's, bien qu'elle ait officiellement pris sa retraite en 1983. Quand elle était élève de l'établissement, elle eut Mère Teresa comme professeur, et se souvient qu'elle accordait beaucoup d'importance à l'hygiène personnelle.

« Quand je suis arrivée ici, le 13 janvier 1936, elle était encore sœur Teresa, et n'avait pas encore prononcé ses vœux définitifs. Le matin, elle nous emmenait prendre un bain et restait là pour sonner la cloche signalant le moment où nous devions nous asperger d'eau, puis celui où nous devions nous savonner, et enfin nous sécher. Elle nous attendait près de la porte avec une bouteille de permanganate, nous en versait dans la bouche et veillait à ce que nous nous gargarisions !

« À cette époque, entre 1936 et 1937, sœur Teresa fut chargée de l'école primaire St. Teresa's, Lower Circular Road. Le matin, avant de partir, elle nous enseignait le catéchisme ; à son retour, vers 16 heures, elle nous prenait en étude, parfois pour les prières du soir.

« Mais ce qui me plaisait le plus, quand j'étais enfant, poursuit sœur Francesca avec un sourire espiègle, c'était le catéchisme. Sœur Teresa avait organisé des classes pour les élèves du cours primaire. Nous étions tous très heureux d'avoir une sortie. Beaucoup d'enfants pauvres suivaient les cours, après l'école ils avaient droit à un bain, et à la fin de l'année avait lieu la remise des prix. Que de monde il y avait ! »

Pendant la guerre, beaucoup de familles quittèrent Calcutta ; sœur Francesca m'a expliqué que la sienne s'était réfugiée à Chittagong, dans ce qui est aujourd'hui le Bangladesh. Sept ans plus tard, à son retour, elle constata bien des changements à Entally. Le 24 mai 1937, sœur Teresa avait prononcé ses vœux définitifs à Darjeeling, et était désormais supérieure de St. Mary's; on l'appelait Mère Teresa. Un an plus tard, mère Marie du Cénacle étant tombée malade, elle devint principale, mais elle continua à donner des cours comme auparavant.

Nombre de ses élèves témoignent de l'intérêt qu'elle savait leur donner. Selon sœur Francesca, « elle enseignait très bien le catéchisme, avec de nombreux exemples tirés de sa propre vie ». Une de ses élèves, Magdalena Gomes, devenue plus tard sœur Gertrude, se souvient qu'elle traitait de toutes les matières avec beaucoup de vie et enseigna la géographie dix-sept ans durant, sans avoir jamais quitté le Bengale pendant trois décennies. En 1965, quand elle fonda au Venezuela son premier foyer en dehors de l'Inde, il aurait paru inconcevable que la mission qu'elle avait créée se répande dans le monde entier, dans plus de cent vingt pays[1].

Le père van Exem m'a révélé un autre secret d'Entally, celui de l'existence de sœur Rozario O'Reilly, hélas disparue en 2000. Timide et effacée, elle fut difficile à trouver, mais, après plusieurs visites infructueuses, je suis finalement parvenu à obtenir un rendez-vous. Ma première impression fut celle d'un visage avenant, très ridé, tanné par le soleil de Calcutta. Elle avait un accent irlandais

---

[1]. À la fin de l'année 2002, on dénombrait six cent quatre-vingt-trois maisons réparties dans cent vingt-neuf pays.

prononcé, qui montrait clairement qu'elle était une « fille de Rathfarman ». Elle me déclara avoir plus de quatre-vingts ans, mais les religieuses de l'ordre paraissaient presque toujours en avoir dix de moins, et elle ne faisait pas exception à la règle.

Quand sœur Rozario « sortit » en 1938, Mère Teresa était en Inde depuis près d'une décennie : « De 1931 à 1944, elle a été enseignante. Quand mère Marie du Cénacle est tombée malade en 1944, Mère Teresa est devenue principale. Elle enseignait diverses matières, présidait les repas en commun et l'assemblée matinale.

« Notre journée commençait à 5 h 30. Mère Teresa était toujours très ponctuelle. D'abord, nous nous consacrions à la méditation, puis venait la messe, à 6 heures, ensuite la prière, puis les devoirs matinaux auprès des enfants. Je crois qu'elle s'occupait de leur petit déjeuner. Elle avait aussi ses cours, et les tâches administratives. Elle aidait mère du Cénacle, et toutes deux s'entendaient très bien. Il y avait cours jusqu'à 15 heures, heure du thé. La correction des devoirs était suivie par les prières du soir. Je sais qu'elle s'occupait des internes, et sans doute devait-elle se charger aussi du souper. »

Sœur Francesca ajoute : « C'était quelqu'un de parfaitement dépourvu d'égoïsme. Sa volonté de sacrifice est extraordinaire ; par amour de Dieu, elle peut faire n'importe quoi, endurer n'importe quelle souffrance, n'importe quelle humiliation. Elle a toujours été sans préjugés, et n'a jamais hésité à parler franc quand quelque chose n'allait pas. »

Les souvenirs de ceux et celles qui l'ont connue font revivre d'autres aspects de sa personnalité.

Elle était dévouée et ne s'épargnait guère. Charitable, elle supportait difficilement le manque de charité chez les autres. Elle avait un sens de l'humour très vif, appréciait traits d'esprit et plaisanteries et, se tenant la taille à deux mains, se pliait en deux de rire.

Elle était déjà l'incarnation même de l'obéissance. Comme le dit sœur Marie-Thérèse Breen en riant : « Les seuls auxquels elle n'obéisse pas, ce sont ses malheureux médecins. Je crois qu'elle a tant à faire qu'elle n'a pas le temps de les écouter. Elle a toujours été très solide, très humble, et n'a jamais perdu son humilité. Elle est toujours restée très simple, elle est vraiment elle-même. »

Comme je demandais à sœur Breen quelles influences avaient pu façonner Mère Teresa au cours de ces longues années, elle répondit sans hésiter : « Sa vie de prière, le fait qu'elle soit très proche de Dieu. Elle était très ordinaire. Nous la considérions simplement comme une de nos sœurs, très dévouée, mais jamais je n'aurais pu imaginer une congrégation aussi vaste, répandue dans le monde entier. Personne n'aurait pu y penser. »

3

Un ordre intérieur

Les événements ne devaient pas tarder à perturber le rythme paisible de la vie quotidienne des sœurs. L'entrée en guerre du Japon et l'occupation de la Birmanie voisine provoquèrent une intensification des efforts de guerre sur le front oriental, dont Calcutta était le centre opérationnel. La ville fut parfois soumise à des bombardements. Les autorités militaires réquisitionnèrent de très nombreux bâtiments qui durent être évacués par leurs occupants. En 1942, le couvent d'Entally fut ainsi converti en un hôpital militaire improvisé, tandis que l'école de St. Mary's s'installait sur Convent Road.

Peu après le déclenchement du conflit survint la grande famine de 1942-1943. La guerre avait provoqué des perturbations qui prélevèrent un tribut très lourd. Les autorités militaires avaient mis la main sur tout le système de transport – et ce jusqu'aux barques, qui auraient pu servir à amener des campagnes environnantes le riz dont Calcutta avait bien besoin. Celui de Birmanie n'arrivait plus, le pays ayant été envahi par les Japonais. Les prix se mirent à monter, trafiquants de marché noir et prêteurs sur gages à proliférer. À l'intérieur des terres, les maigres épargnes des paysans eurent tôt fait d'être dilapidées. Ils durent vendre leurs terres et, en un ultime effort pour échapper à la famine, commencèrent à affluer à Calcutta. Le gouvernement du Bengale se montra tragiquement inférieur à sa tâche. On ne dispose pas d'estimations précises, mais ce dernier dut reconnaître que deux millions de personnes étaient mortes de faim – d'autres sources doublent ce chiffre. L'horreur de la tragédie fut telle qu'on s'en souvient aujourd'hui encore. En tout cas, des centaines de milliers de gens s'entassaient dans la ville, vivant et mourant dans la rue, ne subsistant que grâce à des soupes populaires dramatiquement insuffisantes.

Pendant la guerre, le Congrès national indien poursuivit sa lutte pour libérer l'Inde de la tutelle britannique. Mohandas Karamchand Gandhi était à la tête du mouvement, lequel restait essentiellement pacifique, Gandhi étant un apôtre de la non-violence. De son côté, la Ligue musulmane de Muhammad Ali Jinnah, lui aussi avocat, réclamait la partition de l'Inde, et une patrie pour les musulmans, qui s'appellerait le Pakistan. Le 16 août 1946, la Ligue tint un meeting de masse dans un parc de Calcutta, non loin du Raj Bhavan. Les passions, déjà échauffées, provoquèrent des émeutes sanglantes entre hindouistes et musulmans. Quatre jours et quatre nuits durant, la ville fut prise d'une frénésie meurtrière – nouvelle tragédie imposée à une cité accablée de malheurs. Les réserves de nourriture, déjà maigres, disparurent tout à fait et, pour la première fois, Mère Teresa se vit confrontée à la perspective de voir mourir de faim les deux cents enfants dont elle avait la charge.

L'indépendance s'accompagna de la partition, et de la création de deux enclaves musulmanes qui devinrent le Pakistan, impliquant la partition des provinces du Bengale et du Pendjab, à mille six cents kilomètres l'une de l'autre, bientôt suivie par l'une des plus grandes migrations humaines de l'Histoire. Six millions de gens firent le voyage, et plus d'un million quittèrent le Pakistan oriental pour le Bengale. La misère fut encore accrue par de nouveaux massacres, nés eux aussi de la folie des communautés. Calcutta se vit inondée de vagues de réfugiés venus du Pakistan, des bidonvilles apparurent partout, les services municipaux s'effondrèrent ; les travailleurs sociaux les plus intrépides s'épouvantaient de l'énormité du désastre. Calcutta semblait être réellement devenue la « cité de la terrible nuit » évoquée par Kipling.

Jusqu'à quel point ces événements cataclysmiques pénétrèrent-ils le couvent, affectant Mère Teresa ? On dit que sa chambre, à St. Mary's, donnait sur le cauchemar du bidonville de Motijhil et qu'elle en fut profondément bouleversée, mais c'est inexact. L'endroit existe toujours, bien que la situation s'y soit grandement améliorée, mais on ne peut le voir que depuis les salles de classe, tandis que la chambre de Mère Teresa se trouvait à l'autre bout de l'ensemble de bâtiments.

Quoi qu'il en soit, la misère lui était désormais familière. Nombre de ses élèves venaient de familles appauvries, et la Fraternité de la Vierge lui avait donné l'occasion de rencontrer des gens encore plus misérables. Le père Henry eut également beaucoup d'influence sur elle : il travaillait dans les taudis, et croyait fermement que la prière ne suffisait pas si elle n'était pas suivie d'actes. Il est probable qu'elle partageait ce point de vue. D'un autre côté, elle était parfaitement heureuse de sa vie de religieuse. Je lui ai donc demandé ce qui l'avait amenée à prendre sa décision.

« C'était un ordre intérieur, m'a-t-elle dit, de quitter le couvent, où j'étais très heureuse, pour aller servir les pauvres dans les rues. » Cet appel, elle l'entendit le 10 septembre 1946, dans le train qui la menait à Darjeeling, où elle devait faire retraite, et il la poursuivit tout au long de son séjour dans cette ville. « Le message était tout à fait clair, précise-t-elle : c'était un ordre. Je devais quitter le couvent. J'ai eu le sentiment que Dieu exigeait davantage de moi. Il voulait que je sois pauvre, que je L'aime sous l'affligeante apparence des pauvres entre les pauvres. »

Le père van Exem précise : « Pour Mère Teresa, ce n'était pas une vision, mais une communication divine qui a pris la forme d'une inspiration. Elle a clairement senti qu'elle devait quitter Notre-Dame-de-Lorette et entamer sa propre tâche. Elle n'a jamais douté, ne serait-ce qu'un instant. Dès le début, elle a été absolument sûre que c'était là sa vocation. »

Je me souviens également des paroles de Michael Gomes, dans la famille duquel Mère Teresa vint s'installer, 14 Creek Lane, peu après avoir quitté le couvent d'Entally. Elle lui confia un jour : « Je sens très profondément que je suis bien au chaud dans mon lit tandis que, dans la rue, vivent ceux qui n'ont pas de couverture. Je crois qu'il est coupable de ne pas partager. »

Le point de vue du père van Exem est différent : « La Mère a rencontré la pauvreté bien avant 1946, notamment en 1942-1943, alors que le Bengale connaissait une famine qui a balayé tout le pays. Les gens mouraient de faim, étendus par terre dans les rues. Les sœurs d'Entally étaient pauvres. Mais l'Appel n'était pas encore venu, et Mère Teresa n'avait donc encore jamais songé à quitter le couvent. Elle connaissait la pauvreté de Calcutta et de ses habitants, voulait y remédier, mais ne pensait alors qu'à travailler dans le cadre du couvent, en tant que religieuse. C'était là son idéal.

« Certains récits tentent d'établir un lien entre son existence derrière les murs du couvent et la misère et les massacres de Calcutta à cette époque, mais ce lien n'existe pas. Au mieux, c'est une simple hypothèse. Ce n'est pas cela qui a inspiré sa vocation. L'inspiration est venue des Cieux. Elle en a été sûre dès le début, et je dois ajouter que moi aussi. »

Mère Teresa a souvent parlé, à ce sujet, d'un « Appel au sein d'un Appel », d'une seconde vocation. Elle resterait religieuse ; seule la tâche changerait. « Je n'avais pas à renoncer à quoi que ce soit ; ma vocation, mon appartenance au Christ ne changeraient pas. Je ne faisais qu'adopter d'autres moyens pour servir les pauvres entre les pauvres. » Pourtant, quitter l'ordre fut un grand sacrifice, et elle le reconnaissait : « C'est la chose la plus difficile qu'il m'ait jamais fallu faire, c'était un sacrifice encore plus grand que de quitter ma famille et mon pays pour entrer en religion. »

Le père van Exem a bien voulu partager un secret avec moi. Tout excité, il a évoqué le jour fatidique d'octobre 1946 au cours duquel Mère Teresa était venue le voir : « Le jour de son retour de Darjeeling, elle m'a montré deux feuillets sur lesquels elle avait rédigé le texte de son inspiration. Je les ai emportés à l'église de Baithak Khana. J'étais très impressionné. J'ai eu dès le début le sentiment que c'étaient une vocation et un Appel authentiques ; il s'ensuit qu'il est difficile d'expliquer de façon naturelle tout ce qui s'est passé. La mère n'était pas quelqu'un d'exceptionnel, c'était une simple religieuse très ordinaire, mais qui avait beaucoup d'amour pour le Seigneur. Elle était donc très heureuse de Lui offrir un second sacrifice. Elle avait fait le premier en quittant sa mère, et elle a fait le nouveau, peut-être aussi grand que le précédent, en quittant Lorette. »

Mère Teresa : « Le message était clair, je savais où je devais aller, mais j'ignorais comment. » Plusieurs autorisations étaient en effet nécessaires. Après tout, elle était une femme très quelconque, certes principale d'une école, mais guère plus qu'une petite fonctionnaire dans la hiérarchie de l'Église. De surcroît, il fallait que le Vatican l'autorise à travailler directement parmi les pauvres, non en tant que laïque, mais en tant que religieuse ayant prononcé ses vœux, en lui accordant l'exclaustration.

Comme elle l'a dit : « J'avais reçu le don d'obéissance. » C'est dans cet esprit qu'elle se tourna vers son directeur de conscience pour qu'il la guide et lui donne des conseils. Il lui présenta les choix envisageables. Elle pouvait écrire directement à Rome, solliciter l'autorité du Vatican, à laquelle Notre-Dame-de-Lorette devait se soumettre. Ou bien elle pouvait présenter le problème à l'archevêque de Calcutta. Il lui faudrait également la permission de la mère générale de Rathfarman, qui dirigeait l'ordre. Le père van Exem, dans sa sagesse, lui conseilla la seconde solution. Entretemps, il aborderait la question avec l'archevêque à un moment opportun.

Peut-être croyait-il que celui-ci accepterait sans hésiter : il se trompait. Mgr Périer fut tout à fait surpris, quand, deux mois plus tard, le père van Exem lui soumit le problème. Il savait que son supérieur était un homme très prudent, et n'ignorait nullement que l'archevêque était à cette époque le plus important prélat de l'Inde et qu'il avait une grande expérience de l'administration, ainsi que des rapports humains. J'ai cru comprendre que mon interlocuteur pensait que, si l'archevêque recommandait le cas à Rome, il aurait plus de chances d'être accueilli favorablement. Il comprenait également qu'il s'agissait là, pour l'Église, d'une décision importante, qui pouvait avoir des conséquences à longue échéance, et qu'il était impossible d'exiger de Mgr Périer qu'il se hâte. « Mère Teresa a attendu pendant toute l'année au cours de laquelle l'Inde est devenue indépendante. Pendant ce temps, Sa Grâce pesait les complexités du problème, et lui parlait rarement. » L'archevêque fit en tout cas comprendre à Mère Teresa que la question devait rester secrète, et qu'elle ne devait même pas en faire état devant ses supérieurs.

Fin 1947, Mgr Périer permit finalement à Mère Teresa d'écrire à la mère générale de Lorette, à Rathfarman, pour lui demander sa sortie de l'ordre. Il tint cependant à ce que la lettre lui soit montrée avant d'être envoyée. Mère Teresa la rédigea avec sa simplicité de ton coutumière, et le père van Exem se chargea de la dactylographier. Elle y expliquait l'Appel qu'elle avait reçu, et réclamait la permission de travailler dans les bidonvilles en tant que religieuse, après qu'on lui eut accordé l'exclaustration. L'archevêque refusa d'accepter ce terme, lui préférant celui de « sécularisation ». Mère Teresa et son directeur de conscience en furent choqués ; cela signifiait qu'elle ne serait plus une religieuse ayant prononcé ses vœux, mais une simple laïque, une sorte d'assistante sociale. Le père van Exem tenta en vain de fléchir Mgr Périer.

Mère Teresa s'exécuta. La réponse de la mère générale, transmise par l'intermédiaire de l'archevêque, lui parvint presque aussitôt. Le père van Exem me l'a citée textuellement :

Chère Mère Teresa,

Ceci s'étant manifesté comme la volonté de Dieu, je vous donne par la présente la permission d'écrire à Rome. N'en parlez pas à votre supérieure, n'en parlez pas à votre provinciale. Je n'en parlerai pas à mes conseillers. Mon consentement suffit. Toutefois, quand vous écrirez à Rome, ne demandez pas la sécularisation, mais l'exclaustration.

La mère Gertrude n'aurait pas pu lui offrir de meilleur soutien. Mère Teresa et le père van Exem furent ravis de voir que leurs prières étaient exaucées : elle avait désormais la permission de s'adresser à Rome. Elle écrivit donc en sollicitant l'exclaustration, comme le lui avait enjoint la mère générale. De plus, bien que celle-ci lui eût permis de contacter directement le Vatican, elle obéit au père van Exem et lui donna la lettre pour qu'il la transmette à Mgr Périer.

Celui-ci lut la missive et, une fois de plus, s'arrêta net en découvrant le terme d'« exclaustration »; il ordonna à Mère Teresa de le remplacer par « sécularisation », ajoutant que, sans cela, il se sentait incapable de faire suivre sa lettre. Il informa toutefois le père van Exem que, la mère générale ayant permis à Mère Teresa d'écrire directement à Rome, elle était libre de le faire, et pouvait demander l'exclaustration au Vatican, si elle le désirait. Bien que le choix lui ait été laissé, par esprit d'obéissance, elle s'exécuta une fois de plus, procéda au changement réclamé par Mgr Périer, et donna la lettre à son directeur de conscience pour qu'il la remette à l'archevêque, qui la ferait suivre.

Le père van Exem raconte: « Il l'a envoyée, avec ses commentaires. Je ne sais ce qu'il a écrit; c'est là son secret. Elle aurait pu s'adresser directement à Rome, mais je lui avais conseillé de passer par l'archevêque. » En février 1948, la lettre fut transmise au nonce apostolique de Delhi. Des semaines, puis des mois passèrent, pendant lesquels Mère Teresa attendit et pria, tout en demandant fréquemment à son directeur de conscience si la réponse était enfin arrivée. Mais rien ne venait.

Puis, fin juillet 1948, Mgr Périer convoqua le père van Exem. Il venait, le jour même, de recevoir le décret du Vatican, que lui avait transmis le nonce apostolique. Mère Teresa se voyait accorder l'exclaustration! Elle restait religieuse, et recevait la permission d'œuvrer en dehors du couvent. On lui accordait ainsi ce que, trois siècles plus tôt, on avait refusé à Mary Ward, une Anglaise qui, au XVIIe siècle, avait voulu vivre au milieu des plus pauvres, et avait fondé l'Institut de Marie, dont les sœurs de Lorette étaient les héritières; mais, en 1690, le Vatican avait mis un terme à ses activités, en exigeant que les religieuses soient cloîtrées.

Il y avait toutefois une restriction : Mère Teresa resterait un an hors du couvent et, à l'issue de cette période d'essai, il reviendrait à l'archevêque de décider si elle poursuivrait sa tâche, ou devrait retourner à Lorette.

C'est le 6 août 1948 que le père van Exem fut autorisé par Mgr Périer à apprendre la nouvelle à Mère Teresa. Il devait, comme à l'accoutumée, célébrer la messe, à l'issue de laquelle il demanda à Mère Teresa de l'attendre, parce qu'il avait quelque chose à lui dire. Elle comprit que la réponse de Rome était arrivée, s'immobilisa, puis se reprit et dit : « Excusez-moi, mon père, je vais prier d'abord. » En apprenant la nouvelle, sa première question fut : « Père, puis-je aller dans les bidonvilles dès maintenant ? » Le père van Exem acheva les formalités en lui faisant signer trois exemplaires du décret du Vatican : un pour Rome, le deuxième pour les archives épiscopales ; le dernier lui resterait.

Désormais, il n'y avait plus de raisons de garder le secret. La nouvelle se répandit comme une traînée de poudre, non seulement à Entally même, mais aussi parmi les missionnaires de Calcutta. Sœur Marie-Thérèse Breen se souvient : « Nous étions stupéfaites, parce que nous n'en avions jamais discuté : c'était un problème personnel et nous n'en avons rien su jusqu'à ce qu'elle s'en aille. »

Sœur Rozario, elle aussi, ne l'apprit que quelques jours avant le 17 août 1948, date à laquelle Mère Teresa quitta Entally. « Nous avions commencé à sentir qu'il se passait quelque chose, mais nous ignorions quoi. Il fallait que ce soit un secret. Le père van Exem, son directeur de conscience, lui avait demandé de ne parler de rien pendant un an, de laisser tout cela mûrir dans son esprit. Si elle avait toujours le même sentiment après une année de réflexion [1947], c'est que sa vocation était authentique. Quand la nouvelle est enfin venue qu'elle allait quitter l'ordre, je me suis sentie très heureuse et j'ai dit : "C'est un vrai défi, j'espère qu'elle aura la santé nécessaire !" »

Pendant ce temps, des lettres partirent, destinées à tous les établissements indiens de l'ordre, à qui il était demandé de ne pas commenter la décision de Mère Teresa, pour l'approuver ou la critiquer, mais simplement de prier pour elle.

Ce soir-là, Mère Teresa se rendit à la sacristie de la chapelle du couvent et demanda au père van Exem de bénir la tenue qu'elle porterait désormais. Dans la pièce se trouvaient trois saris blancs bordés de bleu, sur lesquels étaient déposés une petite croix et un rosaire. Le père van Exem se souvient de la scène : « Mère Teresa était debout derrière moi, à côté d'elle mère Marie du Cénacle sanglotait. J'ai béni les saris parce qu'ils seraient pour elle un habit religieux. »

Les conseils du père van Exem s'étaient déjà révélés très avisés. Comme elle souhaitait travailler dans les bidonvilles, une certaine formation médicale lui serait nécessaire : elle en tomba d'accord. Il écrivit donc aux sœurs de la mission médicale de Patna, dans l'état voisin du Bihar, et elles l'invitèrent sans hésitation à venir se former dans leur hôpital.

Mère Teresa se tourna également vers son directeur de conscience afin qu'il se charge d'une tâche particulièrement délicate. Elle avait déjà écrit à sa mère, à Skopje, pour l'informer qu'elle quittait Lorette, et pria le père van Exem de faire de même, pour l'assurer que c'était afin d'obéir à l'Appel, avec la permission du Vatican, sans avoir rompu ses vœux.

Le 17 août, pour la première fois, elle porta un des saris bénis par le père van Exem. Ses élèves tentèrent de l'apercevoir, mais en vain, car il faisait déjà nuit quand elle sortit furtivement du couvent d'Entally. La « Teresa bengali » avait entamé son « petit chemin ».

Mère Teresa bénéficia, plusieurs années durant, de l'assistance de ses supérieures de Lorette. Selon sœur Rozario : « On lui a versé une certaine allocation, dont j'ignore le montant. Selon le droit canon, c'était admissible. On lui a fourni meubles, tables, lits et divers ustensiles quand elle a commencé. »

Si elle avait peu d'argent sur elle, c'était de son propre vœu. Les sœurs de l'ordre qu'elle venait de quitter étaient tenues, aux termes de la loi de l'Église, de satisfaire à ses besoins, et c'est bien ce qu'elles avaient fait. Elle ouvrit son premier dispensaire à St. Teresa's School, et donna un cours de couture sous la véranda. Les dimanches, elle dirigeait la réunion des membres de la Fraternité, dont nombre étaient, en semaine, élèves de St. Mary's. Certaines furent ses premières postulantes et sont aujourd'hui les piliers de sa congrégation. Quand celle-ci, le 7 octobre 1950, fut officiel-lement fondée, ce fut la mère du Cénacle qui, comme il convenait, représenta Notre-Dame-de-Lorette lors de la cérémonie très simple qui se déroula au 14 Creek Lane.

Ses contacts avec l'ordre se poursuivirent et, au départ, ces jeunes sœurs purent suivre gratuitement les cours des écoles de Lorette. Comme le dit sœur Rozario : « Nous lui avons donné quatre sœurs, quatre des meilleures ! » Parmi elles, mère Bernard, qui la rejoignit en 1950 et prit le nom de sœur François-Xavier. Elle était destinée à travailler dans les léproseries. D'autres suivirent, et aujourd'hui nombre d'anciennes élèves de Lorette font partie des Missionnaires de la charité. L'œuvre accomplie par cet ordre aurait sans doute profondément satisfait mère Teresa Ball qui, en 1891, envoya les premières religieuses en Inde. Quand je fis remarquer à sœur Rozario que Mère Teresa avait apporté la gloire à Lorette, elle répondit doucement : « Pas seulement à Lorette, mais à Dieu ! »

4

Motijhil

Un matin de février 1991, j'étais assis sur un banc devant le bureau de la Maison mère avec Mère Teresa. La veille, elle était revenue, sans être annoncée, d'une visite à l'étranger. Ignorant sa présence, les visiteurs étaient rares. Ses médecins – que je soupçonnais d'avoir, depuis longtemps, renoncé à croire qu'elle suivrait jamais leurs conseils de voyager moins – auraient été surpris de voir à quel point elle paraissait en bonne santé. Tout en discutant avec elle, je me souvins avoir lu qu'au tout début, alors qu'elle revenait de Calcutta après quelques mois de formation médicale à Patna, elle avait trouvé dans la rue un homme étendu par terre, qui souffrait d'un pouce infecté par la gangrène. Il fallait l'amputer immédiatement : elle dit une prière, s'empara d'une paire de ciseaux et procéda à l'opération. Le patient s'évanouit, et elle aussi ! Quand je lui racontai l'histoire, Mère Teresa éclata de rire : « C'est une légende ! » me dit-elle, mais la chute l'amusa beaucoup.

De fil en aiguille, nous en vînmes à parler de son séjour à Patna, où, en 1948, elle avait passé quelques mois de formation : soins médicaux, travail en dispensaire et en hôpital. Elle me dit avoir assisté et fini par prendre part à d'innombrables urgences, opérations et naissances, appris à faire des piqûres et à prescrire des médicaments. Selon tous les témoignages, il aurait été difficile de trouver une élève plus enthousiaste : les sœurs de Patna se souvenaient qu'elle semblait être partout à la fois. Mère Teresa elle-même convenait que c'était une formation des plus utiles, et a souvent loué la générosité des sœurs.

D'ailleurs, outre l'expérience qu'elle y gagna, les rares moments de repos lui donnèrent l'occasion de parler de ses projets avec elles : elles lui firent ainsi plusieurs suggestions de bon sens. Ces échanges l'amenèrent à abandonner certaines de ses premières idées : elles la dissuadèrent par exemple d'édicter que les membres de son ordre mangent ce que mangeaient les pauvres, du riz saupoudré de sel. Si elle et ses sœurs ne voulaient pas succomber aux maladies qu'elles espéraient guérir, il leur faudrait un régime certes simple, mais nourrissant et équilibré. Il leur faudrait aussi se reposer. Se lever avant 5 heures et travailler huit heures durant, ou même davantage, exigeait un peu de répit l'après-midi. Il était nécessaire que chacun ait droit à une journée de détente hebdomadaire, et chaque année à une pause dans le travail. L'hygiène personnelle était indispensable à quiconque devait travailler dans la rue. Pour cette raison, les sœurs auraient besoin d'au moins trois saris : un sur soi, l'autre au lavage et le dernier pour les urgences et les grandes occasions. Mère Teresa se vit également conseiller de se couvrir la tête pour se protéger du soleil : en été, les températures en Inde peuvent dépasser quarante degrés à l'ombre.

Au bout de quelques semaines à Patna, Mère Teresa était impatiente de repartir à Calcutta, et envoya lettre sur lettre au père van Exem pour qu'il lui permette de commencer le « vrai » travail. Comme il me l'a confié avec amusement, « elle disait toujours qu'elle voulait revenir, qu'elle avait suffisamment étudié, qu'elle avait vu toutes les maladies, que celles de Calcutta n'étaient d'ailleurs pas celles de Patna, et qu'elle ne verrait pas à l'hôpital celles qu'elle trouverait dans les bidonvilles ».

En novembre 1948, le père van Exem s'en vint faire retraite à Patna et, dès son arrivée, se rendit à l'hôpital. « Là, j'ai vu un groupe de sœurs et d'infirmières qui bavardaient, je suis allé vers elles et j'ai dit : "Je suis venu voir Mère Teresa. Où est-elle ?" J'ai entendu une voix dans mon dos : "Mais père, je suis là !" Je ne l'avais pas reconnue, parce qu'elle était en sari. J'avais pourtant béni les trois qu'elle possédait, mais je ne l'avais jamais vue en porter un. »

À l'hôpital, il s'entretint avec la supérieure, une Américaine nommée sœur Stéphanie, et lui apprit que sœur Teresa voulait rentrer. Il ajouta que, selon lui, il était douteux qu'elle ait pu apprendre beaucoup de choses en si peu de temps, et reconnut être un peu inquiet à l'idée de lui permettre de revenir prématurément, parce qu'il craignait qu'elle ne commette des maladresses. Il se souvient même avoir dit : « Et ce serait la fin de l'entreprise. » À sa grande surprise, sœur Stéphanie répondit : « Oui, père, sœur

Teresa peut retourner à Calcutta. Elle est très prudente et ne commettra pas d'erreurs. Beaucoup de gens viendront l'aider et la conseiller. Ils prendront leurs propres responsabilités dans le partage des tâches. » Le médecin, une Hollandaise nommée sœur Élise, le confirma : « Sœur Teresa est prête. Elle peut partir aujourd'hui même.

« Je lui ai écrit de Calcutta que l'archevêque lui avait accordé la permission de rentrer, et que je lui avais trouvé un endroit où se loger, chez les Petites sœurs des pauvres. Je ne voulais pas qu'elle vienne pendant leur retraite, qui devait avoir lieu du 1er au 8 décembre. Le matin du 9, elle est arrivée, après quatre mois à Patna. » Elle doit avoir trouvé bizarre de ne pas se diriger tout droit vers le couvent d'Entally. St. Joseph's Home, dirigé par les Petites sœurs, accueillait environ deux cents personnes âgées, pauvres ou indigentes. L'endroit était situé – il l'est toujours – sur Lower Circular Road, là où, cinq ans plus tard, Mère Teresa installerait sa Maison mère.

À bien des égards, l'endroit était parfaitement approprié, car les Petites sœurs des pauvres ont fait vœu de pauvreté ; elles n'ont pas de revenus réguliers et dépendent entièrement de la Providence. Les premiers jours, Mère Teresa passa quelques heures de la journée à les aider dans leurs tâches. Du 10 au 18 décembre, le père van Exem dirigea une courte retraite. Le 19 au matin, elle était prête. « Je lui ai suggéré de se rendre d'abord à Taltolla. C'est une banlieue de classe moyenne, où vivaient beaucoup de ses anciennes élèves d'Entally. Je croyais qu'il serait utile qu'elles voient Mère Teresa dans sa nouvelle tenue ; ainsi elles sauraient qu'elle se mettait à l'œuvre. » C'était là la façon dont le père van Exem comptait lui « présenter » les tâches difficiles qui l'attendaient dans les rues et les *bustees* (les bidonvilles). Mais, le soir même, elle lui apprit qu'elle ne retournerait pas à Taltolla : là ne se trouvait pas le « vrai travail ». Le 20 au matin, toujours d'après le témoignage de son directeur de conscience, elle sortit pour se rendre, pour la première fois, dans le bustee de Motijhil.

Ce nom signifie littéralement « lac de perle » : rien à voir avec la réalité. En fait de lac, on ne trouve qu'un grand réservoir en plein milieu de la ville. De nos jours, ceux qui habitent là seraient scandalisés que quiconque l'appelle un bustee, car l'endroit se flatte d'avoir des rues pavées, l'électricité, un système d'alimentation en eau convenable et des égouts. Les maisons sont petites, mais presque toujours correctement bâties, et bien des toits s'ornent d'une antenne de télévision. Toutefois, quand Mère Teresa s'y aventura, en 1948, c'était loin d'être le cas. Le réservoir était la seule source d'eau. Les égouts étaient à ciel ouvert, les ordures s'entassaient plusieurs jours durant avant d'être enlevées. Il n'y avait ni clinique, ni dispensaire, ni école.

Motijhil n'était pas un endroit inattendu pour se mettre à l'œuvre. C'était un spectacle familier depuis les salles de classe du couvent d'Entally. De surcroît, les membres de la Fraternité de la Vierge y avaient déjà travaillé. Le père Henry, le prêtre de la paroisse, connaissait bien le bustee, et il était tout prêt à aider Mère Teresa. Il lui donna l'adresse de plusieurs familles pauvres qui vivaient sur place et dont les enfants étaient inscrits à l'école paroissiale. Ce sont eux que Mère Teresa rencontra le premier jour. Ils furent ravis à l'idée d'avoir une petite école, et promirent d'y envoyer leur progéniture. Elle ne fut nullement découragée de ne disposer ni d'un bâtiment, ni même d'une salle de classe. Elle n'avait pas le moindre argent pour acheter un tableau noir et de la craie, ou même les ardoises dont les gamins des villages faisaient usage. Le lendemain, cinq enfants l'attendaient. Le seul espace libre était sous un arbre, près du réservoir. « J'ai pris une baguette et je m'en suis servie pour écrire sur le sol, là où les enfants étaient assis. »

Il ne fallut que peu de temps pour que l'on sache à St. Mary's que Mère Teresa était revenue de Patna, et qu'elle avait ouvert une petite école à Motijhil. Un après-midi, certaines de ses anciennes élèves s'y rendirent pour la rencontrer. Habituées à la voir en habit de religieuse, elles furent choquées de la trouver vêtue d'un sari bon marché. À Calcutta, en 1948, c'était un spectacle des plus étranges : certes, beaucoup d'Européennes avaient épousé des Indiens et s'habillaient à l'indienne, mais elles portaient des saris de coton ou de soie, et ne montraient jamais leurs pieds. Ceux de Mère Teresa étaient nus dans de grossières sandales de cuir offertes par les sœurs de Patna. Et comme si tout cela ne suffisait pas, le petit groupe de visiteuses eut du mal à se faire à son « école ». Il y a quelques mois encore, elle était leur principale. Et voilà qu'elle n'avait même plus de toit sur sa tête et dirigeait une « classe » d'enfants en loques, assis près d'une étendue d'eau croupie, sans tables ni chaises, sans livres ni crayons.

Du 25 décembre 1948 au 13 juin 1949, Mère Teresa tint un bref journal du travail accompli. L'idée en vint à l'archevêque Périer, désireux d'aplanir un différend entre elle et le père van Exem : elle voulait que ce dernier lui rende les lettres qu'elle lui avait écrites au début, tandis qu'il souhaitait les conserver afin de constituer une documentation sur la création de la congrégation.

Bien qu'étant une correspondante très prolifique, Mère Teresa n'avait ni le temps ni les moyens de conserver la multitude de lettres qu'elle recevait, pas plus qu'elle ne tenait de journal de bord, quel qu'il soit. Le document qu'elle rédigea au jour le jour à cette époque est donc unique, et les citations que j'en donne sont reproduites telles quelles. Le père van Exem m'a rapporté qu'« elle écrivait tard le soir, une fois venue à bout du travail de la journée. Elle était souvent morte de fatigue, et dut s'assoupir plus d'une fois. Je savais qu'elle ne pourrait continuer très longtemps. » Et d'ajouter : « Certains ouvrages voient dans ce document un journal intime. Ce n'en est pas un, et ce n'est pas non plus un examen de conscience. C'est un relevé, rédigé à l'intention de l'archevêque, qui décrit les expériences de la journée. »

On n'a vu le « livre » qu'une fois, il y a une vingtaine d'années. Si quelques passages en ont déjà été cités, la majorité de ceux qu'on lira ici sont inédits. Il y a des contradictions ; parfois, les dates ne correspondent pas aux événements, et ses notes sont souvent brèves. L'immense valeur de ce document tient à ce qu'il témoigne des premiers pas de Mère Teresa : les doutes, les échecs, les rebuffades, le bonheur qu'elle éprouvait à accomplir sa tâche. Par ailleurs, ce qui apparaît clairement, de façon très vivante, c'est qu'il n'y a jamais eu de « grand projet » à la réalisation duquel elle aurait travaillé. À mesure qu'elle se heurtait aux problèmes des bidonvilles, jamais elle n'éprouva le besoin d'emprunter les voies administratives habituelles : procéder à un examen d'ensemble, tracer des plans, rassembler les ressources, former des gens. Elle ne voyait que les besoins immédiats de tel ou tel et s'efforçait de les satisfaire sur-le-champ. Si on lui présentait un enfant mal nourri, mener à bien un projet de lutte contre la malnutrition n'était pas de son ressort ; elle empruntait le chemin le plus court pour lui trouver de quoi manger. Un tel point de vue n'a pas changé au fil des années.

Autre aspect notable, Mère Teresa, même à cette époque, pouvait mener plusieurs actions à la fois. L'école de Motijhil n'était destinée qu'aux enfants de Motijhil, pas à ceux de Tiljala. Il était donc essentiel d'en fonder une là-bas. Peu lui importait qu'il y eût encore des problèmes à résoudre à Motijhil. Il en allait de même pour les dispensaires, les mouroirs et ainsi de suite. Comme tout cela était Son œuvre, Il veillerait à ce que tout se mette en place. Plus important que tout, peut-être, ses notes témoignent de sa foi en Son Appel, de sa complète soumission et de sa conviction de n'être rien de plus que Son instrument.

Quand elle se jeta tête baissée à Motijhil, elle n'avait pas d'argent. Si elle l'avait voulu, l'ordre lui aurait certainement donné de quoi couvrir ses dépenses. On lui avait payé son trajet à Patna, et sans doute aussi son voyage de retour. Une fois à Calcutta, il se peut que les Petites sœurs des pauvres lui aient fait don de quelques roupies pour qu'elle prenne le tram.

Une semaine plus tard, jour pour jour, elle reçut ce qui était alors une somme assez importante. Ce matin-là, elle était allée à Sealdah, une banlieue de Calcutta, voir le prêtre de la paroisse. Bien que, selon elle, il se soit montré « heureux du travail accompli », il refusa de lui accorder aide ou assistance. Elle passa ensuite voir le prêtre de la paroisse de Park Circus, qui fut « tout simplement ravi » de la voir. « Pour témoigner de son approbation, il m'a donné cent roupies pour commencer », nota-t-elle. Elle ne perdit pas de temps pour trouver un local : « J'ai loué deux pièces pour cinq roupies par mois chacune, qui serviront pour l'école et le dispensaire. C'est juste devant un grand réservoir. » Il convient de noter que ce fut fait dès le 27 décembre, moins de vingt-quatre heures après avoir reçu l'argent.

Il fallait d'abord réparer et nettoyer, aussi l'école resta-t-elle en plein air pendant quelques semaines. Décembre, janvier et février sont, à Calcutta, des mois relativement doux, et il est parfaitement possible de se tenir dehors. C'est en juin, lorsque commence la mousson, qu'il devient impératif de se mettre à l'abri. Le 28 décembre, l'école comptait déjà vingt et un élèves, et une enseignante de St. Mary's s'était portée volontaire. « Les enfants étaient sales et négligés, mais très heureux », nota Mère Teresa. Non seulement elle leur donnait des cours, mais, de surcroît, elle leur enseignait la propreté. Se souvenant de St. Mary's, elle leur faisait prendre un bain et récompensait les plus assidus par des savons. Le 29 décembre, elle nota qu'ils étaient « beaucoup plus propres ». « Ceux qui ne l'étaient pas, je les ai lavés au réservoir. » Les cours commençaient par une leçon d'hygiène, suivie par de la lecture. « J'ai ri très souvent, parce que je n'avais jamais enseigné à de très petits enfants. Les *kaw-khaw-gaw* [lettres de l'alphabet bengali] ne se sont pas passées aussi facilement. Faute de tableau noir, nous les avons tracées sur le sol – tout le monde était ravi. »

La psalmodie d'un alphabet qu'on répète devint bientôt un bruit familier à Motijhil. Les habitants du bustee savaient reconnaître la bonté, même si les enfants devaient s'asseoir par terre. Livres et ardoises firent leur apparition. Les gens venaient avec un peu d'argent, un tabouret, une table. C'étaient de modestes témoignages de leur gratitude. Le 4 janvier, Mère Teresa disposait de trois enseignantes venues l'aider. On en avait bien besoin : l'école comptait déjà cinquante-six élèves. Elle ne tarda pas à donner des cours de bengali et d'arithmétique ; le cours de couture plut tout particulièrement aux fillettes. Le 14 janvier, la salle de classe était prête. En l'honneur du père Nicaise, qui devait venir la bénir le lendemain, Mère Teresa tenta d'apprendre aux enfants une petite chanson en bengali : « Je ne crois pas qu'une seule voix n'ait pas détonné ! » nota-t-elle, amusée. Elle donna à l'école le nom de Nirmal Hriday (qu'elle reprit plus tard pour le mouroir). La petite école à l'ombre du couvent de Lorette était devenue une réalité.

« Il y a tant de joie dans les bidonvilles, écrivit-elle un jour, j'ai passé une journée charmante avec les enfants. Certains d'entre eux arrivent bien avant l'heure et viennent nous accueillir en courant. » Et quelques jours plus tard : « Les enfants font réellement des progrès. Ils ont appris une vertu : ne pas parler grossièrement. [Ils] ont amené un petit garçon qui parlait très mal à sa mère. Je lui ai dit que Nirmal Hriday n'aimait pas les petits garçons qui insultent leur mère. Il a eu honte de lui. »

Le 14 janvier 1949, Mère Teresa nota qu'une nouvelle famille était venue vivre à Motijhil : une femme bengali avec deux petits enfants, et sa sœur, qui était infirmière. Ils avaient connu des jours meilleurs et se retrouvaient désormais dans une terrible pauvreté. Comme Mère Teresa faisait cours, un de ses élèves lui dit : « Ma sœur, Zena et son frère n'ont rien mangé depuis hier matin, et ils n'auront rien ce soir non plus. » « Pauvres enfants ! écrivit-elle. Ils ne pouvaient le dire eux-mêmes. Je n'avais que trois *annas*. Ah ! je peux venir à pied de St. Teresa's. Alors j'ai apporté un peu de *muri* [riz soufflé] et les deux œufs que j'avais, de quoi leur procurer un petit repas. »

C'est ce jour-là, alors qu'elle rentrait à pied, qu'elle connut son « premier choc brutal ». Elle s'était arrêtée dans une église, espérant recevoir un don. « Entrant, j'ai été surprise de constater avec quelle rapidité j'étais revenue à Park Street. J'ai réfléchi et suis allée mettre à l'épreuve la générosité [d'un prêtre]. Quelle surprise ! Il m'a traitée comme si je faisais quelque chose de mal. Il m'a conseillé de demander au prêtre de la paroisse de me financer, et a été très surpris quand je lui ai répondu que je me financerais en mendiant. Il est parti en lançant qu'il ne comprenait pas, sans dire au revoir. En remontant Camac Street, j'avais les larmes aux yeux. » Sans doute donnait-elle libre cours à ses émotions parce qu'elle était lasse, ou seule, ou les deux. Ce qu'il faut retenir, c'est que cette rebuffade n'affaiblit pas sa résolution, et ne la détourna pas de sa mission. Bien au contraire, cela ne fit que mettre en évidence sa résistance intérieure. Si l'ultime humiliation était de mendier, qu'il en soit ainsi.

En Inde, la mendicité fait partie d'une très ancienne tradition. Au fil des âges, prêtres, sages et enseignants ont dépendu, pour vivre, du soutien des puissants ou de leur communauté. Mère Teresa s'adapta assez facilement à ce modèle, faisant fréquemment référence à ses « lettres de supplication » et à ses « expéditions de mendiante » pour obtenir remèdes, nourriture et vêtements de seconde main. C'était la conséquence logique de sa volonté de pauvreté, de son souci de s'en remettre pour tout à la Providence. Elle fut pourtant remplie d'un étrange malaise quand un couple de Calcutta, extrêmement riche et connu de toute la ville, vint lui rendre visite à l'école de Motijhil, lui promettant toute l'aide possible. « Du fond du cœur, j'ai prié avec ferveur pour que rien ne puisse venir gâcher notre pauvreté et notre union absolues avec Lui. Je n'ai jamais mieux compris que maintenant à quel point je ne suis rien. »

C'est peu à peu que se révéla la répugnance de Mère Teresa à accepter les dons de l'État. À peine avait-elle créé l'école de Motijhil qu'elle alla voir l'inspectrice scolaire pour obtenir une subvention. Elle apprit que, selon les règles administratives, l'État ne pouvait accepter que si l'établissement avait au moins un an d'existence. Quelques semaines plus tard, Mère Teresa nota : « Je suis allée avec Sabitri voir Miss Roy, l'inspectrice scolaire. Elle était prête à accorder une subvention à l'école. Je lui ai dit que je voulais enseigner aux enfants ce dont ils avaient le plus besoin, et que je voulais être libre. » Pourtant, ce n'est qu'après son installation à Creek Lane qu'elle prit une décision définitive : une subvention régulière, qu'elle vienne de l'État ou de l'Église, serait contraire à son vœu d'absolue pauvreté, et de surcroît s'accompagnerait de toutes sortes de conditions qui porteraient atteinte à sa liberté.

Mère Teresa avait à peine créé sa petite école qu'elle entreprit d'ouvrir un dispensaire. Elle avait déjà commencé à rendre visite aux malades : lèpre et tuberculose étaient endémiques. Le 14 janvier, elle nota : « J'ai rencontré une lépreuse. Quel spectacle atroce ! Elle avait été rejetée par sa famille à cause de sa maladie. Elle n'a plus de doigts et préparer à manger est très difficile pour elle. Elle passe son temps à jouer avec le chat. »

Une musulmane âgée et malade à qui elle avait donné des médicaments eut l'impression qu'un miracle s'était produit, et lui dit : « Après tant d'années de souffrances, c'est la première fois que je ne ressens pas de douleurs. Allah vous a envoyée vers moi. » Et fin mars, Mère Teresa nota : « À Motijhil, une vieille musulmane est venue me voir et m'a dit : "Je veux que vous me promettiez quelque chose. Quand vous apprendrez que je suis mourante, venez. Je veux mourir avec Dieu."

« À Motijhil, il y a beaucoup de maladies chez les enfants et les gens. Ils appellent de partout. Dieu merci, [l'hôpital] Campbell admet tous les patients que je leur adresse – tétanos, choléra, méningite, peste, tout. Ils envoient une ambulance sur-le-champ », écrivit-elle encore. Il n'était pas nécessaire pour autant d'expédier tout le monde à l'hôpital. Elle avait de plus en plus besoin de médicaments pour les visites, toujours plus fréquentes, qu'elle faisait à domicile, ce qui l'amena peu à peu à aller voir régulièrement les pharmaciens. Elle convainquit certains d'entre eux de lui donner tout ce qu'ils pouvaient mettre de côté. Il y a dans ses notes de fréquentes références à ces visites. Par exemple : « Je suis allée mendier à Smith Stani Street. Ils m'ont donné des remèdes. » Peut-être est-ce au cours de l'une de ces expéditions qu'elle reçut, non des médicaments, mais une bordée d'injures. Elle n'en fut pas découragée pour autant, et nota : « À Tiljala, j'ai eu droit à une *gali* [volée d'insultes] de première classe, mais le malheureux a eu tellement honte de ses paroles que je lui ai pardonné. Et je lui pardonnais vraiment du fond du cœur. »

Le premier dispensaire qu'elle ouvrit ne se trouvait pas à Motijhil, mais dans une salle de classe de l'école paroissiale, que lui avait offerte sœur Rozario. Après les heures de classe, une grande salle donnant sur une véranda fut transformée en un centre de dépistage improvisé pour les tuberculeux. De longues files d'attente ne tardèrent pas à se former, bien avant l'ouverture. Nombre de patients étaient des tireurs de pousse-pousse ou des coolies. Mère Teresa avait réussi à obtenir un appareil de dépistage ; elle ne précisa pas si c'était en réponse à une de ses lettres, ou s'il s'agissait du don d'un de ses premiers bienfaiteurs.

Preuve supplémentaire de son sens de l'organisation, en moins de quinze jours elle avait ouvert une école et un dispensaire. Le 4 janvier 1949, elle décida de créer une seconde école, cette fois à Tiljala. Elle nota : « J'ai supplié les parents de m'envoyer leurs enfants. Je ferai tout ce qui est en mon pouvoir pour aider ces pauvres créatures. Leur misère est bien plus atroce qu'à Motijhil. » Puis, le 19 janvier : « À Tiljala, les enfants étaient tout excités à l'idée d'aller à l'école. Pour les garçons, tout est prêt. Les filles seront aussi très bien. Mon Dieu, je vous en prie, je serai heureuse de les voir à l'école. » Une semaine plus tard : « Les enfants sont merveilleux. À Tiljala, il n'y en avait que six... Six petits enfants au moins protégés de l'oisiveté et de la mauvaise conduite. L'endroit ne convient pas, il faudra donc que je prenne d'autres dispositions. La vieille femme veut cinq roupies pour la petite pièce. L'endroit dehors est mieux adapté, je pense que c'est ce que je choisirai. » Et trois jours plus tard : « À Tiljala, j'ai obtenu une salle pour cinq roupies par mois. Les gens sont venus et ont été très heureux d'avoir un endroit pour leurs enfants. Cela servira aussi de dispensaire, puisque les petits peuvent avoir cours dehors. »

Il ne fallut pas longtemps pour que l'école voie le jour. Le 2 février, Mère Teresa nota : « Jour de la Présentation. L'année dernière, ce même jour, est arrivée la lettre de la Mère générale... À Tiljala, j'ai eu vingt-cinq enfants. Ils sont très gentils, et si respectueux. Ils adorent jouer – Nirmal Hriday grandit, que Dieu soit loué pour tout. » Puis, dans une poignante allusion à sa solitude, elle ajouta : « Quand Notre-Dame pensera qu'il convient de me donner quelques enfants à moi, alors seulement Nirmal Hriday répandra son amour partout dans Calcutta. Je ne cesse de Lui dire : "Je n'ai pas d'enfants", tout comme, il y a bien longtemps, Elle a dit à Jésus : "Ils n'ont pas de vin." Je place toute ma confiance dans Son cœur. Il est certain qu'Elle me donnera à Sa façon. »

Une caractéristique essentielle de la personnalité de Mère Teresa est sa nature profondément pratique. Elle n'avait jamais le temps, ni le désir de se perdre en bavardages inutiles, et pourtant, elle avait le sens de l'humour. Ce que l'on discerne dans une note de fin février 1949, après une rencontre avec le responsable de l'éducation : « "Ma sœur, a-t-il dit, je vous admire et je vous envie. Votre amour pour ces classes défavorisées est grand, et nous autres, de ce pays, nous ne faisons rien. Allez voir le Premier ministre et dites-lui ce que vous faites. C'est lui, et non pas vous, qui devrait s'en charger avec l'État. Vous êtes une petite sœur, mais vous paraissez bien décidée à agir, et vous réussirez." J'aurais préféré qu'il me donne autre chose que ce bavardage creux. »

Comme l'avaient prédit les sœurs de Patna, Mère Teresa eut, dès le début, des gens pour l'aider. Le tout premier jour, elle nota : « Deux enseignantes de St. Mary's sont venues, désireuses de m'aider. Les Das Gupta, une famille hindouiste, sont venus me voir. Sabitri, le plus jeune, veut m'aider à tout prix. M. Vincent et M. Gasper sont venus. Ce sont deux bons catholiques bengalis. Ils m'ont dit qu'ils feraient tout ce qui est en leur pouvoir pour que l'œuvre réussisse. » Pourtant, certains jours, les bénévoles n'étaient pas en mesure de venir. À plusieurs reprises, Mère Teresa évoqua en passant une enseignante ou un médecin qui n'ont pu assurer leurs devoirs. Ce qui déséquilibrait tout. Il ne fallut pas longtemps pour qu'elle comprenne qu'il était difficile à des laïcs, qui avaient des responsabilités envers leur famille, de se consacrer entièrement au travail dans les bidonvilles.

Le 14 janvier, elle nota : « Je suis allée voir les malades, mais il n'y avait pas assez de temps et l'enseignante était très désireuse de retrouver ses [propres] enfants. Cela montre à quel point il est nécessaire que nous soyons des religieuses pour accomplir cette tâche. » Ce sentiment se renforça à mesure que s'écoulaient les jours. Le 23 janvier, elle observa ainsi : « Pour persévérer dans un tel travail pendant longtemps, il faut qu'un grand pouvoir vous pousse par-derrière. Seule la vie religieuse peut le donner. »

Quelques semaines à peine après avoir commencé à œuvrer à Motijhil, certains se mirent à exprimer leurs doutes. Une religieuse seule, travaillant de manière peu orthodoxe dans les taudis, mettait très mal à l'aise certains membres du clergé local. Ils firent valoir qu'elle avait été une excellente enseignante, et que le bon travail qu'elle avait accompli risquait d'être sacrifié à un avenir incertain. Il est probable que de tels murmures parvinrent jusqu'aux oreilles de la mère provinciale d'Entally. Elle aimait beaucoup Mère Teresa, et voulut la convaincre de revenir à Lorette. « Je suis allée voir la mère provinciale. Son unique désir est que je revienne à Lorette, mais je sais que Dieu veut que l'ouvrage soit fait », écrivit-elle. Pour éviter des tentations toujours possibles, elle cessa pratiquement de se rendre à Entally. Les chuchotements finirent par lui revenir, et l'on mesurera sa foi aux commentaires suivants : « Je crois que certains disent : à quoi sert de travailler parmi les pauvres entre les pauvres ? Puisque les grands, les riches et les instruits sont tout près de venir, mieux vaut leur accorder toute notre attention. Oui, qu'ils s'en chargent tous. Si les riches peuvent disposer des services et du dévouement de tant de religieuses et de prêtres, sûrement les pauvres entre les pauvres peuvent avoir l'amour et le dévouement des rares d'entre nous – ils m'appellent "la sœur des taudis", et je suis heureuse de l'être pour Son amour et Sa gloire. »

5

14 Creek Lane

Je fis un jour part à Mère Teresa de mon désir de me rendre au 14 Creek Lane, pour voir la maison où tout avait commencé. « Pourquoi donc ? répliqua-t-elle. Allez plutôt voir le travail qui se fait. » J'aurais pourtant dû m'attendre à cette réponse...

Néanmoins, le désir de retracer la création de cet ordre religieux qui, parti d'une pièce dans les bas-fonds de Calcutta, est devenu une organisation multinationale, fut irrésistible. Lors de ce voyage à la découverte, je fus surpris de constater que Creek Lane existait encore. Après tout, Mère Teresa avait quitté l'endroit en 1953, et, depuis cette époque, il s'était écoulé suffisamment de temps pour que tout ait pu arriver. Le nom de la rue avait pu changer au moins deux fois, le quartier s'être modifié, un groupe de maisons avait pu prendre la place de celle située au numéro 14. Il n'aurait pas été surprenant que la famille Gomes ait déménagé, ou même que Michael Gomes ait émigré, comme l'avaient fait plusieurs membres de sa famille. Et pourtant, rien de tout cela ne s'était produit. Lorsque, à la première occasion, je me retrouvai dans Creek Lane, ce fut comme si une pièce de puzzle, particulièrement importante, se mettait en place.

Comme presque toutes les rues de Calcutta, c'est un entassement de maisons, de boutiques et de petites entreprises. Tout le monde semble se connaître, ce qui est d'autant mieux que la numérotation des immeubles laisse un peu à désirer. Quand je demandai mon chemin à un commerçant, il me répondit : « Gomes Babu ? Il vit au numéro 14 », en me montrant du doigt, non loin de là, une porte voûtée aux couleurs délavées, de l'autre côté de la rue.

Les bougainvillées couvrant le mur dissimulaient presque entièrement la petite plaque de marbre rappelant l'emplacement de « la Retraite ». Un des membres de la famille installé au rez-de-chaussée m'aiguilla vers le second étage, où Michael Gomes vit avec son épouse. Tout en montant l'escalier de bois, à la superbe rambarde de fer forgé, je ne pus m'empêcher de me dire que Mère Teresa et ses premières postulantes avaient balayé ces marches au cours des quatre années qu'elles avaient passées ici.

Après son retour de Patna, le 9 décembre 1948, elle s'était d'abord installée chez les Petites sœurs des pauvres. Le père van Exem comprit vite qu'elle devait être plus proche de Motijhil, où elle avait commencé à travailler, si bien que le père Henry et lui se mirent en quête d'un endroit mieux adapté. « Je ne savais que faire, dit-il. Le père Henry et moi sommes allés à vélo dans la partie est de Calcutta, et dans bien d'autres lieux, à la recherche d'une maison qui conviendrait. Puis, d'un seul coup, je me suis dit qu'Alfred et Michael

Gomes, deux frères que je connaissais, vivaient dans une jolie demeure de deux étages. Je savais aussi que l'étage du haut était inoccupé. Mère Teresa pourrait commencer par là, et ensuite les choses s'arrangeraient peu à peu. »

Ce matin-là, le père van Exem contacta Alfred Gomes, qui accomplissait pour lui divers travaux de secrétariat. « Je l'ai trouvé, comme d'habitude, dans la sacristie de mon église de Baithak Khana. Il avait déjà entendu parler de Mère Teresa, on l'avait vue partout. Je lui ai dit : Tu as une maison, et personne ne vit à l'étage supérieur. Ne pourrais-tu pas le donner à Mère Teresa ? » Alfred réagit positivement, mais dit qu'il devait d'abord demander à ses frères, dont deux vivaient au Bengladesh : la maison leur appartenait en commun. Leur accord ne tarda pas et, le 28 février, Mère Teresa s'installa dans une pièce vide, tout en haut de la résidence des Gomes.

Les notes qu'elle tint montrent que les choses n'allaient pas au mieux. Dès son retour de Patna, elle s'était mise à chercher un lieu où installer un couvent mais, plus d'une fois, les arrangements échouèrent au dernier moment. Elle avait ainsi trouvé, au 46 Park Circus Avenue, « un endroit idéal pour les Missionnaires de la charité, loin du monde et pourtant proche de tout ». Alors que tout était pratiquement réglé, le propriétaire parut changer d'avis. Le 16 février, elle écrivit : « Je suis allée voir le propriétaire du 46 Park Circus. Il n'est jamais venu. J'ai peur d'avoir trop aimé l'endroit – et Notre-Seigneur veut simplement que je sois une "religieuse libre", couverte par la pauvreté de la Croix. Mais aujourd'hui, j'ai appris une bonne leçon – la misère des pauvres doit souvent être si dure pour eux. Quand je pars à la recherche d'un foyer, je marche et marche jusqu'à en avoir mal aux jambes. J'ai pensé qu'eux aussi doivent souffrir corps et âme de ne pas avoir de foyer, de nourriture, d'assistance. C'est alors que la tentation est devenue forte. Les bâtiments princiers de Lorette ont envahi mon esprit. Toutes les belles choses, le confort – en un mot, tout. "Tu n'as qu'un mot à dire et tout cela de nouveau sera à toi", répétait le Tentateur. Par choix, mon Dieu, et par amour pour Vous, je désire rester et faire tout ce que peut être Votre sainte volonté à mon égard. Je n'ai pas laissé couler une seule larme, même si je souffre plus encore que maintenant. Je veux toujours accomplir Votre sainte volonté. C'est la nuit obscure de la naissance de notre société. Mon Dieu, donnez-moi du courage, en ce moment même, pour persévérer dans l'observance de Votre volonté. »

Il est donc compréhensible que, cinq jours plus tard, elle ait retenu son enthousiasme à grand-peine : « Bonne nouvelle de la maison de Creek Lane. Comme les voies de Dieu sont étranges et merveilleuses ! Dans toute sa pauvreté, cet endroit est encore riche. Je dois prendre ce que Vous m'avez donné, non ce que je préfère. »

Et le 25 février : « L'endroit sera bientôt prêt, je meurs d'envie d'y être. »

Et pourtant, le jour de son arrivée au 14 Creek Lane, elle fut accablée de solitude. Ce qui explique peut-être ce passage touchant datant de cette première soirée : « 28 février. Aujourd'hui, mon Dieu, quelles tortures de solitude ! Je me demande combien de temps mon cœur devra les supporter. Les larmes n'ont cessé de couler. Tout le monde voit ma faiblesse. Mon Dieu, donnez-moi du courage pour combattre l'égoïsme et le Tentateur. Ne me laissez pas reculer devant le sacrifice que j'ai fait par choix et par conviction intimes. Cœur immaculé de ma mère, aie pitié de ta pauvre enfant. Par amour de Toi, je veux vivre et mourir Missionnaire de la charité. »

C'est dans la pièce occupée par Mère Teresa, pièce que le prêtre de la paroisse était venu bénir, que Michael Gomes accueillit ainsi un inconnu armé de carnets, d'un appareil photo et d'un magnétophone. Je me souvenais qu'elle avait dit de lui qu'il était « un saint homme », et fus séduit par ses manières douces et timides. Mince, la soixantaine, il m'écouta lui expliquer ce que je comptais faire.

Il me raconta que Mère Teresa s'était installée dans une unique pièce. Désignant un endroit près de la porte, il ajouta : « Elle n'avait rien, sauf une grande malle noire qu'elle a posée là, et qui servait de banc et de bureau. Le père van Exem avait accroché au mur une image du Cœur immaculé de Marie. » Mère Teresa n'était pas tout à fait seule, puisque accompagnée par Charu Ma, une veuve qui était cuisinière à St. Mary's. Très dévouée à Mère Teresa, elle avait décidé de quitter le couvent pour lui faire la cuisine et lui tenir compagnie. Michael Gomes se souvient avoir proposé un peu de mobilier : « Après tout, celui de mes frères était là, dans la chambre voisine, mais elle ne voulait pas s'en servir. Elle a pourtant accepté une chaise et plusieurs malles, qui tenaient lieu de sièges et de tables.

« J'admire la façon dont tout cela a grandi, poursuivit Michael, perdu dans ses pensées. Comment y est-elle arrivée ? Nous partagions notre nourriture avec elle chaque fois que c'était possible, mais je savais qu'à plusieurs reprises elle avait fait don de ce qu'elle avait, et n'avait rien mangé du tout. Parfois, j'avais une note d'elle disant : "Michael, donnez-moi six boisseaux de riz. Je vous rembourserai." Plus d'une fois elle l'a donné à une famille pauvre qui attendait à la porte. Elle n'a jamais tenté de nous dédommager, parce qu'elle savait que cela nous ferait de la peine. » Ce qu'il ne disait pas – mais les sœurs me l'ont appris –, c'est que la famille refusa toujours tout loyer ou argent pour quoi que ce soit. « Nous ne donnions rien, dit Michael, nous recevions. »

Mère Teresa nota dans son « livre » que le père Henry lui avait donné, pour l'autel, une belle statue de Notre-Dame de Fatima. J'avais dans l'idée qu'elle avait dû être placée dans la pièce voisine, qui était finalement devenue une petite chapelle. Emporté par ma curiosité, je demandai si je pouvais jeter un coup d'œil. Michael, montrant du doigt le grand lit et la grande armoire qui s'y trouvent aujourd'hui, me dit : « Il n'y avait pas de mobilier à cette époque. Rien qu'un petit autel. La chambre est devenue une chapelle après la création de la congrégation. Après quelques années, elles étaient près de trente. Toute la maison résonnait de leurs rires pendant l'heure de récréation, ajouta-t-il en souriant.

« Les gens ont commencé à venir en quête d'assistance et de médicaments. Il y avait des cas de tuberculose. Un jour, Mère Teresa m'a dit : "Michael, pourriez-vous venir avec moi, je veux partir en expédition, pour mendier." Nous sommes allés chez quelqu'un que nous connaissions, une inspectrice des écoles. Mère Teresa a longuement parlé de son action, des gens qui avaient besoin d'aide. L'inspectrice a écouté, mais n'a rien donné. Toutefois, sa sœur, qui était partiellement aveugle, a été émue et nous a fait don de cinq roupies. » Il resta silencieux un moment avant d'ajouter : « Elle a connu bien des déceptions. » Puis, après une longue pause, il sourit et dit doucement : « Vous savez, elle récurait les planchers elle-même tous les jours. »

J'ai été très intéressé d'apprendre de Michael Gomes que, dès le début, Mère Teresa s'était montrée systématique et méthodique, et qu'elle avait une idée claire de la façon de procéder. Selon la constitution de l'ordre, les sœurs doivent sortir par deux, comme les disciples de Jésus, visiter les hôpitaux, les lépreux, et ramasser les gens dans les rues, même ivres. « Au début, elle emmenait avec elle les enfants de la maison, ou bien ma femme ou moi l'accompagnions. Un jour, elle avait emmené notre petite fille dans les bidonvilles. Normalement, elles étaient de retour vers midi, mais ce jour-là il était plus de 13 heures et ma femme a fini par s'inquiéter, d'autant plus qu'il commençait à pleuvoir violemment. Vers 14 heures, un pousse-pousse est arrivé, et Mabel et Mère Teresa en sont descendues, trempées jusqu'aux os. Elle a dit à ma femme qu'elle était désolée pour notre fille, puis a raconté qu'à Motijhil, elles étaient allées dans une maison inondée. Une femme, dans l'eau jusqu'aux genoux, tenait un enfant sur ses épaules et le protégeait comme elle pouvait avec un bol de faïence brisé. Mais il brûlait de fièvre. Le propriétaire, n'ayant pas reçu les deux derniers mois de loyer – soit à peine huit roupies –, avait envoyé ses employés enlever le toit, malgré la pluie ! Pour huit roupies ! Ayant ramené Mabel, Mère Teresa est retournée là-bas pour voir ce qu'elle pouvait faire. Tout cela la rendait très triste, mais ne faisait que renforcer sa résolution de faire quelque chose pour les destitués. Elle était convaincue que pouvoir aider ne serait-ce qu'une femme et un enfant réduirait l'ensemble de la souffrance, même si c'était peu. »

Si Michael Gomes fut parfois un peu embarrassé d'accompagner dans ses « expéditions » une religieuse vêtue de manière si peu orthodoxe, et qu'il connaissait à peine, il ne m'en laissa rien voir. Un jour, ils s'en allèrent ainsi rencontrer le responsable d'une firme pharmaceutique que Gomes connaissait vaguement, et qui avait promis de leur donner des médicaments. C'était pendant la mousson, quand il déferle des trombes d'eau et que même les animaux courent se mettre à l'abri. Ils avaient pris le tram ; Mère Teresa remarqua soudain, affalé sous un arbre, un homme trempé qu'elle montra du doigt à Michael : mais le véhicule était en marche et ils ne purent descendre. Elle décida qu'au retour ils s'efforceraient de lui venir en aide, et peut-être de lui trouver un abri. Ils prirent les médicaments et revinrent en toute hâte. L'homme était toujours là, la tête dans une flaque d'eau : il était mort. Mère Teresa fut accablée. Il était mort tragiquement seul, et personne n'était là pour entendre ce qu'il avait pu dire. « Si seulement nous pouvions trouver un endroit où les gens puissent mourir dans la dignité », dit-elle. Et Michael d'ajouter : « Ce fut le début de la quête qui mena à Kalighat. »

Il était perdu dans ses souvenirs et semblait avoir oublié que j'étais là : les yeux mi-clos, il paraissait se parler à lui-même. Me levant, j'allai doucement m'asseoir à côté de lui, craignant que mes gestes ne viennent perturber ses pensées. « Un matin, au début, nous avions pris le tram pour Howrah. Des gens ont commencé à faire des remarques sur la femme à la peau blanche vêtue d'un sari. L'un d'eux a dit que c'était une religieuse qui voulait convertir les hindouistes au christianisme. Un autre a ajouté que c'était une étrangère qui n'agissait même pas pour l'argent, mais pour faire plus de chrétiens. Ils ne se rendaient pas compte qu'elle comprenait tout ce qu'ils disaient : elle enseignait en bengali aux élèves de St. Mary's. Elle les a longuement écoutés en silence, puis a fini par se tourner vers eux et a dit doucement, mais d'une voix ferme : *"Ami Bharater Bharat Amar"*, ce qui signifie : "Je suis indienne et l'Inde est mienne." Ils ont été stupéfaits. Il était clair qu'elle avait tout compris de ce qu'ils disaient : le silence a régné jusqu'à Howrah. »

Le souvenir de cet incident sembla plonger Michael Gomes dans le même mutisme. Je n'entendais plus que le tic-tac de l'horloge, tandis que, deux étages plus bas, la rumeur de la circulation nous parvenait toujours. Il y avait près de deux heures que j'étais là ; peut-être avais-je abusé de la patience de mon hôte. Comme je me levais pour partir, il dit : « Il ne faut pas la regarder en catholique, ni même en hindouiste. Il faut la regarder en humain, car elle ne fait pas de distinctions. Elle respecte tous les gens et toutes les religions. C'est une bonne catholique, mais chez elle cela n'a rien d'exclusif. C'est là le grand attrait de son œuvre. Elle est quelque chose qui n'est pas aussi tangible que nous pourrions le croire. » Je ne compris pas tout à fait le sens de ces dernières paroles, mais leur contenu un peu mystique me resta en tête. Michael Gomes, en disant que sa religion n'avait rien d'« exclusif », voulait sans doute faire comprendre que la compassion de Mère Teresa s'étendait à toutes les religions, tout comme aux irréligieux et aux incrédules. Je me souvins également d'une lettre que le père van Exem m'avait écrite : « Pour elle, la religion n'est pas ce qu'il y a de plus important, elle est tout. C'est la religion qui lui fait aimer tous les êtres humains. Sa vie est l'amour de Dieu, qu'elle voit dans chaque pauvre. »

Près de trois semaines après que Mère Teresa s'était installée sur Creek Lane, elle fut rejointe par sa première postulante, Subashini Das, la future sœur Agnes, décédée à la Maison mère le 9 avril 1997, veillée jusqu'à la dernière seconde par Mère Teresa. De toutes ses anciennes élèves de St. Mary's, c'était sans doute la seule à savoir vaguement que leur ex-principale allait les quitter pour fonder un ordre religieux, et elle faisait partie d'un groupe que Mère Teresa avait convaincu de venir en aide aux pauvres, notamment les samedis après-midi, après l'école. Ne pouvant quitter le couvent, Mère Teresa avait encouragé les élèves les plus âgées de St. Mary's à rendre visite aux nécessiteux des hôpitaux, ainsi qu'à faire classe aux enfants pauvres des bidonvilles. Sœur Agnes se souvient : « Elle nous a demandé de les rassembler, de leur apprendre l'alphabet, quelques chansons, et de les rendre heureux. »

Mère Teresa elle-même a noté dans son « journal » : « 19 mars : une grande journée. Subashini Das a rejoint notre petite société. Nous sommes allées à Baithak Khana pour qu'elle soit consacrée à Notre-Dame. Que le Cœur immaculé, qui est notre joie, guide, aide, bénisse et perfectionne les débuts de Sa société, la moins importante de toutes. Elle est d'une simplicité pleine de beauté. Que Dieu la garde ainsi. »

Peu de temps après, une autre ancienne élève, Magdalena Gomes (qui n'est pas parente de Michael), fit son apparition. Aussi grande et extravertie que Subashini était petite et réservée, elle devint la seconde postulante, et prit le nom de sœur Gertrude. Le 26 mars, Mère Teresa écrivit, jubilante : « Un grand jour. Magdalena Pattin a rejoint la petite société. C'est une âme belle et forte. Elle saura agir avec les pauvres. Nous sommes allées à Baithak Khana pour la consécration. Elle doit nous sourire, pour que nous essayions de donner à Notre-Dame tout notre amour et toute notre dévotion. »

Et deux jours plus tard : « Nous sommes si heureuses dans notre couvent. Le silence est superbement respecté. Les jeunes postulantes sont si ferventes que je suis contrainte de les suivre. »

Elle avait encouragé Subashini à terminer les derniers mois de sa formation d'enseignante ; Magdalena fut également poussée à faire des études de médecine, qui seraient des plus utiles dans leur groupe. Michael Gomes se souvient que Mère Teresa lui avait demandé d'enseigner les mathématiques à Magdalena. Et d'ajouter : « Elle a réussi son examen final. Elle est rentrée très excitée et a montré à Mère Teresa la médaille d'or qu'on lui avait donnée parce qu'elle avait été classée troisième. La Mère l'a surprise en lui demandant ce qu'elle comptait en faire, et Magdalena a répondu qu'elle n'y avait pas pensé. Mère Teresa lui a dit qu'elle était heureuse qu'elle ait réussi, mais que pour soigner les pauvres, elle n'avait pas besoin d'une médaille d'or, et que l'on pouvait fort bien la remettre à celle qui avait eu la quatrième place. Ce qui fut fait. »

J'ai demandé à sœur Agnes si les débuts avaient été difficiles. Secouant la tête, elle a répondu en souriant : « Les jeunes sont si enthousiastes ! Nous ne pensions pas aux difficultés, nous avions toujours le sentiment que Dieu y pourvoirait. Nous n'avions que des choses simples, mais elles suffisaient. Peut-être Mère Teresa était-elle parfois préoccupée par notre pitance, mais nous n'étions pas inquiètes du tout. Il y a eu des moments où nous n'avions pas de riz. Alors elle laissait un message à Michael, et il nous en achetait. Nos patients tuberculeux avaient autrement besoin de manger que nous. À la messe du dimanche, le père van Exem et le père Henry demandaient aux fidèles d'observer le *musti bhikkha*. C'est une coutume bengali : toute famille qui peut se le permettre met de côté "une poignée de riz pour un mendiant". Un groupe religieux appelé les Légions de Marie allait les collecter de porte en porte. C'étaient souvent des restes tout mélangés, mais il y avait quand même de quoi nourrir ceux qui mouraient de faim. Ce fut le début de notre programme pour nourrir les pauvres. »

Au cours des quelques mois qui suivirent, de plus en plus de jeunes femmes vinrent rejoindre Mère Teresa. On ne sera pas surpris d'apprendre que la majorité d'entre elles étaient d'anciennes élèves. Parmi elles, les futures sœurs Dorothy et Margaret Mary. De quatre, elles passèrent vite à dix, et bientôt la chambre et les vérandas furent trop petites. Michael Gomes se souvient : « Un jour, la Mère m'a fait parvenir un message pour me dire que l'une d'elles avait la variole et qu'elle devait être mise en quarantaine ; pouvait-elle avoir une autre chambre ? Après, il y a eu ceci, il y a eu cela, et bientôt elles ont occupé tout l'étage ! Une sonnerie réglait leur existence, les invitant à manger, sortir travailler, prier ou se reposer. Pendant leur moment de détente, elles jouaient, tiraient à la corde : on les entendait rire jusque dans la rue ! Elles devaient aussi beaucoup étudier. Pas question de renoncer à leurs études. D'ailleurs, Mère Teresa leur servait de préceptrice pendant les soirées. » Sœur Agnes déclare : « Nous vivions en nonnes, mais nous n'étions pas encore reconnues comme une congrégation indépendante. L'archevêque devait d'abord approuver nos activités, et nous n'avions pas de Constitution. Mais nous étions convaincues que l'approbation de l'Église viendrait. »

Michael Gomes n'ignorait pas les critiques portées contre Mère Teresa, et il y fit allusion : « Un jour, elle était partie pour une de ses "expéditions". Elle partit tôt le matin, avant 8 heures, pour revenir vers 17 heures. Je fus surpris de la voir à l'arrière d'un camion, assise sur des sacs de farine et de riz qu'elle était allée chercher à la gare. Elle-même n'avait ni mangé ni bu depuis le matin. Parfois, j'entends dire qu'elle ne s'organise pas comme il faut, ne répond pas aux lettres, ne remercie pas les donateurs tout de suite, et qu'elle n'a guère le sens des affaires. Dans ces moments-là, je ne peux m'empêcher de me souvenir l'avoir vue assise sur ces sacs, pour s'assurer que rien ne serait volé et que ses filles auraient de quoi manger. »

Ces jeunes femmes, vêtues de saris blancs bordés de bleu, devaient bientôt devenir un spectacle familier, non seulement dans Creek Lane, mais aussi dans les quartiers pauvres comme Motijhil et autres bidonvilles, dont les habitants se montraient « très chaleureux et très accueillants », au témoignage de sœur Agnes. Les sœurs s'occupaient de l'école le matin, du dispensaire l'après-midi, et ce chaque jour, dimanche excepté. Elles rendaient régulièrement visite aux malades et à leur famille, et faisaient de leur mieux pour que certains soient admis dans les hôpitaux, mais, souvent, elles n'avaient d'autre choix que de soigner les mourants là où elles les trouvaient : dans la rue.

Pendant ce temps, Mgr Périer se tenait informé de l'action de Mère Teresa. Il lui faudrait bientôt prendre une décision : ou bien le petit groupe serait dispersé, et elle se verrait enjoindre de retourner au couvent, ou bien il accepterait qu'elle et ses postulantes forment une congrégation dans le diocèse de Calcutta. Le père van Exem, qui était toujours son directeur de conscience, resta en contact étroit avec l'archevêque tout au long de cette période.

Il me dit un jour : « Vous ai-je raconté que j'ai fait passer une petite annonce dans *The Statesman* ? Je ne pouvais soutenir l'action de Mère Teresa avec les fonds dont je disposais pour mon église ou mon orphelinat, car ils avaient été spécialement assignés à ces usages. Elle était pratiquement sans ressources, bien qu'on ait vite connu son action à Motijhil. Certains jours, les sœurs ne mangeaient que du riz. J'ai donc écrit au journal à ce sujet, dont j'ai aussitôt reçu une réponse très aimable : ils m'ont dit qu'ils appréciaient grandement son action, qu'ils avaient décidé de la soutenir, et ajoutaient : "Ne précisez pas l'adresse de Mère Teresa, 14 Creek Lane, cela n'inspirerait pas confiance, mais donnez plutôt celle de votre église."

« Deux ou trois jours après que mon annonce eut paru, je ne me souviens plus exactement, une voiture est arrivée et un officiel en est sorti. B.C. Roy, le Premier ministre du Bengale, l'avait envoyé faire une donation à Mère Teresa. Je ne me souviens même plus si, en définitive, j'ai payé la petite annonce que j'avais passée. »

Début 1950, quelques mois après que Mère Teresa avait commencé à travailler à Motijhil, Mgr Périer décida d'approuver la voie qu'elle avait choisie. Il ne posa qu'une seule condition : le père van Exem devait lui remettre, avant le 1er avril, la Constitution de la nouvelle congrégation ! L'archevêque devait en effet se rendre à Rome à cette époque, et souhaitait emporter cinq exemplaires du texte, qu'il présenterait au cardinal Petrus Fumascini-Biondi, qui dirigeait le Bureau pour la propagation de la foi, pour donner son accord final.

Mgr Périer a joué, dans le développement des activités de Mère Teresa, un rôle plus important qu'on ne le croit généralement. Natif d'Anvers, c'est en 1906 que, jeune prêtre, il arriva en Inde. C'est en grande partie grâce à lui que les jésuites yougoslaves vinrent s'installer au Bengale, et ce sont les lettres qu'ils écrivaient à leurs compatriotes qui firent naître chez la jeune Agnes le désir de devenir missionnaire. Bien que toujours prudent en toutes choses, une fois convaincu que l'action de Mère Teresa était motivée par la volonté de Dieu, il la soutint sans défaillance jusqu'à sa mort.

L'archevêque chargea donc le père van Exem de définir la constitution de l'ordre, qui ne comprend pas moins de deux cent soixante-quinze articles. « Je l'ai rédigée conformément aux règles du droit canon, en m'inspirant de celles d'autres congrégations, mais surtout en tenant le plus grand compte de l'Inspiration divine reçue par Mère Teresa lors de son voyage vers Darjeeling, et qui s'était répétée tout au long de sa retraite. Je n'avais lu qu'une fois ce qu'elle avait écrit à ce sujet, mais j'en connaissais le contenu. Elle devait quitter le couvent et vivre comme les pauvres, travaillerait dans les taudis et les rues de Calcutta, n'aurait ni grandes demeures ni grandes institutions, et s'il lui arrivait d'en disposer, ce serait pour les malheureux, les enfants abandonnés, par exemple, ou les lépreux et les mourants. Ce ne serait pas un travail social, mais une société religieuse : la charité envers les pauvres au nom du Christ. »

S'il fallait choisir deux mots pour résumer l'idée que Mère Teresa se faisait de sa congrégation, ce pourrait être : « J'ai soif. » Présents sur chaque crucifix de chaque chapelle et centre des Missionnaires de la charité, ils représentent le cri symbolique du Christ, son désir d'acceptation et d'amour spirituel. Ils rappellent également à chaque membre de la communauté l'objectif essentiel de celle-ci : apaiser la soif infinie de Jésus sur la croix par une vie de prière, de contemplation et de pénitence. Les Missionnaires de la charité, afin de mieux comprendre l'appel d'« aimer et servir le Christ sous l'affligeante apparence du pauvre », doivent être prêtes à accepter le renoncement, la souffrance et même la mort.

Pour Mère Teresa, il ne suffisait plus d'observer les trois vœux de chasteté, de pauvreté et d'obéissance que respectent les autres congrégations. Tout en y souscrivant pleinement, elle en prononça un quatrième, celui de servir « de tout cœur et pleinement les pauvres entre les pauvres ». Il lierait les Missionnaires de la charité, dans la joie et sans rien attendre en retour, sans compter le dur travail que cela impliquerait : il leur faudrait nourrir, vêtir, abriter et soigner les malades et les mourants, les rejetés, les lépreux, tous ceux qui avaient perdu tout espoir, toute foi en la vie. L'Appel, le texte que Mère Teresa avait rédigé après son Inspiration, indiquait clairement qu'il fallait aller vers les pauvres des rues, tâche impossible depuis l'intérieur des couvents. Les sœurs font invariablement allusion à ce quatrième vœu en disant : « notre façon ».

Le 7 octobre 1950, Rome approuva la constitution de l'ordre, et le père van Exem lut le décret d'érection lors d'une messe célébrée par Mgr Périer lui-même. Il commençait ainsi :

> *Depuis plus de deux ans, un petit groupe de jeunes femmes, sous la direction de sœur Teresa, religieuse libérée, conformément aux règles, de l'Institut de la Bienheureuse Vierge Marie, se*

sont consacrées [...] à aider les pauvres, les enfants, les adultes, les vieillards et les malades, dans notre cité.

Le décret précisait ensuite en détail le contenu du quatrième vœu. Il évoquait notamment cette exigence :

[...] se consacrer, par abnégation, au soin des pauvres et des nécessiteux qui, écrasés par l'indigence et la pauvreté, vivent dans des conditions contraires à la dignité humaine. Par conséquent, celles qui rejoignent cet ordre sont résolues à se dévouer sans faillir en cherchant, dans les villes et les villages, même dans les lieux les plus sordides, les pauvres, les abandonnés, les malades, les infirmes, les mourants...

Le quatrième vœu, que les Missionnaires de la charité sont seules à prononcer, incarne leur résolution de rendre à Dieu Son amour et Sa compassion en l'aimant sous Son « affligeante apparence », qu'il s'agisse d'un réprouvé mourant du sida dans un centre new-yorkais, ou des lépreux entassés par milliers à Dhapa, un bidonville de Calcutta. Mère Teresa m'a dit, à plusieurs occasions : « Si nous ne croyions pas qu'il s'agit là du corps du Christ, nous serions incapables d'accomplir cette tâche. L'argent, si abondant soit-il, ne pourrait nous y pousser. Dans notre dévouement du fond du cœur aux pauvres entre les pauvres, c'est le Christ que nous touchons dans les corps brisés des misérables et de ceux qui ont faim. Il a dit : "Ce que vous faites au moindre de mes petits, c'est à moi que vous le faites."» Puis, prenant ma main dans les siennes, elle pressa d'abord mon pouce, puis chacun de mes doigts, en disant : « C'est à moi que vous le faites. »

Michael Gomes se souvient qu'au cours des deux années qui suivirent, près d'une trentaine de jeunes femmes rejoignirent l'ordre. Non seulement l'étage supérieur était entièrement occupé, mais de surcroît Mère Teresa dut installer sur le toit une chambre improvisée. Il était évident, désormais, qu'il lui fallait un endroit plus vaste. Le père Henry et le père van Exem remontèrent à bicyclette et se mirent en quête, tandis que les sœurs priaient.

Un jour, se souvient sœur Agnes, un homme vint à Creek Lane dire qu'un bâtiment était à vendre au 54 A Lower Circular Road. Il proposa à Mère Teresa de le lui montrer, et de la mettre en contact avec le vendeur. Celui-ci – le Dr Islam, un magistrat – fut stupéfait qu'on sût qu'il désirait vendre ; il n'avait discuté de la question qu'avec sa femme. L'homme qui avait amené Mère Teresa avait disparu... Sœur Agnes se souvient que le Dr Islam fut très touché d'apprendre quelle était l'action des sœurs : « L'argent n'est pas tout », dit-il à Mère Teresa.

Le lieu étant parfaitement adapté, et situé en plein centre, celle-ci discuta des moyens de l'acheter avec son directeur de conscience et avec l'archevêque. « Je suis allé visiter, dit le père van Exem. Islam était devant la maison et la regardait. Il avait l'air très ému. Au bout d'un moment, il a demandé à s'absenter un petit moment, car il voulait se rendre à la mosquée de Maula Ali, qui est juste à côté, pour prier. J'ai répondu que j'attendrais dans la petite pièce qui, aujourd'hui, est devenue un parloir. Quand il est revenu, il avait les larmes aux yeux et m'a dit: "Dieu m'a donné cette maison. Je vais la Lui rendre." Et là-dessus nous nous sommes séparés. Je ne l'ai jamais revu. Il a vendu la maison à l'archevêque, sans doute pas très cher. »

Quand Mgr Périer fut contacté par Mère Teresa, il chargea le vicaire général du diocèse, Mgr Éric Barber, d'examiner le problème. Personne n'ayant l'air de connaître le prix de la maison, j'allai le voir un soir, et il me confirma que le diocèse avait accordé à Mère Teresa un prêt sans intérêt de 125 000 roupies (environ 10 000 livres de 1953). Comme je lui demandais si elle avait remboursé, il sortit un registre d'un rayonnage, et me montra les chiffres, écrits de sa propre main au fil des dix années qui avaient suivi. Ils allaient de 1 000 à 3 000 roupies par mois. Et Mgr Barber conclut en riant: « Elle a payé par petits bouts, mais elle a remboursé jusqu'au dernier sou! »

En février 1953, les sœurs Missionnaires de la charité, alors au nombre de vingt-sept, s'installèrent sur Lower Circular Road. L'endroit fut désormais appelé la « Maison mère », et devint leur quartier général. À l'époque, il se composait de trois petits bâtiments entourés d'un mur: par rapport à leurs petites chambres de Creek Lane, elles ont dû s'émerveiller de le trouver aussi spacieux. Sans doute ne pouvaient-elles imaginer qu'en moins de quarante ans il deviendrait le centre nerveux de l'ordre religieux le plus florissant de la chrétienté: dans le jargon des hommes d'affaires, on pourrait dire qu'il est aujourd'hui une multinationale, dont les plus grands miséreux du monde constituent la clientèle. Sans gestionnaires, sans batteries d'ordinateurs, de télex et de télécopieurs (il n'y a qu'un seul téléphone, que Mère Teresa a longtemps refusé d'installer, par peur d'accroître les dépenses!), son action s'étend pratiquement à toutes les villes de l'Inde, et à près de cent trente autres pays.

6

LA MAISON MÈRE

La Maison mère est un bâtiment à deux étages, d'apparence banale, au milieu d'éventaires et de petites épiceries, situé 54 A Lower Circular Road. La rue a récemment été rebaptisée Acharya J. C. Bose, mais les habitants de Calcutta semblent préférer l'ancien nom.

On entre par une allée latérale, si étroite qu'une voiture peut à peine y passer. À la porte, un panneau annonce : « Mère Teresa. » Dans une petite cavité, une mince chaîne fait résonner une cloche de cuivre à l'intérieur. Le procédé est très pratique : une sonnerie électrique ne servirait à rien, car le courant est souvent coupé pendant des heures à Calcutta. À peine a-t-on sonné que la porte est aussitôt ouverte par une novice, dont il semble que ce soit la seule tâche. On est introduit dans un salon d'accueil, petite pièce meublée d'une table en bois et de cinq ou six chaises dépareillées. Les murs sont bordés de bancs étroits. Sur les murs, outre deux panneaux détaillant les activités des Missionnaires de la charité, quelques photographies, dont l'une montre Mère Teresa en compagnie de Jean-Paul II.

L'endroit donne sur une petite cour où règne une incessante activité. Les novices tirent d'un réservoir souterrain, dans de vieux seaux métalliques, l'eau avec laquelle elles laveront leurs saris. Elles ne s'arrêtent guère que pour prier. On les voit souvent dans la grotte voisine, devant la statue de la Vierge, qui chantent des cantiques.

« Êtes-vous déjà allé à la messe ? » m'avait demandé Mère Teresa lors d'une de mes visites à Calcutta. J'avais préféré ne pas lui rappeler que la dernière fois qu'elle m'avait invité ainsi, je ne m'étais pas réveillé. « Venez demain à 6 heures », dit-elle en souriant. Je compris que c'était sa façon de me faire comprendre que, tout comme il m'était nécessaire d'observer ses activités et celles de ses sœurs, il était au moins aussi important d'être présent lors des prières où elles trouvaient force et inspiration.

Le lendemain matin, comme j'entrais dans la chapelle, ma première pensée fut que c'était sans doute la plus dépouillée que j'aie vue. C'était une grande pièce rectangulaire, nue, sans aucune décoration, avec des fenêtres donnant sur Lower Circular Road. Il n'y avait ni bancs ni sièges : chacun s'agenouillait ou s'asseyait sur de simples nattes de jute dont le sol était recouvert. On laissait ses chaussures à l'entrée, comme dans les mosquées. L'autel était une simple table. Sur un de ses côtés, une grande statue de la Vierge ; un bouquet de fleurs fraîchement coupées, placé dans un vase posé à ses pieds, constituait le seul ornement.

Je me joignis à un groupe d'une vingtaine de volontaires. En face de nous, les novices : une centaine de jeunes filles vêtues de saris blancs dépourvus de l'habituelle bande bleue. Les sœurs étaient devant l'autel. Derrière elles, dos contre le mur, mains jointes, perdue en prière, Mère Teresa en personne.

Ce matin-là, comme tous les jours, elle et ses sœurs s'étaient levées à 5 heures. La messe avait été précédée d'une demi-heure de méditation. Ensuite, elles entameraient les tâches qui leur avaient été assignées : cuisine, lavage, besognes administratives. À 8 heures, après le petit déjeuner (thé et *chapatties*), elles partiraient dans toute la ville. Certaines iraient jusqu'au Shishu Bhawan, tout près de là, d'autres grimperaient dans un camion fatigué qui les conduirait à Kalighat. Quelques-unes prendraient le chemin de la clinique des lépreux. Des équipes se dirigeraient vers les dispensaires, les foyers pour les enfants abandonnés et les crèches. En tout, près de deux cent cinquante religieuses et novices quitteraient la Maison mère pour se disperser dans les quartiers les plus pauvres de la ville.

Elles avaient pourtant des règles à respecter. L'une des plus importantes veut qu'elles aillent par deux. Je demandai à Mère Teresa si c'était pour des raisons de sécurité, et sa réponse fut tranchante : « Dans l'Évangile, le Seigneur envoyait ses apôtres deux par deux. » Le père van Exem m'expliqua tout cela plus en détail : « La Mère veut qu'elles soient prudentes, surtout si elles travaillent dans des zones difficiles ou éloignées. Il se peut aussi que dans certaines circonstances [dans diverses parties du monde], elles soient physiquement en danger : guerres, émeutes… Dans certains ordres, les religieuses vont seules, mais vu la nature particulière du travail accompli par les Missionnaires de la charité, Mère Teresa tient à cette règle. Je crois que c'est de bonne politique. »

Et pourtant, même dans les rues les plus inquiétantes de Calcutta, les sœurs n'ont besoin d'aucune protection. On les reconnaît de loin et, où qu'elles aillent, on leur témoigne du respect. C'est qu'elles sont aussi démunies que les pauvres qu'elles traitent en égaux. Comme le dit Mère Teresa : « Dieu merci, aucune de nos sœurs n'a jamais eu de problèmes, où que ce soit dans le monde. En Inde, plus particulièrement, on est très respectueux de la sainteté. »

Autre règle importante : il ne leur est pas permis de manger ou de boire hors du couvent ou de leur lieu de travail. Elles n'ont même pas le droit d'accepter une tasse de thé. Sachant à quel point un jour d'été, en Inde, peut être brûlant, chacune emporte avec elle, dans un sac de toile, une bouteille d'eau – généralement en plastique, quand il ne s'agit pas d'un flacon de médicaments vide. Comme toujours, il y a plusieurs raisons pratiques à cette habitude. L'une des premières questions que j'ai posées à Mère Teresa, voilà déjà plusieurs années, fut de lui demander pourquoi elle avait refusé une tasse de thé que lui offrait le lieutenant-gouverneur de Delhi, à qui elle était allée rendre visite. Elle me répondit : « Partout où nous allons, mes sœurs et moi, les gens veulent nous remercier à leur façon : parfois ils nous proposent du thé, une boisson fraîche, ou de quoi manger, et souvent ils peuvent à peine se le permettre. Je ne peux refuser, et accepter ensuite ce que m'offrent les riches. Mieux vaut ne rien accepter de qui que ce soit. De cette façon, personne n'est froissé. »

Les sœurs doivent rentrer vers midi pour déjeuner. À 13 heures, elles prennent trente minutes de repos : une brève sieste leur est d'autant plus nécessaire qu'elles ont déjà accompli l'équivalent d'une journée entière de travail. Le sage conseil que mère Dengal, à Patna, avait donné à Mère Teresa a été également judicieusement pris en compte : si la journée n'était pas divisée en deux, les sœurs auraient du mal à travailler pendant l'après-midi. À 14 heures, elles reprennent leurs activités. Certaines se voient assigner des tâches différentes, en partie pour éviter que leur besogne ne devienne trop monotone. Elles s'activent jusqu'à 18 heures et reviennent à la Maison mère. Suivent une heure d'adoration, un petit moment de détente, puis le souper, suivi d'une demi-heure de prière. À 22 heures, elles sont déjà couchées.

Comme on peut s'en douter, Mère Teresa suivait un emploi du temps un peu différent. Elle consacrait parfois la moitié de l'année à visiter ses missions, en Inde comme à l'étranger. Il était bien naturel que chacune de ses sœurs attende avec impatience sa visite. À peine s'achevait-elle que la question était soulevée : « Quand la Mère reviendra-t-elle ? » En de telles occasions, les Missionnaires portaient à sa connaissance des difficultés qu'elles n'avaient pas été en mesure de résoudre. Les problèmes locaux pouvaient parfois exiger une visite au Premier ministre du Bengale. (« Je peux entrer dans son bureau à n'importe quel moment, sans avoir pris rendez-vous. ») Il se pouvait aussi qu'il fallût aller voir, à New Delhi, un ministre du gouvernement indien, voire le Premier ministre lui-même, si elle estimait que la question était vraiment urgente. Il lui fallait par ailleurs satisfaire à ses engagements : il ne se passait pas de jour sans qu'on l'invitât à prononcer un discours, à prendre part à une cérémonie religieuse ou à rendre visite aux malades. Elle pouvait avoir à rencontrer un évêque ou un prêtre. Et pendant tout ce temps, de simples gens arrivaient sans arrêt, pour faire un don, demander une photo, lui confier leurs problèmes ou implorer sa bénédiction. Chaque fois que c'était possible, elle leur donnait sa « carte de visite », un petit morceau de carton sur lequel on pouvait lire ces cinq lignes :

> *Le fruit du Silence est la Prière*
> *Le fruit de la Prière est la Foi*
> *Le fruit de la Foi est l'Amour*
> *Le fruit de l'Amour est le Service*
> *Le Fruit du Service est la Paix*
> Mère Teresa

À la fin de la journée, quand les sœurs étaient allées se coucher, elle se retirait dans son petit bureau pour se consacrer aux tâches administratives et à sa correspondance. C'est pendant ces heures que furent écrites les nombreuses lettres que je reçus d'elle au fil des années. Jusqu'à ses derniers jours, c'était aussi le moment pour lui parler au téléphone.

Si elle-même ne prenait jamais aucun congé, les sœurs sont encore, chaque jeudi, dispensées de leurs tâches habituelles. Elles lavent, récurent ou reprennent leurs études théologiques. C'est également une journée vouée à la contemplation. À l'occasion, une ou deux fois par an, il leur est permis de partir en pique-nique dans un endroit tranquille. Ce sont les novices chargées de les assister pendant la semaine qui, le jeudi, prennent leur place. C'est pour elles une bonne formation et un moyen d'acquérir une certaine confiance en soi.

Chaque sœur, chaque novice se voit remettre, avec ses trois saris, un petit crucifix (épinglé sur le vêtement), une assiette à bordure de métal pour les repas et une mince paillasse assez semblable à celle des malades de la Maison des mourants. Le seul ventilateur de la Maison mère se trouve dans le salon d'accueil, et il n'est destiné qu'aux visiteurs. Bizarrement, chaque fois que je m'y suis rendu, je n'en ai jamais éprouvé le besoin.

Les sœurs mènent une vie qu'on ne peut imaginer plus anachronique en cette époque de sybaritisme, où des mots tels que « qualité de la vie » servent sans cesse à justifier des besoins toujours plus grands. C'est dans cet esprit que Mère Teresa a refusé le don d'une machine à laver, et aussi d'un générateur qui aurait pu servir pendant les coupures d'électricité. Ces dernières années, le téléphone fut sa seule concession, parce qu'elle s'était finalement convaincue qu'il n'était pas inutile. J'ai toujours été surpris de constater que, dans une ville où les téléphones sont d'un fonctionnement capricieux, le sien ne fut jamais en dérangement. Mais l'endroit ne compte ni télévision, ni même un four électrique. À la cuisine, on fait toujours usage d'un feu de charbon, le combustible des plus pauvres. Lorsque je suggérai l'acquisition d'une radio pour savoir ce qui se passe dans le monde, Mère Teresa répliqua : « Non, nous avons la réalité. »

Pour les Missionnaires de la charité, dont beaucoup sont très jeunes, la réalité, c'est une vie difficile, et pourtant étonnamment gratifiante et joyeuse. Leur bonheur est comme un insigne, qu'elles portent partout où on leur demande de servir. C'est un point si important que la bonne humeur constitue une qualification essentielle, un peu comme s'il s'agissait d'un diplôme. Comme le disait Mère Teresa : « Les nôtres méritent la joie de l'amour humain aussi bien que le dévouement le plus complet. » Une confiance aimante, une gaieté profonde et une totale soumission font partie de leur état d'esprit. Leur Constitution précise : « La meilleure façon de témoigner de notre gratitude à Dieu et aux hommes est de tout accepter avec joie. »

On comprendra sans peine qu'avoir une heureuse nature est des plus important. La formation elle-même est aussi longue que difficile : outre l'apprentissage sur le tas, elle comporte des cours sur le catéchisme et la foi. Mère Teresa n'a jamais tenté d'adoucir ce régime : qui pourrait, mieux qu'elle, savoir que faire face à la réalité exige de nombreuses qualités, dont la rapidité d'esprit et le bon sens ne sont pas les moins importantes ? Les jeunes femmes qui la rejoignent savent qu'on attend d'elles qu'elles rompent tout lien avec leur famille et tous ceux qu'elles aiment. Ce n'est que très rarement – en moyenne une fois tous les dix ans – qu'elles sont autorisées à rentrer chez elles, quand un membre de leur famille est mourant, ou quand elles vont être envoyées dans quelque pays lointain. Et pourtant, les Missionnaires de la charité ont l'un des noviciats les plus importants de toute l'Église catholique. À un moment où celle-ci voyait déjà avec inquiétude décroître le nombre de ses futurs prêtres, Mère Teresa était submergée de demandes, souvent de jeunes filles de bonne famille.

J'ai demandé à sœur Agnes, la première postulante, quelle avait été la réaction de ses parents quand, en 1949, elle avait si courageusement rejoint Mère Teresa. Sa réponse : « Ma mère a été bouleversée et, bien qu'elle ait vécu à Calcutta, elle n'est venue me voir qu'en 1953. Il lui a fallu longtemps avant d'accepter. »

De temps à autre, la presse fait état d'histoires à sensation sur des sœurs qui quittent l'ordre. Il y a huit ans, un journal du dimanche a ainsi parlé de l'une d'elles, appelée sœur Émaques, qui déclarait quitter l'ordre en raison des mauvais traitements et des manières « dictatoriales » de Mère Teresa. Le quotidien prétendait que plusieurs autres religieuses étaient parties en même temps qu'elle. Les coopérateurs de Calcutta signalèrent l'article à Mère Teresa et, quelques semaines plus tard, lors d'une de mes visites, je l'interrogeai sur ce point. Visiblement, elle en était blessée. Elle me dit qu'il n'y avait jamais eu de sœur de ce nom ; non seulement c'était une histoire fabriquée de toutes pièces, mais de surcroît le journal n'avait pas publié leur lettre de protestation. « Ils auraient dû, par respect, ajouta-t-elle. Je me sens navrée pour ceux qui ont inventé tout cela afin de vendre plus de papier. Comment peuvent-ils salir notre nom de cette façon ? »

Il ne s'agit pas pour autant d'affirmer que des novices et des sœurs ne quittent jamais l'ordre.

Elles en ont la liberté. Beaucoup de jeunes filles y entrent « pour voir », pendant quelques semaines ou quelques mois, afin de s'assurer que leur vocation est sincère. Certaines trouvent que la vie y est difficile, d'autres veulent finalement retourner dans leur famille ou se marier. Pourtant, le nombre de sœurs qui, ayant prononcé leurs vœux, retournent à la vie séculière, est relativement faible. Peut-être est-ce lié au charisme de Mère Teresa, à la façon dont elle assurait la cohésion de son « troupeau ». Le temps seul nous dira si l'ordre continuera à croître. Pour le moment, elles sont plus nombreuses à y entrer qu'à en sortir, si bien qu'en juin 2002 quatre mille trois cent quatre-vingt-trois sœurs et trois cent trente-sept novices agissent dans le monde entier.

On est d'abord aspirante pour six mois, puis postulante pendant un an. Les qualifications officiellement requises sont une bonne santé corporelle et mentale, des capacités à apprendre, beaucoup de bon sens et de bonne humeur. Vient ensuite un noviciat qui dure deux ans, à l'issue duquel les candidates sont autorisées à prononcer leurs premiers vœux. Elles entreprennent alors un juniorat de cinq ans, au cours duquel elles les renouvellent chaque année. Ce n'est qu'après qu'elles prononcent leurs vœux définitifs. Auparavant, Mère Teresa les renvoyait chez elles pour trois semaines. Il est facile de voir pourquoi : la vie qui attend les Missionnaires de la charité exige un immense dévouement, très rare, et les jeunes femmes doivent avoir une ultime occasion de décider sérieusement si elles désirent rester au sein de l'ordre.

Il ne s'ensuit pas pour autant qu'elles soient de ces évangélistes comme on en voyait au début du siècle. En Inde, l'évangélisation remonte au XVIIᵉ siècle; elle a été peu à peu tempérée après l'indépendance du pays en 1947. Pour Mère Teresa, il était désormais inutile de faire le décompte des âmes, de baptiser ou de convertir les mourants. Vivant avec le Christ, Le servant en servant les pauvres, elle ne faisait qu'un avec Lui. Comme je lui demandais ce qu'elle répondait à ceux qui l'accusaient de ne pas convertir, elle répliqua en riant: «Mais je convertis! Je fais en sorte que vous soyez un meilleur catholique, un meilleur musulman, un meilleur bouddhiste. J'aimerais vous aider à trouver Dieu. Quand ce sera fait, il vous reviendra de faire de Lui ce que vous voulez.» Je sais par ailleurs que les nouveau-nés des Shishu Bhawan ne sont pas baptisés, sauf si l'on sait qu'ils sont de famille chrétienne, ou qu'ils sont adoptés par un foyer chrétien. En fait, la plupart d'entre eux se retrouvent dans des familles hindouistes, et pour Mère Teresa, les baptiser était plus qu'impensable: c'eût été un péché. De la même façon, ceux qui sont morts à Kalighat sont invariablement incinérés, à moins que l'on sache avec certitude qu'ils étaient musulmans ou chrétiens. Jamais Mère Teresa ne m'a suggéré, même indirectement, de me convertir. Son refrain a toujours été: «Avez-vous déjà commencé à prier?» Quand je répondais que de temps à autre je pouvais dire une prière pour elle, elle riait et me disait: «Dans ce cas tout est bien, parce que je prie pour vous!» Et d'ajouter, en reprenant son sérieux: «Vous devez offrir mes prières à Dieu.»

Un principe sur lequel elle n'a jamais voulu transiger est que les Missionnaires de la charité doivent sortir dans les rues. Comme elle me l'a dit : « Vous savez à quel point il est difficile pour les lépreux de venir nous voir depuis Dhapa ou Titagarh ou depuis les taudis. Nous devons aller vers eux, et non rester derrière les murs de notre couvent. » Les seules institutions dont elle ait permis la création sont celles destinées aux enfants, aux attardés mentaux (ainsi Prem Dân à Calcutta), aux lépreux et aux mourants. Ce sont des cas particuliers qui nécessitent des soins suivis. Seul un faible pourcentage de sœurs s'occupe de ces institutions (avec l'aide de novices et de bénévoles); la plupart d'entre elles se rendent dans les bidonvilles et les endroits où on a le plus besoin d'elles. C'est là un élément fondamental de la pensée de Mère Teresa, qui est d'ailleurs inscrit dans la constitution de l'ordre : « Les Missionnaires de la charité doivent rester enracinées en vivant le souci du Christ pour les plus pauvres et les plus humbles. »

Elle déclinait invariablement toute proposition de lui assurer des revenus réguliers. Elle a ainsi refusé l'offre d'un millionnaire local, qui lui proposait beaucoup d'argent, à condition qu'elle use des intérêts (qui auraient été considérables) sans entamer le capital. « À quoi bon tout cet argent, demanda-t-elle, si je ne peux m'en servir quand et où il est le plus nécessaire ? Je ne veux pas que notre tâche devienne une entreprise financière. Cela doit rester une œuvre d'amour. » Sa conviction que Dieu pourvoira à tout était inébranlable. Comme elle me l'a dit : « L'argent ? Je n'y pense jamais. Il arrive toujours. Nous accomplissons notre tâche pour Notre-Seigneur. Il doit veiller sur nous. S'Il veut que quelque chose soit fait, Il doit nous en donner les moyens. S'Il n'en fait rien, cela montre qu'Il ne veut pas que telle chose soit faite. Je n'y pense plus. »

Il est facile de comprendre pourquoi elle n'a jamais voulu être subventionnée par l'État ou par l'Église, ce qui impliquerait qu'elle tienne des comptes. Cela voudrait dire en effet que, dans les six cent quatre-vingt-trois foyers que les Missionnaires de la charité tiennent dans le monde entier, une sœur au moins devrait renoncer à ce qui est sa véritable tâche – aider et réconforter ceux qui sont seuls, ceux qui souffrent et qui désespèrent. Et cela exigerait aussi une armée de comptables. Quiconque a vu le minuscule bureau de la Maison mère, où trois sœurs ne disposent que d'antiques machines à écrire pour garder le contact avec plus de cent pays du monde, sait que Mère Teresa hésitait à détourner la moindre roupie du « vrai travail ».

Avant qu'elle ait reçu le prix Nobel, à une époque où elle était moins connue, l'intervention de la Providence se révéla parfois indispensable. Elle m'a raconté qu'un jour, le Shishu Bhawan de Delhi se retrouva à court de nourriture. Il n'y avait plus rien à manger, et même plus d'argent pour acheter les *dâl* (lentilles) les moins chères. Les sœurs s'apprêtaient à préparer le peu de riz qui leur restait, et qu'elles mangeraient avec un peu de sel. C'est à ce moment qu'arriva, venue de la demeure d'Indira Gandhi, une voiture envoyée par sa bru, Sonia. Elle était chargée de légumes fraîchement cueillis. « Les enfants et les sœurs ont bien mangé, ce jour-là ! » conclut Mère Teresa en riant.

C'est dans cet esprit qu'elle a toujours refusé toute tentative de recueillir des fonds. À dire vrai, elle l'interdisait explicitement. Aucun coopérateur n'a le droit de collecter de l'argent pour l'ordre. Les dons reçus sont envoyés à la supérieure régionale, qui décide quel en sera le meilleur usage, selon les besoins des foyers de la région. Et pas question de faire des placements ! « Je n'ai pas besoin d'argent pour le mettre à la banque, mais pour m'en servir », m'a-t-elle dit. Les sommes reçues, qui sont très importantes, sont presque aussitôt consacrées à l'achat de médicaments (en particulier contre la lèpre et la tuberculose), de nourriture et de lait en poudre. Certains dons sont énormes : une fois, en 1990, un legs, à lui seul, représentait près de trois millions de francs suisses ! Argent qui fut rapidement dépensé en fournitures indispensables destinées aux pays d'Europe de l'Est. Le plus important, toutefois, dans l'attitude de Mère Teresa devant des sommes aussi importantes, c'est qu'elle ne les considérait pas comme vitales. C'est surtout l'« argent du sacrifice » qui lui était cher.

Je l'appris quand je lui demandai, pour la taquiner, pourquoi elle se contentait d'une lumière aussi faible dans le couloir qui mène à son bureau de la Maison mère. Ne pourrait-elle pas faire mettre en place des ampoules un peu plus puissantes ? Elle répondit avec gravité : « L'argent que je reçois n'est pas destiné aux affaires. C'est l'argent du sacrifice. Ceux qui le donnent renoncent à beaucoup de choses. Ils sautent des repas, achètent des vêtements peu coûteux. Vous ai-je parlé de ce jeune couple indien ? Ils s'aimaient tant qu'ils ont voulu partager cet amour avec moi et les pauvres. Ils ont décidé de ne pas acheter de vêtements coûteux pour leur mariage, de ne pas faire de fête, et m'ont donné tout l'argent qu'ils avaient mis de côté. »

Le lendemain, alors que je discutais avec Mère Teresa dans le salon d'accueil, je compris ce qu'elle avait voulu dire. Plusieurs personnes entrèrent dans la pièce. Parmi elles, deux Suisses, un banquier et l'un des responsables d'une grosse chaîne de supermarchés. Il y avait aussi un jeune Bengali timide qui paraissait avoir dix-huit ans. Les deux Suisses tendirent à Mère Teresa leurs cartes de visite ; elle leur donna la sienne et ajouta en riant doucement : « Maintenant vous allez devoir prier. » Son rire était contagieux, et nous l'imitâmes. Le banquier dit qu'il versait de l'argent aux foyers européens de Mère Teresa, et ce depuis de longues années. « J'en remercie Dieu », répondit-elle. L'autre ajouta que sa société avait pour principe de verser 1 % de ses bénéfices annuels à des œuvres charitables. Pouvait-il l'aider de quelque façon ? Mère Teresa répondit aussitôt : « Nous avons récemment ouvert un foyer en Roumanie, où beaucoup de gens vivent dans la pauvreté et souffrent du froid. Ils ont un besoin urgent de nourriture et de vêtements. Peut-on en envoyer directement aux sœurs de Roumanie ? » L'homme promit d'organiser tout cela dans les plus brefs délais.

Mère Teresa appela ensuite le jeune homme, qui s'appelait Subroto Mitra. Il voulait s'exprimer, mais les mots ne lui venaient pas facilement. Elle lui parla avec douceur dans sa langue. D'abord il hésita, puis finit par dire qu'il attendait depuis plus d'une heure, et que c'était sa première visite à la Maison mère. Il avait entendu parler de Mère Teresa depuis l'enfance et, la veille, venait de toucher son premier salaire: six cents roupies. Il voulait en faire don aux pauvres, et sa mère lui avait conseillé de le donner à Mère Teresa. Ayant dit cela, il déposa l'enveloppe aux pieds de celle-ci. Elle le fit se relever et le bénit. Elle n'ignorait pas tout ce que représentait ce salaire pour la famille de ce jeune homme: non seulement de l'argent, mais aussi des années de sacrifices pour les parents. Et en cet instant, rien ne paraissait plus important pour elle, comme pour tous ceux qui étaient là.

Le salon d'accueil où nous discutions est toujours orné d'un panneau dessiné à la main détaillant toutes les activités des Missionnaires de la charité: soins aux enfants, projets éducatifs, visites aux familles, crèches, nourriture des pauvres, foyers pour les alcooliques, asiles de nuit, centres de planning familial recourant à la méthode dite « naturelle »... Parmi les activités médicales: dispensaires, cliniques et centres de réhabilitation pour lépreux, foyers pour les enfants abandonnés, infirmes ou attardés mentaux, pour les mères célibataires, pour les pauvres et les mourants, les malades atteints du sida... Parmi les activités éducatives: écoles, cours de couture, d'apprentissage professionnel... Enfin, l'activité apostolique de l'ordre comporte des visites de prisons, des contacts avec les familles, des cours de catéchisme, des groupes d'action catholique et des animations dominicales.

Toutes ces activités ont crû peu à peu. Pendant une décennie, l'ordre a été basé à Calcutta, conformément aux règles du droit canon, qui interdit toute création d'établissement, hors du diocèse d'origine, par une institution de moins de dix ans d'existence. D'après certains comptes rendus, j'ai cru comprendre que Mère Teresa s'était montrée un peu impatiente à ce sujet... Mais Mgr Périer, toujours prudent, refusa le moindre compromis. Ce n'est qu'en 1960 qu'il fut permis à Mère Teresa d'ouvrir son premier foyer hors de Calcutta, très précisément à Ranchi. Le suivant, à Delhi, fut inauguré par Jawaharlal Nehru, le Premier ministre indien en personne. « Il était malade, mais il est sorti du lit et il est venu. Je lui ai demandé si je pouvais lui parler de notre action et il a répondu : "Non, mère, c'est inutile. Je la connais, et c'est bien pourquoi je suis ici." » C'est lui aussi qui la recommanda au président de l'Union indienne pour le prestigieux prix Padma Shri, qu'elle reçut en 1962. C'était la première fois qu'il était décerné à une personnalité qui n'était pas native d'Inde.

La création de nouveaux foyers fut rapide. En 1960 commencèrent les travaux à Jhansi et Agra. L'année suivante, l'ordre reçut des terrains pour le futur centre pour lépreux de Shantinagar. Les établissements d'Ambala, Bhagalpur, Amravati, Goa, Bombay, Patna et Darjeeling ne tardèrent pas à suivre. Plus question de regarder en arrière. À la fin des années 1960, il existait 25 foyers en Inde, et 86 vingt ans plus tard. En 1991, leur nombre atteignait 186, et il ne cesse de s'en créer de nouveaux.

Il était inévitable que Mère Teresa s'en aille porter son œuvre au-delà des mers. Le premier foyer de ce genre, celui de Cocorote, fut ouvert au Venezuela en 1965 à la suite d'un curieux concours de circonstances. L'ordre était toujours lié au diocèse de Calcutta, ce qui signifiait que Mère Teresa était sous les ordres de Mgr Périer. Celui-ci était peu disposé à permettre une création trop rapide d'établissements en Inde, et il était donc peu probable qu'il lui permette d'en créer un à l'autre bout de la planète.

L'idée vint de Mgr Knox, nonce papal de New Delhi. Lors d'une conférence tenue à Rome, il apprit dans quelle situation misérable vivaient au Venezuela les descendants des esclaves africains, et suggéra qu'il avait la réponse à leurs besoins : Mère Teresa et ses Missionnaires de la charité. Il était difficile à Mgr Périer d'aller contre les vœux d'un nonce apostolique. De surcroît, en février 1965, l'ordre fut placé sous la responsabilité directe du Vatican, et devint une congrégation pontificale.

À l'invitation des autorités ecclésiastiques du Venezuela, Mère Teresa se rendit dans ce pays pour constater elle-même quelle était la situation. Ce devait devenir une règle invariable pour toute ouverture d'un nouvel établissement. Répondant à l'archevêque local, elle se rendit sur place. La pauvreté qui régnait à Cocorote la convainquit qu'il était nécessaire d'y envoyer une mission, d'autant plus qu'elle était en mesure de le faire : les sœurs étaient désormais près de trois cents. Les quatre qu'elle envoya au Venezuela étaient toutes indiennes ; Mère Teresa les fit venir au Vatican pour qu'elles soient bénies par le pape. Ce qui explique peut-être en partie l'ouverture à Rome, en 1968, du second foyer non indien de l'ordre. L'année suivante, Mère Teresa en créa deux en Australie – un pour les aborigènes, l'autre pour les alcooliques et les drogués. En 1970, elle en ouvrit quatre : un à Londres, un en Jordanie, et deux de plus au Venezuela. Ils furent suivis plus tard par de nombreux autres : dans le Bronx new-yorkais, au Bangladesh, en Irlande du Nord, dans la bande de Gaza, au Yémen, en Éthiopie, en Sicile, en Nouvelle-Guinée, aux Philippines, à Panamá, au Japon, au Portugal, au Brésil et au Burundi. Puis, Mère Teresa en a créé en Afrique du Sud, en URSS et dans toute l'Europe de l'Est. Pour finir, après bien des prières, vint le tour de l'Albanie, son pays d'origine.

La tâche n'a pas toujours été facile. L'Union soviétique a posé bien des problèmes. Mère Teresa m'a dit avoir écrit plusieurs lettres à Mikhaïl Gorbatchev, sans recevoir de réponse – ce qui ne l'a pas découragée : un jour, elle me confia en riant qu'elle lui avait même envoyé un télégramme de félicitations à l'occasion de la Saint-Michel ! La permission lui fut enfin donnée à la suite d'une tragédie : le tremblement de terre qui, le 7 décembre 1988, dévasta l'Arménie, permit à Mère Teresa et à ses sœurs de se rendre là-bas pour distribuer médicaments, vêtements et équipements. La suite fut plus facile, et aujourd'hui dix foyers de l'ordre sont ouverts dans les républiques de l'ex-Union.

La création de l'un d'entre eux, en 1988, dans l'enceinte même du Vatican, vaut la peine d'être contée. Il en existait déjà trois à Rome même, installés dans les quartiers ouvriers de la ville, mais Mère Teresa était convaincue qu'il y avait suffisamment de pauvres à l'ombre de Saint-Pierre pour en ouvrir un quatrième. Un jour qu'elle était au Vatican, elle aborda la question avec Jean-Paul II, dont la réaction fut des plus positives. Lors d'une nouvelle visite, elle obtint de lui qu'il donne des instructions en ce sens. Ce ne fut pas simple : le Vatican est petit, et déjà surpeuplé. Quelques mois s'écoulèrent avant qu'elle n'ait l'occasion de revenir. Le pape voulut savoir où en étaient les choses, et l'on raconte qu'il déclara : « Dès que Mère Teresa sera là, elle me demandera des nouvelles du foyer. » À sa quatrième visite, la hiérarchie était prête. Après qu'elle eut reçu la bénédiction papale, et avant d'avoir pu poser la question, elle reçut les clés de l'établissement des mains du souverain pontife : c'était un bâtiment flambant neuf, spécialement construit au cœur même du Vatican, et qui jouxtait la salle d'audience. Mère Teresa en fut ravie, et m'a répété plus d'une fois : « Maintenant, nos pauvres ont une place là-bas. Nos gens [les pauvres] sont les seuls à pouvoir entrer au Vatican sans acheter de billet. »

Le foyer Casa Dono di Maria, puisque tel est son nom, comprend deux réfectoires, dont chacun peut accueillir soixante personnes, et des dortoirs destinés aux femmes âgées. On y fait la queue à partir de 16 heures ; les portes s'ouvrent deux heures plus tard, et les premiers arrivés sont les premiers servis. On ne laisse personne partir le ventre creux. J'ai demandé à la responsable, sœur Bharoti, où elles achetaient la nourriture. Elle m'a répondu en riant : « Nous ne sommes jamais obligées d'acheter quoi que ce soit. Au début, nous allions mendier des fruits, des légumes et de la viande sur les marchés. Maintenant, on nous les donne ! »

J'étais venu à la Casa Dono di Maria par un glacial après-midi d'hiver. On sonna à la porte, et j'accompagnai sœur Bharoti quand elle alla ouvrir. Un jeune homme de quinze ou seize ans se tenait là, frissonnant sous la pluie. Il dit venir de l'île Maurice, et expliqua qu'il n'avait pas de vêtements chauds : la sœur pouvait-elle lui en donner ? Juste à côté de lui, quelqu'un avait laissé un sac plein de vêtements, dont émergeait une veste blanche. Elle la lui montra du doigt, et lui dit de l'essayer. Il constata qu'elle lui allait parfaitement, avec un ravissement qui n'avait d'égal que le sourire de sœur Bharoti. Quand je racontai l'anecdote à Mère Teresa, elle hocha la tête et dit : « Cela arrive tous les jours, tout le temps. »

Comme nous parlions de la soupe populaire, je lui demandai comment les Missionnaires de la charité réussissaient à s'organiser si rapidement dans des pays lointains, et comment elles parvenaient à créer, en un clin d'œil, des camps de secours lorsqu'il se produisait une catastrophe. Ma question parut l'amuser : « Nous avons de l'expérience, non ? C'est ce que nous faisons depuis trente-six ans. » Nous éclatâmes de rire tous les deux, et elle poursuivit : « Chaque fois qu'il se produit quelque chose, nous sommes là, et nous savons quoi faire. Nous savons ce dont les gens ont besoin, et nous nous y mettons. Quand il y a des inondations, les sœurs collectent de la nourriture, tandis que l'État fournit les hélicoptères pour la transporter. De nombreuses organisations viennent nous aider. Les gens donnent, ils aident. Si tout le monde fait quelque chose, la tâche s'accomplit. J'ai beaucoup de sœurs qui font un travail merveilleux. »

Cependant, on a nettement l'impression que ce qui fait la force d'une société aussi bien organisée pourrait faire sa faiblesse, car Mère Teresa concentrait toute l'autorité entre ses mains. Comme je lui demandais si elle contrôlait tout, elle me répondit avec minutie : « Non, nous avons maintenant beaucoup de sœurs. Chaque maison a une supérieure, placée sous la gouverne d'une supérieure régionale, responsable d'une "province" : l'Europe de l'Ouest, l'Amérique, etc. Au-dessus, il y a quatre conseillères générales. Et les lois de l'Église nous régissent : nous sommes une congrégation religieuse, pour laquelle il existe des lois et des règlements qui nous guident et nous dirigent, faute de quoi ce serait la confusion. Si vous allez dans tous les pays où nous travaillons, vous verrez exactement la même chose : des sœurs assises par terre, la même pauvreté, la nourriture bon marché, et ainsi de suite. » Mère Teresa n'était pas partout en même temps, et pourtant la tâche se poursuivait. L'œuvre de Dieu doit être accomplie comme il faut ; si les gens peuvent le faire pour l'argent, pourquoi ne le pourrions-nous pas par amour de Dieu ?

Beaucoup de gens s'inquiétaient de l'avenir des Missionnaires de la charité une fois que Mère Teresa ne serait plus. Je n'ai pas hésité à lui poser la question. Sa première réaction fut de lever l'index vers le ciel et de répondre : « Attendez d'abord que je sois partie ! » Puis, plus sérieusement : « Si nous restons mariées à la pauvreté, et ne finissons pas, sans nous en rendre compte, par servir les riches, tout ira bien. »

Selon le père van Exem, Mère Teresa a plus d'une fois souhaité se retirer. La première fois, c'était en 1973, à soixante-trois ans. La seconde, c'était en 1979, lors de la réunion du Chapitre général. Elle dit à ses sœurs : « Je suis vieille et lasse. Il m'est difficile d'accomplir la tâche. Mieux vaut qu'une sœur plus jeune me remplace. »

En 1983, à soixante-douze ans, elle fut pour la première fois sérieusement malade. Elle était à Rome quand, un soir, elle tomba du lit (« Heureusement, commenta-t-elle avec humour, c'était un lit des Missionnaires de la charité, alors je ne suis pas tombée de bien haut ! »). Elle ressentit une douleur au côté et, craignant de s'être cassé une côte, décida d'aller voir les médecins. Leur examen ne révéla pas de fracture, mais permit de découvrir des problèmes cardiaques, et elle fut promptement hospitalisée. « Ils m'ont dit qu'il était heureux que je sois venue à l'hôpital : j'aurais pu avoir une grave crise cardiaque, sinon. » Ce fut le premier de ses séjours en clinique. Dans le monde entier, on s'inquiéta ; l'hôpital Salvator Mundi fut inondé de lettres et de télégrammes. Le président de l'Union indienne, le Premier ministre du Bengale (Jyoti Basu, vieil ami de Mère Teresa) et le président des États-Unis lui firent parvenir des messages. Le roi Baudouin et la reine Fabiola vinrent spécialement à Rome pour la voir. Elle-même se souvenait tout particulièrement d'une lettre très touchante venue du Cachemire ; son correspondant, hindouiste, lui écrivait qu'il avait prié la déesse Kâlî pour qu'elle procède à un échange : sa bonne santé contre celle, vacillante, de Mère Teresa.

En décembre 1989, elle eut des vertiges et, sans la main secourable d'une de ses sœurs, aurait bien pu tomber dans l'escalier de la Maison mère. Il fallut remplacer le stimulateur cardiaque qu'on lui avait implanté quelques années plus tôt. Quand j'allai la voir à l'hôpital, elle paraissait fanée, épuisée. Elle finit toutefois par guérir, après une longue et pénible période. Cette fois, elle écrivit au Vatican et, conformément à la Constitution de son ordre, demanda au Saint-Père la permission de réunir le Chapitre général un an avant la date prévue, de façon que soit élue une sœur qui lui succéderait. L'Église accepta sa requête, et la réunion eut lieu début septembre 1990.

Le père van Exem m'a confié que, juste avant la retraite de huit jours qui précédait l'élection, sœur Agnes et sœur Nirmala, deux très hautes responsables de l'ordre, étaient venues le voir pour lui demander si le Vatican leur interdisait expressément de voter, une fois de plus, en faveur de Mère Teresa. « Je savais que Rome lui avait donné la permission de se retirer, mais je ne pensais pas que, pour autant, on ait interdit aux sœurs de se déclarer pour la mère. Elles sont rentrées le faire savoir aux autres, et le résultat a été unanime. Je sais que Mère Teresa n'en a pas été très heureuse : elle ne voulait pas s'accrocher. Elle m'a écrit : "Mieux vaut servir que d'être servie." Mais elle a accepté, comme pour tout le reste. »

Comme elle me le dit un jour, faisant allusion à cet événement : « Je voulais être libre, mais Dieu avait ses plans. » Et, levant un doigt vers le ciel : « C'est Son œuvre, et non la mienne. Tant que nous resterons mariées à Dieu et à notre pauvreté, l'œuvre prospérera. Je n'ai aucune importance. »

7

FRÈRES ET COOPÉRATEURS

Une nuit, à Howrah, la gare de Calcutta, la police arrêta un groupe de jeunes en délicatesse avec la loi: pickpockets, alcooliques, proxénètes, trafiquants de drogue, petits délinquants. Ils furent enfermés sans cérémonie au « cachot » pour être présentés au juge le lendemain. Un jeune prêtre se trouvait parmi eux; il tenta bien d'expliquer aux policiers qui il était, mais sa voix fut noyée sous les hurlements et les protestations d'innocence et, avant d'avoir eu le temps de comprendre, il se retrouva enfermé avec les autres. Toute la nuit il dut affronter les moustiques et les rats. Pire encore, il eut droit aux sarcasmes de ses compagnons d'infortune: « Alors, mon frère, lui dirent-ils en riant, pourquoi prends-tu la peine de nous aider, quand tu n'es même pas capable de t'aider toi-même? Où est donc ton Dieu? » Il ne sut que répondre. Les yeux pleins de larmes, il tomba à genoux pour demander à Dieu pourquoi il avait été choisi pour être à ce point humilié. Était-ce là la croix qu'il devait porter?

Il s'agissait du frère Mariadas, un jeune Missionnaire de la charité qui venait tout juste d'entrer dans l'ordre. Une partie de sa mission consistait à venir en aide aux centaines de jeunes gens pour qui les gares de Howrah et de Sealdah étaient les seuls foyers qu'ils eussent jamais connus. Ils gagnaient misérablement leur vie en portant les bagages, en cirant les souliers, ou comme garçons de courses. Il en vint vite à les connaître et, jeune et plein d'énergie, organisait parfois pour eux un match de football dans un terrain vague voisin. Travaillant dans les bidonvilles et les rues voisines, il était aussi en mesure de côtoyer les délinquants qui opéraient dans la gare et ses environs, et s'efforçait de son mieux de les détourner du mauvais chemin en les persuadant d'apprendre plutôt un métier.

C'étaient quelques-uns d'entre eux qui, cette nuit-là, se moquèrent de lui – expérience qu'il ne put jamais oublier. S'il avait porté un habit religieux, il n'eût probablement pas subi de tels désagréments. Hélas, contrairement aux sœurs, les frères n'ont pas de tenue distinctive, et il est donc difficile de les reconnaître de loin. De surcroît, en Inde, ils sont simplement vêtus d'une chemise et d'un pantalon, et rien ne permet de savoir s'ils sont des Missionnaires de la charité. Ce n'est que de tout près qu'on se rend compte qu'une petite croix est épinglée au revers de leur chemise. Pour la grande majorité des Indiens, habitués à voir des prêtres en soutane, un rosaire ou un crucifix n'évoque guère la vie religieuse, et encore moins une action missionnaire.

On ne le sait guère, mais la nécessité d'une tenue distinctive fut un sujet de litige entre Mère Teresa et frère Andrew, qui fut le premier supérieur général de la branche des frères. Il a pris sa retraite en 1986, et m'a dit : « Mère Teresa croyait que les frères devaient porter un habit de religieux. Nombre d'entre eux le désiraient également. Cela leur donnait un certain statut. J'étais persuadé que, sans uniforme, nous serions plus commodément identifiés aux pauvres et à ceux qui n'ont rien. J'aimais également la simplicité d'une croix épinglée à la chemise. » Pour autant, il reconnaissait que les sœurs devaient porter une tenue particulière : cela leur offrait une sorte de protection. Mais, dis-je, si les frères, n'étant pas reconnus comme tels, devaient subir des humiliations ? « Qu'il en soit ainsi », répondit-il. Mère Teresa elle-même, quelques mois plus tard, fut d'un avis assez semblable. Les yeux tristes, elle déclara : « Ce jeune frère a dû subir ces humiliations pendant une seule nuit. Il y a tant de nos pauvres qui doivent les endurer jour après jour ! »

Sans raconter cette histoire à frère Andrew, je lui ai demandé pourquoi la question de la tenue lui paraissait à ce point importante. Il réfléchit puis me dit : « Peut-être avais-je tort là-dessus. Aujourd'hui encore, Mère Teresa aimerait que les frères aient une sorte d'uniforme, et il se peut que la règle change à l'avenir. »

Les frères apparurent en 1963 : on s'était rendu compte, peu à peu, que les hommes étaient mieux adaptés à certaines tâches. Comme en bien d'autres domaines, Mère Teresa recourut aux conseils du père van Exem. Il était alors prêtre de la paroisse d'Asansol. Un jour, en 1961, elle vint lui rendre visite sans s'être annoncée. Elle lui expliqua que les gamins des Shishu Bhawan grandissaient, et que bientôt les sœurs auraient du mal à s'occuper d'eux. De surcroît, à

Kalighat comme dans la lutte contre la lèpre, des hommes seraient mieux à même d'affronter les lourdes tâches que cela impliquait. Pour toutes ces raisons, elle voulait créer une congrégation masculine. Le père van Exem aurait-il la bonté d'en référer à l'archevêque ? Il pensa que c'était une excellente idée et se rendit tout exprès à Calcutta pour en discuter avec Mgr Vincent. « Il était très différent de Mgr Périer, toujours opposé aux idées nouvelles (ce dernier me demandait toujours : "Mais comment savez-vous que c'est la volonté de Dieu ?"). Je lui ai exposé l'idée de Mère Teresa. Il est resté silencieux pendant une minute, qui m'a paru bien longue. Puis il a déclaré : "En Inde, nous avons compris ce qu'est la vocation d'un père ou d'une sœur, mais pas ce qu'est celle d'un frère. Je la comprends. Dites à Mère Teresa de commencer." Tout a été réglé en cinq minutes. »

Ravie, Mère Teresa demanda au père van Exem de lui envoyer, dès que possible, des postulants qui feraient l'affaire. En quelques semaines, il en avait rassemblé une demi-douzaine, qu'il envoya à Calcutta. « Je me souviens, dit-il en riant, qu'ils avaient été réunis quelque part dans un *Shishu Bhawan*, parmi tous ces bébés ! Ensuite, sœur Gertrude, le médecin, qui se trouvait connaître, Dieu sait comment, la menuiserie, a commencé à leur donner des leçons. C'était très drôle ! Puis, Mère Teresa m'a dit : "Voyez-vous, mon père, ce sont des hommes et ils ont besoin d'exercice ; alors je les fais jouer au volley-ball tous les soirs." » Imaginer la minuscule Mère Teresa mener sur un terrain de sport un groupe de jeunes gens bien bâtis était vraiment trop burlesque; cette fois, nous éclatâmes tous deux de rire, et le père van Exem dut boire un verre d'eau.

Les débuts de la congrégation n'allèrent pas sans difficultés. Les postulants hésitaient à y entrer tant qu'elle ne serait pas reconnue officiellement par Rome, qui ne donnerait son accord que si elle était convenablement organisée et comptait suffisamment de membres. Autre problème : l'Église catholique ne permet pas à une femme de diriger une congrégation masculine. Il fallut plus d'un an pour résoudre toutes ces questions. Mère Teresa tenta ensuite de s'assurer les services du père Gabric, un prêtre yougoslave de sa connaissance ; mais les jésuites, auxquels il appartenait, n'étaient pas décidés à lui en donner la permission. Elle contacta ensuite le père Antoine, un religieux français, mais il ne désirait probablement pas rompre les liens qui l'attachaient à son ordre.

C'est à ce moment qu'un jeune homme posa sa candidature. Mère Teresa ne le connaissait pas. La Compagnie de Jésus accepta de le libérer. C'est ainsi que Ian Travers-Ball, de nationalité australienne, devint frère Andrew.

De grande taille, plein de charisme, s'exprimant facilement, frère Andrew parle avec douceur, mais sans hésitation. « Je suis venu en Inde en 1954. J'ai commencé à m'intéresser aux pauvres alors que je travaillais dans une région de mines de charbon appelée Hazaribagh, dans l'État du Bihar. J'ai pensé que je pourrais passer un mois avec Mère Teresa : cela faisait partie de ma formation, et m'aiderait dans mes tâches futures. Elle disposait alors d'un groupe de jeunes gens qu'elle dirigeait, mais elle cherchait quelqu'un qui serait placé à la tête de l'ordre. Je suis arrivé là tout à fait par hasard. » Il avait alors trente-huit ans.

« Je pensais que nous devions sortir des Shishu Bhawan si nous voulions nous développer en tant que groupe indépendant. Je ne sais si c'était un effet de ma phallocratie ou de ma formation jésuite ! J'avais le sentiment que les frères devaient travailler seuls, à leur façon. Nous aurions le soutien de Mère Teresa, mais nous avions besoin de fonctionner de manière autonome. Elle en a été entièrement d'accord.

« Nous avons loué un endroit à Kidderpore avant de trouver cette maison [7 Mansala Row, quartier général des frères, où cet entretien eut lieu]. Nous étions une quinzaine quand nous nous y sommes installés », me dit-il avant d'ajouter : « Un groupe d'hommes a un style de vie qui est nécessairement différent de celui des femmes. Par exemple, nous ne pouvions vivre les uns sur les autres, comme elles le faisaient. Les hommes ont besoin de sortir pour marcher un peu, ou de jouer au foot le dimanche après-midi, ou d'assister à un match de lutte. Les sœurs ne sortent que pour leur travail. Et les dispositions relatives à la vie communautaire ne pouvaient pas non plus être les mêmes. Je ne me sentais pas tenu de suivre tous les petits détails. »

Le frère Geoff, qui dirigeait à l'époque la congrégation[1], pense que, sur le fond, il n'y a pas de différences, mais que la nature du travail

---
1. Le frère Yesudas dirige aujourd'hui la congrégation.

accompli par les frères fait qu'ils sont moins enfermés, surtout dans les contacts avec les étrangers et les visiteurs. Dès le début, ils empruntèrent un chemin différent de celui des sœurs. Moins protégés, il leur fallait s'adapter aux conditions locales et culturelles, qui pouvaient énormément varier dans les différentes régions d'un même pays. Leurs communautés sont par ailleurs plus réduites : il y a moins de frères par maison. Hors de l'Inde, leur langue commune ne sera pas forcément l'anglais, bien qu'il soit le plus utilisé. Et pour finir, conclut le père Geoff, comme pour répondre au père van Exem, qui rappelle qu'ils ont commencé dans les Shishu Bhawan, ils ne s'occupent plus de bébés !

La gare de Howrah fut l'un de leurs premiers terrains d'intervention. Des centaines de gamins et de jeunes gens vivaient littéralement sous son toit. La plupart étaient orphelins, certains s'étaient enfuis de chez eux, d'autres s'étaient soustraits aux obligations liées à une mise en liberté surveillée. Beaucoup souffraient de maladie. Les frères se mirent à les aider modestement, leur donnant par exemple du savon pour qu'ils restent propres. Ils parvinrent peu à peu à organiser pour eux un repas du soir, afin qu'ils mangent chaud au moins une fois par jour. Quelques jeunes furent accueillis temporairement à Mansala Row, jusqu'à ce qu'on puisse leur donner une petite formation technique puis, avec les enfants les plus grands des Shishu Bhawan, ils furent progressivement transférés dans d'autres foyers de Calcutta et des environs.

Le premier, appelé Nabo Jeevan (« Vie nouvelle »), était réservé aux jeunes gens handicapés ou sans domicile. Il débuta à Howrah. Une demande croissante de formation professionnelle entraîna d'abord la création à Dum Dum d'un atelier de réparation radio, où les jeunes recevaient une formation élémentaire qui pourrait leur permettre de trouver du travail. Pour les attardés mentaux et les tuberculeux, les frères acquirent à Nurpur, à une trentaine de kilomètres de Calcutta, une ferme où certains se virent confier des travaux agricoles très simples.

Les frères prirent également part à la lutte contre la lèpre. Au début, ils participèrent à l'activité des dispensaires mobiles. Puis ils se rendirent régulièrement à Dhapa, la grande colonie de lépreux de Calcutta, pour y soigner les malades. Ultérieurement, ils en vinrent à assister les sœurs à Titagarh : les problèmes n'étaient pas de ceux que des femmes puissent affronter. Il ne fallut pas longtemps pour que les frères prennent en main toutes les activités là-bas.

Dix ans après leur apparition en Inde, frère Andrew ouvrit leur premier foyer à l'étranger, dans le Viêt-nam ravagé par la guerre. C'était un pays où les sœurs n'avaient pas d'activités ; les frères choisissent toujours des villes ou des nations où elles ne sont pas déjà implantées. Pour commencer, ils louèrent une petite maison d'accueil, en particulier pour les orphelins de guerre. Un second foyer fut ouvert deux ans plus tard, cette fois à Los Angeles, dans un quartier à population hispanique, surnommé Skid Row. Le lieu était destiné aux alcooliques et aux drogués.

Frère Andrew conduisit peu à peu les frères vers d'autres pays agités et quartiers difficiles, sur tous les continents : Japon, Hong-Kong, Taiwan, Guatemala, Philippines, Salvador, République dominicaine, Haïti, Brésil, Madagascar – et même en France ! Dans certaines régions, la violence était endémique : un frère fut ainsi kidnappé au Salvador. Il fut relâché au bout de trois mois, après intervention de l'archevêque – lequel, quelques mois plus tard, devait être assassiné en pleine cathédrale.

Pour l'essentiel, les frères se chargeaient des tâches qui leur étaient le plus familières, ouvrant ainsi des foyers pour les jeunes sans domicile fixe, les alcooliques ou les drogués. Ils créèrent également une soupe populaire à Paris. Dans bien des endroits, ils furent assistés par des gens qu'on finit par appeler des « venir-voir », terme inventé par frère Andrew pour désigner des jeunes gens désireux de travailler pendant quelques semaines ou quelques mois. Ils n'étaient nullement contraints de rejoindre l'ordre ou de prononcer des vœux. Mère Teresa reprit bientôt la formule pour les jeunes femmes qui voulaient voir si elles étaient à la hauteur de la tâche. De nombreux Missionnaires de la charité des deux sexes, qui travaillent aujourd'hui à Taiwan, en Haïti, au Burundi ou au Pérou, ont d'abord été des « venir-voir ».

Frère Andrew quitta l'ordre en 1987 ; l'année précédente, il avait été remplacé par frère Geoff, lui aussi australien. Cela se traduisit par un changement de style, de rythme ; le temps était venu de réfléchir et de faire le bilan. On estime qu'à certains égards, il a ramené l'ordre plus près de l'idée que Mère Teresa s'en faisait à l'origine. La Constitution des frères est actuellement en cours de révision ; il se peut – mais cela reste à voir – qu'elle devienne plus conforme à celle des sœurs.

La congrégation ne croît que lentement. Les postulants sont moins nombreux que les années précédentes. Une des raisons en est que leur milieu d'origine n'est plus aussi « fertile ». Les valeurs matérialistes ont fait sentir leur influence. L'ordre lui-même se montre d'ailleurs plus sélectif et encourage les candidats à achever leurs études. Il est d'ailleurs normal, abstraction faite des conditions présentes, que les congrégations de frères attirent moins de vocations que les religieuses ou les prêtres, pour des questions de statut. Frère Geoff le reconnaît : « Oui, certains s'en vont, en particulier l'année où ils doivent prononcer des vœux temporaires. Cela fait partie d'un processus de décantation normal. Les départs après les vœux définitifs sont plus rares, mais il y en a, comme dans toutes les congrégations. D'autre part, à l'époque où nous vivons, l'engagement est moins considéré, et on y met fin plus facilement. » Frère Geoff pense également que l'ordre a connu, au cours de la dernière décennie, un développement trop rapide, qui a dépassé ses forces. C'est pourquoi le nombre de foyers ne cesse de baisser. On n'en compte plus aujourd'hui que soixante-neuf dont quarante-quatre en Inde. De même, en juin 2002, il ne restait plus que trois cent soixante-neuf frères et quarante et un novices.

L'un de ceux qui sont le plus convaincus de la solidité de leur vocation n'est autre que ce frère qui passa une nuit si difficile dans la prison de la gare. Vingt ans plus tard, je lui ai demandé s'il avait eu des regrets, ou avait été tenté de renoncer – en prenant soin de préciser que c'étaient là des questions délicates, et qu'il était libre de ne pas y répondre. C'est pourtant ce qu'il fit, et sans détours : « Avant que je rejoigne l'ordre, il y eut un temps où j'avais beaucoup de problèmes, beaucoup de fantasmes et de désirs. J'étais fragile et malheureux. Que Dieu ait sauvé une créature aussi misérable est pour moi un émerveillement constant. C'est Lui qui m'a appelé vers cette vie. Aujourd'hui, il m'est impossible, ne serait-ce qu'un instant, de songer à abandonner ma vocation de frère Missionnaire de la charité. Plus ma vie est difficile et exigeante, plus je suis près de Lui. Jamais je ne pourrai partir. »

Comme je me levais pour quitter la pièce minuscule où nous discutions, mes yeux tombèrent sur le texte d'un proverbe hindi accroché dans un cadre près de la porte :

Si tu as deux miches de pain,
Donnes-en une aux pauvres,
Vends l'autre
Et achète des jacinthes
Pour nourrir ton âme.

Loin du Londres raffiné, dans un des quartiers pauvres de la ville, se trouve une église en bien mauvais état. Sa peinture qui s'écaille, ses vitres brisées montrent assez qu'elle a été désaffectée parce que son entretien était devenu trop coûteux. Pendant des années ses portes demeurèrent closes. Aujourd'hui, elles sont ouvertes, tous les soirs à 18 heures, par un groupe de femmes, dont la plupart sont des étrangères en sari : les

Missionnaires de la charité. Avec elles, quelques volontaires et une poignée de coopérateurs. Ceux qui entrent là d'un pas traînant – une bonne centaine – sont en majorité des hommes, dont certains étonnamment jeunes, victimes de l'alcool ou de la drogue. L'un d'eux a le regard fou, et le visage entièrement couvert de tatouages. Certaines des femmes sont mentalement atteintes. Tous entrent en silence et s'assoient aux tables disposées dans la grande salle. On leur sert un repas chaud après une prière. Ils mangent, toujours en silence, et s'en vont.

Ce n'est pas l'argent qui leur a procuré de la nourriture. Le dîner de ce soir est composé de restes venus d'un hôpital londonien haut de gamme ; son chef cuisinier, qui est par ailleurs un coopérateur, l'a préparé tout spécialement. Jamais on n'a acheté quoi que ce soit. Une chaîne d'épiceries fort connue donne les fruits et les légumes invendus. Les bénévoles ont également passé le mot aux bouchers et aux boulangers : « Ne jetez rien, envoyez-le à Mère Teresa. » Dans la salle, une demi-douzaine de volontaires sert les repas, puis nettoie et lave. Ce ne sont pas des coopérateurs ; ils viennent à l'occasion donner un coup de main. Parmi eux, un jeune homme récemment sorti de Winchester, une des *public schools* les plus connues d'Angleterre, qui a entrepris des études de droit. Il passe de temps en temps. « C'est une partie de l'existence, dit-il. D'ailleurs, j'aime parler aux gens et aux sœurs. »

Les deux coopérateurs qui m'avaient amené à l'église de Quex Road n'étaient autres que Bridget Eacott, secrétaire internationale, et Faye Larkins, le «lien» national pour l'Angleterre. «Dans tout le pays, nous essayons d'abord de voir ce qui peut être fait dans notre ville et notre quartier, dit Faye. À Manchester, Birmingham et Liverpool, les coopérateurs s'occupent des indigents. D'autres quartiers courent plus de risques d'être affectivement et spirituellement déshérités. Des milliers de gens vivent seuls; ils ne sont pas forcément pauvres matériellement parlant, mais d'une façon plus grave qu'à Calcutta, dit Mère Teresa, pour qui la pauvreté spirituelle de l'Occident est bien plus grande que la pauvreté matérielle de ce qu'on appelle les pays sous-développés. Il est autrement difficile de guérir cette forme de solitude. Ces gens ne sont personne, personne ne fait attention à eux. Elle veut que les coopérateurs soient "quelqu'un" pour "quelqu'un". »

Certains, auxquels personne ne prête attention, vivent dans de véritables villes composées de cartons, blotties sous Waterloo Bridge, dans des jardins publics, tel le Lincoln's Inn Fields, ou bien encore aux abords des stations du métro londonien. Leur foyer, c'est une boîte un peu plus grande qu'un cercueil, souvent leur seule protection contre les vents glacés de l'hiver. Tous ou presque n'ont droit à de vrais sourires que de la part des sœurs et des coopérateurs. Deux soirs par semaine, aux environs de 22 heures, une soupe populaire itinérante leur sert un repas chaud, qui s'accompagne de rires et de paroles de bienvenue.

Mère Teresa, voilà près d'un demi-siècle, emprunta le terme de «coopérateur» au Mahatma Gandhi, qu'elle admirait beaucoup, sans l'avoir jamais rencontré (il fut assassiné peu après qu'elle eut entrepris sa tâche). C'est ainsi qu'il appelait ceux qui lui venaient en aide dans son programme en vue d'élever le statut social de la femme, de combattre la lèpre, d'encourager l'alphabétisation et de mettre un terme à la pernicieuse pratique de l'« intouchabilité » observée par les castes supérieures à l'égard des couches les plus basses de la société indienne. Une telle expression définissait parfaitement ce que Mère Teresa avait en tête. Ses coopérateurs seraient une association d'hommes, de femmes, de jeunes gens et d'enfants du monde entier, appartenant à toutes les religions ; leur position sociale n'aurait aucune importance. Ils chercheraient à « aimer Dieu dans leur prochain, par un dévouement sans réserve aux pauvres entre les pauvres de toutes les castes et de toutes les croyances, et à s'unir dans un esprit de prière et de sacrifice avec l'œuvre de Mère Teresa et des Missionnaires de la charité ».

Femme d'un homme d'affaires britannique, Anne Blaikie avait appris l'existence de Mère Teresa grâce à un article du *Statesman*. La curiosité l'amena, un matin de juillet 1954, à aller la voir et à lui proposer son aide. Mère Teresa eut tôt fait de la faire grimper dans un vieux camion et de l'emmener à la Maison des mourants de Kalighat. Quand, ce soir-là, Anne rentra chez elle, sa vie avait changé. Le 26 juillet, elle forma le premier groupe de coopérateurs de Calcutta. Pendant les mois qui suivirent, ils se donnèrent beaucoup de mal pour rassembler des vêtements encore en bon état qui seraient offerts à Noël aux enfants des Shishu Bhawan et des taudis de la ville. Ils y réussirent au-delà de toute espérance et, la fête terminée, s'attendirent à des félicitations. Mère

Teresa vint les remercier de leurs efforts, mais leur dit qu'il n'y avait pas de temps à perdre : l'Aïd et le Diwali – fêtes respectives des communautés musulmane et hindouiste – étaient proches, et d'autres enfants attendaient eux aussi des vêtements !

En 1960, Anne Blaikie revint en Angleterre, plus précisément dans le Sussex, où vivait John Southworth, qui avait prêté main-forte aux sœurs dans leur lutte contre la lèpre, du temps où il résidait à Calcutta. Tous deux ne tardèrent pas à découvrir que d'anciens habitants de cette ville, qui avaient eux aussi aidé Mère Teresa, vivaient dans la région, dans un rayon de quelques kilomètres. Un « comité Mère Teresa » ne tarda pas à se former, présidé par Southworth, Anne Blaikie étant vice-présidente. La visite de Mère Teresa en Angleterre, en novembre 1960, donna une vive impulsion à leur action.

D'autres groupes de coopérateurs firent leur apparition dans des pays où les Missionnaires de la charité avaient ouvert des foyers. On ne connaît pas les chiffres exacts, mais on estime qu'ils sont près de 30 000 rien qu'en Angleterre, et 10 000 environ aux États-Unis. Dans certains pays d'Europe, toutefois, ils ne sont que quelques centaines. J'en ai rencontré beaucoup en Inde, mais leurs groupes ne sont pas toujours bien organisés. La seule chose qu'on puisse dire avec certitude, c'est qu'en moyenne on compte parmi eux un chrétien pour dix non-chrétiens (généralement hindouistes). Leur succès dépend de l'énergie et de l'allant de ceux qui s'en occupent, et qu'on appelle les « liens ». Les groupes de quartier sont de taille réduite, ils comptent de deux à douze personnes : quand on dépasse ce chiffre, un autre groupe est formé. Lors des réunions, on ne sert que des boissons non alcoolisées, afin que les rencontres puissent avoir lieu aussi facilement chez les riches que chez les pauvres.

On ne connaît guère les coopérateurs : il leur est interdit de collecter des fonds ou de faire de la publicité. La seule qu'ils s'accordent est un bulletin interne, imprimé sur le papier le moins cher possible, et envoyé à tous les membres. Mère Teresa préférait qu'il soit ronéoté pour réduire les frais. Les coopérateurs responsables de sa publication n'ont pas le droit de louer un bureau ou d'engager du personnel. Cette consigne s'applique également aux locaux où l'on stocke les vieux vêtements : ce peut être une cave personnelle, un garage ou une pièce vide. Comme Faye Larkins le dit en riant : « Maintenant que la maison est remplie de vêtements jusqu'au plafond, il va falloir en trouver une autre pour nous ! »

Il est remarquable qu'on offre des sommes considérables à une femme qui, il y a moins de cinquante ans, commença son œuvre sans un sou. Les responsables internationaux des coopérateurs m'ont dit recevoir constamment des chèques, importants ou non. À peine reçu, l'argent est dépensé.

Pourtant, dans chaque bulletin, Mère Teresa enjoignait aux coopérateurs de ne pas se détourner des tâches les plus humbles. Rien n'est trop minime, de la rédaction d'une lettre pour un aveugle à l'assistance aux personnes âgées, que ce soit pour nettoyer leur maison ou laver leurs vêtements. Elle ne cessait de répéter qu'il faut laisser les grandes tâches aux autres. Les actes de bienveillance envers les voisins sont tout aussi importants. Il y a des milliers de gens à qui personne ne rend visite, même pas leurs voisins.

Évoquant la pauvreté en Occident, Mère Teresa mentionna le cas d'une femme qui vivait seule dans un bloc d'immeubles à Londres. Elle ne recevait jamais de visite, ni de lettres, et en était réduite à s'adresser du courrier à elle-même. Ce sont de telles vies, tristes et solitaires, qu'elle engageait ses coopérateurs à illuminer. Un paragraphe de leur Constitution reflète également sa philosophie en ce domaine: « Les coopérateurs de Mère Teresa reconnaissent que tous les biens de ce monde, y compris les dons du corps et de l'esprit, les avantages de la naissance et de l'éducation, sont des dons librement accordés par Dieu, et que personne n'a droit à une superfluité de richesse quand d'autres meurent de faim et subissent toutes sortes de misères. Ils cherchent à remédier à cette grave injustice par l'exercice de la pauvreté volontaire et le sacrifice du luxe dans leur façon de vivre. »

Mère Teresa et ses coopérateurs s'unissent dans les paroles de saint François d'Assise – une prière que chérissait également le Mahatma Gandhi:

Seigneur, fais de moi le chenal de Ta paix...
Que là où est le désespoir, je puisse apporter
                                    [l'espoir,
Que là où il y a des ombres, je puisse apporter
                                    [la lumière,
Que là où règne la tristesse, règne la joie...

Parmi les coopérateurs, on trouve également des gens malades ou souffrants qui, de ce fait, ne sont pas en mesure de se joindre aux activités des autres. Ils sont donc liés à un frère ou une sœur Missionnaire de la charité, et offrent leurs souffrances et leurs prières. En retour, les autres prient pour eux et travaillent avec une énergie renouvelée. Les malades sont leur « second moi ». Cela donne un sens à des vies marquées par la souffrance, qui devient une forme de rédemption.

C'est à Jacqueline de Decker que Mère Teresa a confié l'organisation des coopérateurs malades et souffrants. Elle en devint le « lien » international quand, le 26 mars 1969, le Vatican reconnut l'Association internationale des coopérateurs, et elle l'est toujours. Au fil des années, elle a, non sans peine, « lié » chaque Missionnaire de la charité à quelqu'un qui souffre. En dépit de ses propres souffrances, elle a écrit des milliers de lettres dans ce but et, en 1979, elle était présente à Oslo quand Mère Teresa, dont elle était le « second moi », reçut le prix Nobel de la paix.

Jacqueline de Decker avait dix-sept ans quand elle se convainquit que sa vocation était de devenir missionnaire. Quelques années plus tard, elle rencontra un jésuite qui lui donna l'idée d'aller en Inde pour y fonder une école de formation médicale, mais la guerre mit un terme à ses projets. Après la fin du conflit, elle entreprit de les mettre à exécution ; mais à peine était-elle montée à bord du bateau qu'elle reçut un télégramme l'informant de la mort du prêtre qui avait offert de la guider et de la soutenir. Elle poursuivit néanmoins sa route, bien qu'ayant très peu d'argent et ne bénéficiant d'aucune assistance, et décida de vivre très simplement, à l'indienne.

À Madras, elle fit la connaissance d'un jésuite qui lui parla d'une religieuse, alors à Patna, qui avait renoncé à son habit pour adopter, comme elle, le sari. À l'époque, cela représentait un long voyage par le train; mais Jacqueline décida de partir immédiatement pour rencontrer quelqu'un qui, comme elle, voulait œuvrer parmi les pauvres. « Je suis arrivée à la mission médicale de Patna vers 5 heures du soir, raconte-t-elle. Je me souviens de l'heure, parce que quand j'ai demandé "sœur Teresa, de Lorette", on m'a répondu: "Il est 17 heures, la journée de travail est terminée, elle est donc à la chapelle." Et elle y était bel et bien. Plus tard, je lui ai dit en plaisantant: "La première fois que je vous ai vue, vous me tourniez le dos!" »

Elles ne tardèrent pas à bien se connaître. Elles avaient beaucoup de choses en commun: l'amour des pauvres, de l'Inde et du Seigneur. Sœur Teresa invita Jacqueline à être la première à se joindre à elle pour la tâche qu'elle se proposait d'entreprendre. C'était, pour la jeune femme, la réponse à ses prières: mais il lui fallait d'abord retourner en Belgique de toute urgence, afin d'être traitée pour de violentes douleurs dans la colonne vertébrale; dès qu'elle serait guérie, elle reviendrait. « Je lui ai demandé comment elle comptait commencer. Elle m'a répondu très simplement: "Je serai à Calcutta en décembre. J'irai dans les rues et je verrai ce que je peux faire. Il me guidera." »

Les médecins qui, en Belgique, examinèrent Jacqueline, diagnostiquèrent une maladie de la colonne vertébrale. Afin d'empêcher qu'elle soit paralysée, il leur fallait procéder à plusieurs opérations pour remettre en place une vertèbre. Son chirurgien (qui reconnaîtra n'avoir « jamais procédé à une intervention aussi étendue ») ajouta que d'autres seraient nécessaires. Pour elle, ce fut la fin d'un rêve qui avait paru si près de se réaliser. Aujourd'hui encore, elle répète : « Ma vie est un échec. »

Jacqueline de Decker est née dans une très vieille famille. Son père était un riche homme d'affaires propriétaire de plusieurs plantations – de café au Brésil, d'hévéas en Indonésie. Ses tout premiers souvenirs sont ceux de la villa familiale, installée sur les terres entourant le château de sa grand-mère. Puis ils connurent un brutal renversement de fortune : les prix s'effondrèrent, son père perdit presque tout, et Jacqueline devint infirmière. Tout au long de la guerre, elle se dépensa sans compter, apportant une aide inappréciable aux soldats anglais évadés à Anvers, où elle vit toujours, très simplement, dans un petit appartement. Elle est entourée de livres et de journaux ; son bureau est couvert de lettres relatives à sa tâche. Un portrait en pied de sa mère en robe de soirée, accroché au mur, et quelques objets d'art dispersés çà et là, sont les seuls témoignages d'une enfance aisée.

Mais aujourd'hui, elle porte une minerve, un corset de fer emprisonne sa taille et elle ne peut se passer de béquilles pour marcher. Elle a un très beau visage, et une immense dignité. Quand je fus son hôte à Anvers, le mot « souffrance » ne franchit pas ses lèvres une seule fois, bien qu'elle la tienne éveillée presque chaque nuit.

L'histoire de la création des coopérateurs malades et souffrants ne saurait être mieux décrite que dans les premières lettres que Mère Teresa écrivit à Jacqueline. Certains passages, purement personnels, ont été omis dans les citations qui suivent, mais l'ensemble constitue un témoignage unique des débuts de la tâche accomplie en Inde.

C'est le 29 mai 1949 que Mère Teresa écrivit à Jacqueline pour la première fois. Le ton est encore formel.

14, Creek Lane
Calcutta 14

29 mai 1949

Ma chère Mlle de Decker,

Que Dieu vous bénisse pour votre gentille pensée et votre don généreux. Vous avez dû vous priver de bien des choses pour pouvoir m'aider. Mais il est certain qu'Il vous remboursera.

Vous serez heureuse d'apprendre qu'à présent j'ai trois compagnes, de remarquables travailleuses très zélées. Nous avons cinq bidonvilles différents où nous allons pour quelques heures. Quelle souffrance, quel besoin de Dieu ! Vous devriez voir comme leurs visages impatients s'illuminent quand viennent les sœurs. Ils sont peut-être sales et nus, mais leur cœur est plein d'affection.

Ma chère sœur, soyez courageuse et gaie, et pensez souvent aux Missionnaires de la charité quand les choses vous paraîtront difficiles, de façon à ce que nous puissions toutes nous unir pour faire la volonté de Dieu.

Que Dieu vous bénisse et vous garde toujours dans Son cœur.

*Vôtre dans l'affection du Seigneur,
Mère Teresa*

Six mois plus tard, Mère Teresa écrivit de nouveau à Jacqueline, qui sortait d'une opération.

*Missionnaires de la charité
14, Creek Lane
Calcutta 14*

19 novembre 1949

Ma chère Jacqueline,

J'ai reçu hier votre lettre du 8 novembre. Je suis si heureuse d'apprendre que vous êtes de nouveau en bonne santé, et dans un si bon endroit. […]

Oui, il y a tant à faire. À présent, nous sommes cinq, mais s'il plaît à Dieu, d'autres nous rejoindront, et nous pourrons créer un réseau de charité autour de Calcutta, en nous servant de nos centres dans les différents bidonvilles comme des points dont l'amour [de Dieu] pourra librement rayonner sur la ville. […]

Au dispensaire, les médecins et les infirmières sont merveilleux. À voir la façon dont ils s'occupent des gens, vous penseriez qu'ils ont affaire à des princes.

Chère Jacqueline, priez beaucoup et souvent pour la petite société et les sœurs. À présent, elles préparent toutes divers examens, mais elles adorent leur travail et les pauvres. Dans les bidonvilles, on entend désormais chanter les enfants. Soyez courageuse et gaie, et priez beaucoup.

*Vôtre dans l'affection de Jésus-Christ,
Mère Teresa*

Au cours des années qui suivirent, Jacqueline dut subir toute une série d'opérations. Le moindre mouvement lui faisait mal. Elle avait besoin d'une minerve et d'un corset, rien que pour être assise dans son lit. Elle voyait bien, désormais, que jamais elle ne pourrait espérer devenir Missionnaire de la charité. Trois ans plus tard, Mère Teresa lui écrivit, enthousiaste, à propos d'une idée qui lui était venue.

*Missionnaires de la charité
14, Creek Lane
Calcutta 14*

20 octobre 1952

Ma chère Mlle de Decker,

J'espère que vous allez mieux. Je pense très souvent à vous, j'unis le travail accompli à votre souffrance, et de cette façon vous m'êtes très proche. Aujourd'hui, je vais vous dire quelque chose qui, j'en suis sûre, vous rendra très heureuse. Vous désirez ardemment être Missionnaire, et vous l'êtes au fond de votre cœur. Pourquoi ne pas vous lier spirituellement à notre société, que vous aimez tant? Tandis que nous travaillons dans les taudis, vous en partagez le mérite par vos souffrances et vos prières. Ici la tâche est énorme et j'ai besoin de travailleurs, c'est vrai, mais j'ai aussi besoin d'âmes comme la vôtre pour prier et souffrir pour elle. Aimeriez-vous devenir ma sœur spirituelle et Missionnaire de la charité, dont le corps serait en Belgique, mais l'âme en Inde ?

Mère Teresa ajoutait :

Nous sommes désormais vingt-quatre, et cinq autres ont posé leur candidature. Elles vous connaissent toutes, car je leur ai souvent parlé de vous. Si vous vous joignez à nous, vous aurez une grande place dans leurs prières. Comment allez-vous ? Êtes-vous toujours alitée ? Combien de temps vous faudra-t-il vivre ainsi ? Comme Notre-Seigneur doit vous aimer, pour vous donner une telle part de Ses souffrances ! Vous êtes heureuse, car vous êtes Son élue. Soyez courageuse et gaie et offrez beaucoup pour moi. Je prie souvent pour vous.

Vôtre en Jésus,
Mère Teresa

La lettre suivante fut la première à être écrite du couvent. Les idées de Mère Teresa avaient pris corps.

Missionnaires de la charité
14, Creek Lane
Calcutta

13 janvier 1953

Jacqueline, ma chère enfant,

Je suis heureuse que vous vouliez rejoindre les membres souffrants des Missionnaires de la charité. L'objectif de notre société est d'apaiser la soif de Jésus sur la croix en travaillant pour le salut et la sanctification des pauvres des bidonvilles. Qui pourrait faire cela mieux que vous et ceux qui souffrent comme vous ? Pour apaiser cette soif, il nous faut un calice, et vous, les autres, hommes, femmes, enfants, pauvres et riches, serez tous les bienvenus pour le fabriquer. En réalité, vous pouvez faire bien davantage, depuis votre lit de douleur, que moi sur mes deux pieds. Mais vous et moi, ensemble, pouvons tout faire en Lui pour nous donner des forces.

Il n'y aura pas de vœux, à moins que certains ne reçoivent de leur confesseur la permission de le faire. La seule chose que nous devons avoir en commun est l'esprit de notre société. Une totale soumission à Dieu, une confiance aimante et une gaieté parfaite. Par cela vous serez considérée comme une Missionnaire de la charité. Tous ceux qui désirent en faire partie, et être porteurs de l'amour de Dieu, sont les bienvenus. Mais je veux tout particulièrement que les paralysés, les infirmes, les incurables se joignent à nous. De notre côté, les sœurs auront chacune une sœur qui prie, souffre, pense à elle, lui écrit, et devient ainsi son second moi. [...] Je suis sincèrement très heureuse, et reconnaissante à Dieu, que vous soyez le mien.

Dieu vous bénisse, ma chère sœur.

Vôtre en Jésus,
Mère Teresa

Le 9 janvier 1956, Mère Teresa adressa une lettre à tous les coopérateurs malades et souffrants.

Mes chers frères et sœurs,

Les sœurs et moi-même vous souhaitons une bonne et heureuse année. Que ce soit pour nous tous une année d'amour et de joie.
Ne soyez pas mécontents de nous si nous n'écrivons pas. Notre amour pour vous ne diminue nullement, il est au contraire toujours plus fervent, et un jour vous serez surpris de découvrir à quel point nous sommes proches les uns des autres. L'année 1955 a été très fructueuse. Nous avons eu 1 114 enfants dans notre école, 1 416 à nos cours de catéchisme; 48 313 malades ont été soignés; 1 546 mourants ont reçu assistance. Vous voyez ainsi que le fruit de vos souffrances en valait la peine. Vous avez la moitié du mérite en tout.

Que Dieu vous bénisse tous.

Vôtre en Jésus,
Mère Teresa

Le 21 mai 1958, elle écrivit à Jacqueline une lettre très brève, rédigée à la hâte.

Nous sommes désormais soixante-seize et bientôt huit autres arriveront. Elles viennent de toute l'Inde, et chaque fois de façon surprenante.

J'espère qu'un jour nous en aurons d'Europe et d'autres pays.

Vous devez avoir entendu parler de notre action pour les lépreux. Nous avons pour eux une clinique mobile, avec huit centres. Je veux fonder une colonie pour eux.

La lettre suivante, écrite d'Agra, est datée du 10 mars 1961. En un an, Mère Teresa avait ouvert quatre centres nouveaux.

Ma chère Jacqueline-Teresa,

Vous devez vous demander ce qui m'est arrivé. Ah! je n'ai pas d'explication, sinon que mes sœurs me prennent jusqu'à la moindre minute. Nous sommes désormais 127, avec de nouveaux foyers à Delhi, Ranchi, Agra, Jhansi, Creek Lane et Calcutta. Le mois prochain, nous irons à Simla.

Écrivez et donnez-moi toutes les nouvelles qui vous concernent. Nous avons beaucoup de travail à Agra. À Delhi, les sœurs réussissent très bien. Nous avons des novices anglaises, allemandes, américaines et maltaises. Quand y aura-t-il des Belges ? Vous devez nous aider.

Que Dieu vous bénisse,

Mère Teresa

En 1965, Jacqueline de Decker avait déjà subi près de la moitié des cinquante opérations qu'il lui fallut finalement endurer. Dans une lettre datée du 22 avril, Mère Teresa écrivait à ce sujet :

Enfin des nouvelles de vous, après si longtemps ! Je pense très souvent à vous, et je peux croître et bouger parce que mon second moi souffre tant. Vous êtes de nouveau alitée. Je crois que vous avez subi autant d'opérations que nous avons de foyers. 170 [...] Vous devez traverser toutes les maladies et les souffrances, car en dépit de tout, je suis en mesure de voyager sur de longues distances en troisième classe. Nous sommes désormais 235 sœurs et espérons qu'une trentaine d'autres nous rejoindront.

Le 26 décembre 1972, c'est avec inquiétude que Mère Teresa écrivit à Jacqueline :

Ma chère Jacqueline-Teresa,

Mes pensées et mes prières sont souvent avec vous. Avec votre corps presque entièrement infirme, et plein de douleur, vous essayez de rendre à votre mère tous les services que, de nos jours, des personnes en bonne santé ne rendent pas toujours. Votre vie de sacrifices est ma force. Votre mère est le Christ, sous une apparence affligeante, et que vous preniez soin d'elle vous rapproche de moi au Nirmal Hriday, où nos gens désirent tant l'amour et l'affection. Si seulement je pouvais prendre votre place et m'occuper de votre mère pendant que vous subissez votre opération.

S'agissant des lettres, nous sommes dévorées par les gens, comme un morceau de pain. Pour moi, écrire est difficile, je me couche à 2 heures du matin et me lève à 4 h 40. Je n'aimerais pas qu'une jeune sœur fasse de même, et voilà la raison pour laquelle nous n'écrivons pas.

Au cours de ces années, Mère Teresa fut constamment en déplacement. Une lettre du 26 juillet 1973 fait allusion à ses voyages.

> *Votre lettre est une grande joie pour moi, et me donne de la force. Grâce à vous, je peux passer huit nuits dans le train et travailler pendant la journée.*

Toutefois, à mesure que le temps passait, les années et la maladie contraignirent Mère Teresa à ralentir son rythme de vie. Elle écrivit moins souvent à Jacqueline qui, après que le téléphone fut installé à la Maison mère, y recourut de plus en plus. Malgré tout, elle lui envoya quelques lettres. Dans l'une d'elles (13 mars 1990), alors qu'elle-même était très malade, on perçoit un peu de son humour :

> *Je suis navrée d'apprendre que le bruit dans votre oreille persiste en vous tenant éveillée toute la nuit, et qu'aucun analgésique ne vous donne le moindre soulagement. C'est ainsi que le Seigneur traite Ses amis. Je suis également désolée que l'opération de vos dents et de votre mâchoire n'ait pas réussi, et que vous ayez dû être opérée de nouveau. Le bon Dieu vous récompensera au centuple pour vos souffrances et votre action pour 1. L'Albanie, 2. Leningrad, 3. La Roumanie. Je demanderai au Seigneur de ne pas faire pleuvoir Ses dons aussi rapidement car vous avez vraiment besoin d'une pause.*

Le « second moi » de Mère Teresa a créé une chaîne de coopérateurs malades et souffrants.

Lors de ma dernière soirée à Anvers, assis avec Jacqueline dans son bureau, elle me lut à voix haute plusieurs lettres reçues le jour même. L'une d'elles, particulièrement poignante, venait des États-Unis :

> *J'ai 30 ans et je souffre de sclérose multiple depuis que j'en ai 22. Je suis allée bien des fois à l'hôpital. Mon neurologue dit que c'est une simple question de temps avant que je sois condamnée au fauteuil roulant, et peut-être à devenir grabataire. De toute évidence, il ne sait pas que Dieu, et non lui, est le Grand Médecin.*
>
> *Pendant tout le temps que j'ai passé au lit, j'ai consacré d'innombrables heures à écrire des lettres d'encouragement et à prier pour les autres. Au cours des huit dernières années, j'ai appris que la grâce divine suffit, et qu'Il a un objectif pour moi, bien que le monde me rejette.*
>
> *Je me sens contrainte de prier pour tous ceux qui sont physiquement capables d'accomplir le travail que je ne peux faire. J'ai commencé à prier pour Mère Teresa.*

Certaines des lettres que me lut Jacqueline étaient parfois angoissées, d'autres étaient pleines d'espoir. Chacune formait un maillon, minime mais important, d'une longue chaîne née d'une simple idée de Mère Teresa. Quand je me levai pour partir, elle me dit : « Spirituellement, j'ai toujours appartenu à l'Inde. J'ai demandé à Mère Teresa qu'à ma mort, je puisse être enterrée dans le sari des Missionnaires de la charité. Ce que je n'ai pu faire pendant ma vie, je le pourrai, à ma petite façon, à ma mort. »

8

LES SHISHU BHAWAN

Par un matin de janvier 1975, très tôt, alors qu'il faisait encore sombre et froid – ce qui, à Calcutta en hiver, est moins surprenant qu'on ne pourrait le croire –, un pousse-pousse s'arrêta devant le Nirmala Shishu Bhawan, sur Lower Circular Road. Il en descendit une femme d'une trentaine d'années, portant un enfant qui en avait quatre ou cinq. Elle l'entoura de son châle et le serra très fort dans ses bras, comme pour la dernière fois. L'espace d'un instant, elle resta immobile, avant d'actionner la cloche vieillotte. Presque aussitôt, une sœur lui ouvrit, et elle fut conduite dans une pièce pauvrement meublée près de l'entrée. C'est là que, d'un ton hésitant, elle raconta sa tragique histoire.

Son fils était né avec beaucoup de malformations; dès le premier jour ou presque, elle et son mari avaient commencé la tournée des cliniques et des hôpitaux publics. Puis, il y a deux ans, son époux était mort dans un accident, et elle s'était retrouvée seule avec son enfant. Les médecins lui avaient dit qu'ils ne pouvaient rien faire de plus. Elle travaillait comme blanchisseuse dans plusieurs maisons, commençait dès l'aube et ne pouvait laisser son fils nulle part. Elle avait bien tenté de le confier à une crèche voisine, bien qu'elle pût difficilement se le permettre, mais ils ne voulurent pas accepter un enfant malade. La semaine précédente, une des dames pour lesquelles elle travaillait lui avait parlé de Mère Teresa, et lui avait conseillé d'emmener son fils au Shishu Bhawan. C'était son dernier espoir.

Les sœurs ne tardèrent pas à découvrir que Bapi, comme il s'appelait, souffrait de sclérose multiple, maladie de la moelle épinière qui l'empêchait d'accomplir le geste le plus simple. Il ne pouvait ni se tourner sur le côté, ni même se gratter. Pire encore, il était sourd et muet. Il ne pouvait communiquer que par le regard – il avait de grands yeux très expressifs, qui brillaient quand il était heureux ; quand il était triste, son visage virait au rouge et des larmes lui coulaient le long des joues. Il répondait aux questions en ouvrant la bouche et en poussant des soupirs. Les sœurs apprirent à grand-peine à déchiffrer son « langage ». Elles comprirent peu à peu quand il voulait s'asseoir ou s'étendre, être emmené aux toilettes ou déposé dans son fauteuil roulant. Elles savaient quand il était gai, et pouvaient empêcher ses larmes dans le cas contraire. Pour elles, il était tout naturel de lui accorder autant de soins qu'aux nouveau-nés dont elles avaient la garde.

Au fil des années, j'ai eu l'occasion de voir grandir Bapi. Je l'ai vu pour la première fois alors qu'il avait huit ans : c'était un enfant au très beau visage, avec de longs cils noirs. Une sœur le nourrissait avec minutie : quand, une demi-heure plus tard, je quittai la pièce, le cérémonial se poursuivait encore. Je le revis près de deux ans plus tard. Ce matin-là, il avait entrepris de « parler » aux sœurs, et son corps tout entier était si violemment convulsé que je craignis qu'il ne tombe de son fauteuil roulant. J'appris que sa mère avait cessé de lui rendre visite : les sœurs pensaient qu'elle était morte. Par la suite, je le vis deux ou trois fois chaque année. La dernière fois, il venait d'avoir quatorze ans et, comme toujours, il était en haut, dans les chambres où les sœurs veillent en permanence sur les enfants malades ou les prématurés.

En octobre 1991, comme j'étais venu au Nirmala Shishu Bhawan pour prendre des photos, je ne le trouvai pas. On m'apprit qu'il était mort. Il avait attrapé la fièvre, s'était mis à tousser et à refuser toute nourriture : c'est avec la plus grande difficulté que les sœurs arrivaient à lui faire boire un peu de lait. Les médecins veillant sur lui finirent par abandonner tout espoir et, le 28 juillet au matin, Bapi mourut. Très tristes, les sœurs me montrèrent divers clichés de lui, pris au fil des années. Le dernier datait de peu après sa mort : son corps avait été emmené à Kalighat pour y être incinéré. Il le montrait couvert de guirlandes de soucis, et entouré des sœurs et des enfants du Nirmala Shishu Bhawan.

L'endroit a eu, lui aussi, sa part de chagrins. Pourtant, il n'est pas triste du tout. Bien au contraire, il est plein d'enfants très gais qui jouent, il y a sur les murs des affiches aux couleurs vives, et le sol est littéralement jonché de jouets. Les rires y résonnent en permanence. En règle générale, on y trouve une ou deux sœurs, assistées de novices et d'un ensemble de volontaires, pour diriger l'établissement. Les enfants, comme on peut s'y attendre, réagissent différemment à l'arrivée de visiteurs : certains ne vous jettent pas un regard, d'autres courent se cacher derrière la jupe ou le sari le plus proche, certains s'avancent pour être présentés à « l'oncle », se faire prendre en photo ou se serrer dans vos bras. Contrairement à la grande majorité des établissements de Mère Teresa, qui sont généralement spartiates, les Shishu Bhawan paraissent presque luxueux. Peut-être était-ce pour elle un moyen de compenser l'amour dont ces enfants ont été privés.

« Shishu Bhawan » est le terme qui désigne les nombreux foyers pour enfants créés en Inde par les Missionnaires de la charité. Ils sont généralement installés non loin de leurs couvents, les enfants prématurés ou malades réclamant des soins constants. Le nombre de pupilles de chaque établissement est fonction de son agencement et de ses dimensions : cela va de vingt à deux cents, des nouveau-nés aux enfants de sept ans. À Delhi, par exemple, il y a deux Shishu Bhawan. Le plus ancien est un petit bungalow, qui peut accueillir environ cinquante lits. Le plus récent, qu'un industriel a fait bâtir spécialement pour Mère Teresa il y a quelques années, compte près de soixante enfants. Dans certains centres, et quand la place le permet, les sœurs ont établi une sorte d'école maternelle. Mais dans la plupart d'entre eux, les enfants sont envoyés à l'école la plus proche. Les Missionnaires de la charité assument tous les frais, des uniformes aux livres.

Mère Teresa s'efforça tout particulièrement d'établir un Shishu Bhawan dans chacun des centres qu'elle destinait aux lépreux. Dans celui de Shantinagar, dans le Bengale occidental, la sœur Albert encourage les parents atteints de la lèpre à rendre visite à leurs enfants aussi souvent que possible, tout en les dissuadant de les embrasser. Comme je lui faisais remarquer qu'une telle séparation peut avoir des effets traumatisants, surtout si le traitement est long, Mère Teresa me raconta l'histoire d'une femme qui vivait près de Shantinagar. Un jour, elle remarqua sur le dos de son enfant une petite tache révélatrice. Elle fut tant effrayée qu'elle fit près de cinq kilomètres pour l'emmener au centre de traitement de la lèpre. Cela n'aurait rien eu de surprenant si elle-même n'avait été gravement atteinte par la maladie : ses pieds n'étaient plus que des moignons. « Quand on diagnostiqua la lèpre, elle supplia que l'enfant soit admis au Shishu Bhawan. Elle y venait chaque jour. Parfois elle tendait les bras vers lui, désireuse de le serrer, de l'embrasser. Puis ses mains retombaient. Je ne pourrai jamais oublier l'amour de cette mère pour son enfant », dit-elle.

Et pourtant, ce sont les tragiques existences de Bapi et de Gita qui vous restent gravées dans la mémoire. Gita était une enfant qui avait oublié de sourire. Je l'avais vue dans son berceau du Shishu Bhawan de Shantinagar – et cependant elle avait déjà près de trois ans. Les autres enfants marchaient d'un pas hésitant ou jouaient, mais elle gardait le visage tourné contre le mur et, tout le temps que je restai là, en compagnie de sœur Albert, elle refusa obstinément de regarder dans notre direction. Mon interlocutrice m'expliqua pourquoi. Quelques années auparavant, il y avait eu un terrible incendie dans la ville voisine de

Dunka. Plusieurs personnes étaient mortes, dont les parents de la fillette. Gita fut sauvée par les pompiers et conduite en toute hâte à l'hôpital, où pendant des semaines elle demeura entre la vie et la mort. Elle survécut, mais son visage n'était plus qu'une plaie. Personne n'ayant pu localiser de parent, fût-il lointain, les responsables de l'hôpital, ne pouvant plus la garder, la confièrent aux Missionnaires de la charité de Shantinagar. Il fallut l'opérer pour qu'elle puisse ouvrir la bouche et se servir un peu mieux de ses doigts. Les médecins promirent d'opérer gratuitement, mais avertirent que pour permettre à l'enfant de recouvrer un jour une apparence normale, il faudrait recourir à la chirurgie esthétique. « Gita est à ce point traumatisée qu'elle ne peut supporter la douleur, quelle qu'elle soit, dit sœur Albert. Cela durera longtemps, et il nous faut attendre. Il faut d'abord l'aider à surmonter la souffrance qui est dans son cœur. »

De nombreux nouveau-nés sont incapables de survivre : naissance prématurée, séquelles de tentative d'avortement, crise de « manque » de leurs mères droguées. On les amène très souvent aux sœurs alors qu'ils vont mourir. On a souvent demandé à Mère Teresa s'il était vraiment utile de consacrer du temps et des ressources à des enfants qui périront immanquablement dans l'heure qui suit. « Je ne comprends pas ! s'écriait-elle avec indignation. Même si un enfant doit mourir dans quelques minutes, il ne doit pas périr seul et sans soins. Même un nouveau-né est capable de ressentir la chaleur humaine. C'est pourquoi un enfant qui meurt doit être aimé et réconforté. » Et d'ajouter : « Il y a une histoire qu'on raconte à Calcutta : "Mère Teresa parle de planning familial, mais elle ne doit pas y recourir, car chaque jour elle a davantage d'enfants !" Tout le monde ici sait que je suis prête à les accueillir tous. J'ai souvent dit : "S'il y a un bébé dont personne ne veut, ne le laissez pas mourir. Donnez-le-moi." »

Dans chaque ville, les Missionnaires de la charité envoient périodiquement des lettres aux cliniques et aux établissements de soins, les prévenant qu'elles accueilleront tous les enfants, même s'il s'agit de handicapés ou de prématurés. En dépit de tels appels, et de l'assurance qu'on ne posera pas de questions, les cliniques où l'on pratique des avortements ne sont pas toujours disposées à collaborer. Partout où c'est possible, les sœurs accueillent les jeunes femmes enceintes et sans ressources dans leurs centres, où elles travaillent jusqu'à leur accouchement. Une fois l'enfant né, si elles ne peuvent convaincre la mère de s'en occuper, ou si les circonstances ne le lui permettent pas, les missionnaires de la charité choisissent de le recueillir. Mais c'est vraiment en dernier recours, car, comme le disait Mère Teresa : « Je ne peux lui donner l'amour que donnerait une vraie mère. Mais jamais, au grand jamais, je n'ai refusé un seul enfant. Pas un seul. Chacun est précieux. Chacun est créé par Dieu. »

Toutefois, si elle se déclarait prête à accueillir tous les bébés dont on ne veut pas, il est clair que c'est là tâche impossible. Les Shishu Bhawan semblent déjà aux limites de leurs possibilités. Cependant, le nombre d'adoptions va croissant en Inde. Les garçons trop âgés sont envoyés dans des foyers gérés par les frères ; on les y éduque, on leur y apprend un métier, on les y aide à trouver un emploi. « Si un enfant n'est pas adopté, disait Mère Teresa, ou s'il s'agit d'un frère et d'une sœur qui ne doivent pas être séparés, en règle générale nous trouvons un parrain qui paie les frais de son éducation. Nous avons, en Inde et ailleurs, des milliers d'enfants dans ce cas. »

Dans l'ensemble, ils réussissent remarquablement bien. Nombreux sont ceux qui entrent à l'université. On trouve des époux aux filles qui sont moins douées pour les études. Mère Teresa était suffisamment pragmatique pour donner à chacune un petit trousseau : des saris, quelques ustensiles, des meubles et un peu d'argent placé sur un compte en banque ouvert à leur nom. Comment les marier si elles ne suivaient pas ces coutumes hindoues ? Elle n'était peut-être pas une intellectuelle, mais personne ne pourra l'accuser d'avoir manqué d'esprit pratique.

De très nombreuses jeunes filles sorties des Shishu Bhawan sont désormais d'heureuses mères de famille. Celles qui vivent à Calcutta viennent fréquemment rendre visite à la Maison mère, surtout lors des fêtes. D'ordinaire, Mère Teresa était là pour accueillir et bénir les familles. Souvent, ses anciennes pensionnaires ne savaient laquelle des nombreuses sœurs présentes elles devaient serrer dans leurs bras en premier. Une des plaisanteries favorites des Missionnaires de la charité est que tout garçon qui veut épouser une de leurs protégées ferait mieux de prendre garde : il a toutes les chances d'hériter en même temps de plusieurs dizaines de belles-mères !

L'opinion de Mère Teresa sur l'avortement et la stérilisation avait de nombreux détracteurs. Des spécialistes en sciences sociales lui faisaient vertement remarquer que plusieurs des pays où elle agissait connaissent d'énormes problèmes de natalité qui avaient peu de chances de disparaître si elle se contentait d'offrir de recueillir tous les enfants non désirés. Les programmes de santé et de planning familial font partie intégrante du développement, et la plupart de ces pays disposent des structures nécessaires aux interruptions de grossesse et aux stérilisations. Nombreux sont ceux qui font valoir que Mère Teresa aurait dû mettre sa considérable influence au service du contrôle des naissances. À cela, elle répondait fermement qu'elle était partisane du « planning familial naturel », qui repose sur l'abstinence des couples, et requiert la maîtrise de soi. Elle était convaincue que cette méthode implique « un amour et un respect mutuel », et qu'au fil des années, elle avait réussi à éviter des milliers de naissances. Il est intéressant de noter, de ce point de vue, que le rapport annuel de 1989 décompte soixante-neuf centres de planning familial naturel. Certains font toutefois remarquer que la méthode est fort aléatoire, car elle implique une maîtrise du cycle menstruel. Bien qu'elles reçoivent des instructions claires, ainsi qu'une sorte de collier de perles aux couleurs différentes pour les aider à déterminer la période « sûre », les femmes oublient fréquemment. Pour chaque naissance évitée, il faut sans doute en compter plusieurs qui ont bel et bien lieu, en raison d'une mauvaise compréhension de la méthode ou de difficultés à s'y plier, sans compter que le procédé n'est pas toujours fiable, même quand on le suit rigoureusement. D'autre part, pour ceux qui vivent dans des conditions de grande pauvreté, la sexualité constitue un des rares plaisirs qui ne soient pas inaccessibles.

Bien entendu, on ne peut s'attendre à ce que le planning familial naturel s'applique aux mères célibataires, ou à celles contraintes de se prostituer. Mère Teresa n'avait pas non plus de solution très convaincante à apporter aux filles mères qui subissent les pressions de la majorité des familles indiennes, comme dans la plupart des sociétés traditionnelles. Leurs enfants, en effet, couvrent de honte, non seulement leurs familles, mais aussi tout le village ou toute la communauté.

Dans la plupart des grandes villes d'Asie, d'Afrique ou d'Amérique du sud, il n'est ni facile, ni bon marché d'avorter. Pourtant, les familles qui doivent faire face à cette situation trouvent souvent le moyen de se débarrasser d'un enfant non désiré. Les plus riches peuvent toujours envoyer leur fille donner le jour ailleurs, sous un prétexte quelconque, pour confier ensuite le bébé à une organisation telle que les Missionnaires de la charité, qui se chargera de lui trouver des parents adoptifs. Dans la plupart des cas, cependant, les malheureuses mères se retrouvent dans des « cliniques » d'avortement, souvent à deux ou trois par lit, dans des conditions sanitaires déplorables. Les infections sont fréquentes et provoquent parfois la mort des jeunes femmes, sans que la famille, déjà accablée de honte et de culpabilité, ose protester.

Rien de tout cela ne dissuadait Mère Teresa. Elle croyait fermement à la doctrine de l'Église catholique sur le contrôle des naissances, et abhorrait le terme même d'avortement. En d'innombrables occasions, notamment lors de ses visites aux États-

Unis et en Europe, elle l'a souvent condamné. Dans le discours prononcé à Oslo, lors de la remise de son prix Nobel, elle s'est déclarée persuadée que le plus grand destructeur de la paix n'est pas la guerre, mais l'avortement. C'est « une guerre directe », un meurtre commis par la mère elle-même : « Bien des gens se soucient des enfants indiens ou africains qui meurent de malnutrition ou de faim, mais des millions d'autres meurent par la volonté délibérée de leur mère. Si une femme a le droit de tuer son propre enfant, où allons-nous ? »

Au cours des célébrations marquant le quarantième anniversaire de l'ONU, la projection en avant-première d'un documentaire sur Mère Teresa fut un véritable événement. Le film une fois projeté, elle prononça un bref discours, évoquant l'amour, le partage et la nécessité de redonner place à la prière dans nos vies. Elle déclara aussi, devant cette assemblée choisie, composée de célébrités et de hauts fonctionnaires : « Nous avons peur de la guerre nucléaire ; nous avons peur de cette terrible maladie, le sida ; mais nous n'avons pas peur de tuer un enfant innocent. Je pense qu'aujourd'hui, l'avortement est devenu le plus grand destructeur de la paix. »

De telles opinions mettaient mal à l'aise nombre de ses auditeurs. D'autres les trouvaient incongrues, car beaucoup de pays où Mère Teresa agissait souffrent d'une grave surpopulation, et une part importante de leurs habitants vit dans des conditions absolument inacceptables. Il est donc inévitable que certains en viennent à la conclusion que cette femme merveilleuse ignorait parfois bien des réalités. D'autres font remarquer que même les saints doivent se voir pardonner une excentricité ou deux…

Mère Teresa, bien entendu, n'ignorait nullement que les États, la presse et l'intelligentsia, dans leur grande majorité, ne partageaient pas ses opinions sur le sujet. Elle savait également que d'autres religions ne condamnent pas toujours fermement l'avortement, que de nombreuses organisations catholiques n'étaient pas d'accord avec elle. Les sondages menés en Europe comme aux États-Unis ont plus d'une fois montré que les catholiques sont, majoritairement, favorables à la contraception et à l'avortement dans bien des circonstances. Rien de tout cela n'a pu l'amener à modifier son point de vue d'un iota. Elle m'a souvent répété: «J'ai le sentiment que les pays les plus pauvres sont ceux qui doivent tuer les enfants à naître. Ils ont peur de devoir nourrir un enfant de plus, plutôt que de s'accorder quelques plaisirs de plus.»

En Inde, il ne se passe pas un jour sans que les Missionnaires de la charité ne se voient confier plusieurs enfants. «Souvent, dit une sœur du Nirmala Shishu Bhawan, c'est la police qui les amène. De temps à autre, un hôpital ou une clinique nous téléphone, en nous demandant de venir en prendre un. Il y a eu un temps, mais c'est moins fréquent aujourd'hui, où nous en trouvions abandonnés dans les rues. Parfois, on en laisse un à notre porte. Généralement, il est gravement handicapé, physiquement ou mentalement.» Mère Teresa ajouta: «C'est un miracle; chaque jour, une ou deux familles, même de haute caste, viennent adopter un enfant. Selon la loi, il devient leur héritier légal, et peut hériter de leurs biens.»

Les attitudes envers l'adoption ont changé. Comme le dit en riant sœur Marjorie : « Il y a quelques années, les gens ne voulaient que des garçons et se montraient difficiles : peau claire, joli nez... Aujourd'hui, ils sont de plus en plus disposés à accepter des enfants qu'ils n'ont pratiquement jamais vus, et même des filles. Autrefois, il arrivait aussi que des couples s'arrangent pour qu'un de nos nouveau-nés soit envoyé discrètement dans une maison de soins, que l'épouse quitterait quelques jours plus tard après son "accouchement". Maintenant, ils sont plus ouverts. » En Inde, la préférence qu'on témoigne aux garçons vient largement de ce que la société traditionnelle a toujours considéré les filles comme *paraya dhan* (la richesse de quelqu'un d'autre), puisqu'elles se marient et vont vivre dans une autre famille. Les classes moyennes commencent à les accepter plus facilement ; mais les enfants physiquement handicapés demeurent difficiles à placer. Comme le dit la sœur : « C'est dû en partie au fait que nous n'avons pas encore les moyens de leur venir en aide. Mais cela viendra bientôt. »

Faire adopter des enfants par des couples installés à l'étranger est une pratique qui a toujours connu des critiques. Les journaux du monde entier publient régulièrement des articles racontant l'histoire d'enfants qui se sont enfuis, et ce n'est pas toujours pure exagération. Il y a toujours des gens riches prêts à dépenser des sommes énormes pour des bébés « parfaits » (comprenez : blancs et non handicapés). L'Amérique du sud a toujours été un terrain de chasse privilégié des trafiquants. La demande en ce domaine est si forte que les organismes qui gèrent les adoptions ont du mal à la satisfaire, même partiellement. Il n'est pas étonnant qu'on s'indigne en apprenant, comme cela se produit parfois, que des nouveau-nés ont été kidnappés dans des hôpitaux. Ce qui provoque par ailleurs un ralentissement, ou même une remise en cause de la politique d'adoption à l'étranger.

En ce domaine, Mère Teresa a parfois été amenée à renoncer, suite à certains articles de presse. L'une des rares occasions où je la vis folle d'angoisse fut causée par une histoire à sensation publiée par un journal : des enfants handicapés du tiers monde étaient envoyés dans un certain pays d'Europe, officiellement pour y être adoptés, mais servaient en fait de cobayes à la recherche médicale. La mère en fut si accablée qu'elle prit le premier avion pour New Delhi. Je la conduisis à l'ambassade du pays dont il avait été question ; l'ambassadeur la reçut aussitôt, et vit à quel point elle était inquiète. Une lettre fut envoyée au rédacteur en chef du journal, l'informant que son article était à la fois scandaleux et diffamatoire. Des excuses furent faites, mais il fallut à Mère Teresa beaucoup de temps pour s'en remettre.

Selon l'une des sœurs, « les Français, les Suisses et les Canadiens sont particulièrement généreux. Ils sont tout à fait prêts à prendre des bébés qui ont la poliomyélite ou souffrent de thalassémie. Peu leur importe qu'ils soient beaux ou non. Certaines familles, qui ont déjà leurs propres enfants, n'hésitent pas à faire cette démarche. Si jamais vous allez en Europe ou en Amérique, vous pourrez leur rendre visite. Je suis sûre qu'elles accepteront de vous rencontrer. Vous trouverez cela très intéressant. »

Quelque temps plus tard, lors d'un séjour en Suisse, je saisis l'occasion. Une heureuse coïncidence avait voulu que j'écrive à un organisme d'adoption qui, depuis des années, travaillait étroitement avec les Missionnaires de la charité. Jo Millar, qui vivait à l'époque à Genève, était la fondatrice du Service d'adoption Diwali. Elle m'aida à arranger une visite dans des familles qui vivaient aux environs.

Nous nous rencontrâmes dans la cafétéria de l'une des nombreuses agences internationales des Nations unies qui ont élu domicile à Genève. « À propos, me dit Jo, j'ai un fils qui travaille ici comme chef cuisinier. Peut-être aimeriez-vous le voir. » Quelques minutes plus tard, il fit son apparition : elle avait négligé de me dire qu'il était d'origine indienne. Ce fut pour moi l'occasion d'apprendre que les Millar, déjà parents de quatre enfants, l'avaient adopté alors qu'il avait neuf ans. Deux ans plus tôt, le père de Babloo, porteur à la gare de Siliguri, ville située à près de cinq cents kilomètres de Calcutta, était mort de tuberculose. Quand les sœurs du lieu recueillirent l'enfant, il était si faible qu'il ne pouvait même pas s'asseoir dans son lit : aujourd'hui, il est membre de l'équipe de football locale. Ses parents d'adoption l'ont encouragé, il y a deux ans, à retourner à Siliguri, afin qu'il garde le sentiment de ses racines indiennes, bien que Babloo soit désormais citoyen suisse et ait acquis une identité européenne.

Jo Millar n'a rien d'une missionnaire, mais le zèle avec lequel elle place des enfants handicapés dans des familles aimantes, choisies avec soin, fait d'elle une excellente représentante de Mère Teresa en Suisse. «Il faut que la famille me paraisse extrêmement sympathique avant que je lui propose un enfant. Parfois, j'en essaie cinquante avant de savoir que j'ai trouvé la bonne», dit-elle. Ce qui explique sans doute que la quasi-totalité des orphelins qu'elle place connaissent désormais une existence parfaitement heureuse. Cela m'aurait paru difficile à croire, si je ne l'avais pas constaté moi-même. Les sœurs de Calcutta m'avaient donné une liste de familles dans laquelle, faute de temps, je fis des choix, au hasard, parmi celles vivant aux alentours de Genève. Mes recherches me permirent d'apprendre que tout ne se passait pas toujours aussi bien, mais fort heureusement ces cas sont rares.

Le lendemain matin, je me retrouvais chez les Rudaz, dans un village voisin. Olivier, âgé de trente-huit ans, travaille dans une société informatique, et sa femme Marguerite a renoncé à son emploi pour s'occuper de la famille. Le couple vit dans une petite maison pleine de soleil, de jouets et d'enfants. Ils auraient pu en avoir à eux, pourquoi en adopter? À cela Marguerite répond: «Le sang est universel. Il y a beaucoup de pauvres dans le monde, cela seul est une injustice. Avoir mes propres enfants serait un acte égoïste.»

Les Rudaz adoptèrent d'abord une fillette yougoslave. Puis ils entendirent parler de Daddu, un petit garçon de quatre ans. On l'avait trouvé dans les rues de Raipur, une ville du centre de l'Inde, et envoyé aux sœurs. Daddu était atteint de poliomyélite, qui affectait ses jambes et, moins sévèrement, ses bras. Jo Millar leur montra des photos de l'enfant, ainsi qu'un rapport médical du Nirmala Shishu Bhawan, qui précisait clairement qu'il avait peu de chances de pouvoir marcher un jour. Les Rudaz décidèrent de l'adopter. Jo Millar s'occupa des longues formalités en Inde et, quelques mois plus tard, amena Daddu à Genève, où le couple l'attendait à l'aéroport.

« Dès son arrivée, dit Olivier, il s'est intéressé à tout ce qui l'entourait, en particulier aux voitures, et ne cessait de répéter *gari, gari* [« auto » en hindi] chaque fois qu'il en passait une. » Marguerite ajoute : « Il a été opéré peu après son arrivée, et il est resté deux mois dans le plâtre. Les médecins ont été surpris de la rapidité de ses progrès ; au début, ils avaient dit qu'il serait toujours condamné au fauteuil roulant. Mais aujourd'hui ils sont persuadés qu'il parviendra à marcher avec des béquilles.

« C'est un petit garçon très intelligent, dit Olivier en caressant les cheveux de l'enfant. Il adore l'école. Savez-vous qu'il s'est mis au français en deux mois ? »

Comme si deux enfants ne leur suffisaient pas, les Rudaz adoptèrent ensuite Alexis, un garçonnet de trois ans atteint de poliomyélite, et Camille, une jolie petite fille atteinte de thalassémie. Les médecins ne lui donnaient qu'un an à vivre mais, quatre ans après son arrivée – elle en avait désormais cinq –, elle était enfin en bonne santé. Les spécialistes expliquent qu'elle a triomphé du sang de sa mère. À voir les Rudaz et leurs enfants adoptifs, j'eus l'impression d'avoir affaire à une famille parfaite. Je leur demandai quels étaient leurs rapports avec la religion. Marguerite sourit : « Je ne suis pas quelqu'un de très religieux, et Olivier non plus. Nous allons rarement à l'église. »

Les familles qui ont adopté des enfants indiens handicapés, essentiellement par l'intermédiaire des foyers de Mère Teresa, se donnent le nom de Diwali. C'est, en Inde, la traditionnelle « fête des lumières », célébrée jusque dans les foyers les plus modestes, pour commémorer le retour triomphant de Rama dans son royaume, après douze ans d'exil.

Dans cette tradition, je fus chaleureusement accueilli dans une petite maison de Lausanne. Sur la table du salon, une lampe Diwali, allumée en signe de bienvenue. Le couple d'âge mûr qui vivait là – ils ont demandé à rester anonymes – avait décidé d'adopter un enfant. Puis ils eurent deux filles. Pourtant, l'idée ne les quittait pas. Ils ne tardèrent pas à découvrir que le choix du pays d'origine était vaste : Chili, Colombie, Inde... C'est alors qu'ils entendirent parler d'une famille Diwali à laquelle ils rendirent visite – ce qui les mena à Jo Millar. « Nous lui avons posé beaucoup de questions. Nous avons aussi beaucoup pensé aux enfants malades. Finalement, nous nous sommes sentis prêts. »

L'enfant qu'ils choisirent n'avait que six mois à vivre, sauf s'il pouvait recevoir des transfusions sanguines toutes les trois semaines : c'était un bébé thalassémique qui avait constamment besoin de Desféral, ce médicament qui réduit le fer en excès dans le sang. Leur médecin les mit en garde : il ne fallait pas qu'ils s'attachent trop à leur protégé. Il avait même dit : « Il n'est pas éternel. » C'était il y a plusieurs années... Aujourd'hui, on a bon espoir que l'enfant aura une durée de vie normale.

La famille dut faire des sacrifices. Le père adoptif était chauffeur et gagnait bien sa vie, mais pas assez pour des soins médicaux coûteux. «Nous n'avions pas d'argent de côté, alors nous avons vendu notre voiture. De telles choses n'ont pas d'importance – moins que la vie, en tout cas. Ce que les enfants nous apportent, à ma femme et à moi, ne peut être comparé à quoi que ce soit de matériel.» Puis, après un silence: «Certains pensent que nous sommes un peu fous. Je leur réponds que les enfants sont un investissement.»

Mère Teresa se souvenait de Prince avec une affection toute particulière. Il avait un an et demi quand on l'envoya dans la famille Ballestraz, qui vit à Sierre, dans les montagnes suisses. Le père est spécialiste des problèmes des handicapés. Prince n'a ni jambes ni hanches, et ses mains sont tournées vers l'arrière. Dans cette famille exceptionnelle où vivent de nombreux enfants handicapés, cela n'avait aucune importance. L'essentiel était sa beauté, sa sérénité et sa personnalité très vivante. Ce fut un plaisir de le voir faire quelques pas hésitants, puis manœuvrer adroitement pour monter l'escalier en spirale menant à sa chambre. Récemment, des spécialistes ont fixé en bas de son torse une sorte de «coupe» en caoutchouc, elle-même placée sur des jambes artificielles. Ce n'était encore qu'une expérience, mais Prince fut ravi de les essayer, et de poser pour des photos que je pris de lui. Il pouvait aussi se déplacer dans un fauteuil roulant électrique, conçu de façon à ressembler à une voiture d'enfant. On me dit que bientôt il serait en mesure de se rendre seul à l'école.

Prince est le sixième membre de la famille. Les Ballestraz, après avoir eu trois enfants, avaient encore assez de place pour aménager quelques chambres supplémentaires. Ils se rendirent à une agence d'adoption, qui leur montra des albums de photos à partir desquels ils pourraient faire leur choix, mais ils eurent l'impression de consulter un catalogue de vente par correspondance : ils étaient écœurés. C'est alors qu'ils entendirent parler de Diwali. Sabita, une petite fille de deux ans affligée de problèmes psychologiques, fut accueillie la première. Vint ensuite Maya, sept ans, originaire du Népal. Les sœurs de Calcutta l'avaient arrachée à une existence hasardeuse dans les rues de la ville. Au Shishu Bhawan, elle était inséparable de Sabita, et s'occupait d'elle comme une sœur aînée aurait pu le faire. Les sœurs conseillèrent donc à Jo Millar de les faire adopter ensemble. Les Ballestraz acceptèrent de les prendre toutes deux ; mais un magistrat de Calcutta, jugeant que les documents relatifs à Maya étaient incomplets, ne permit pas qu'elle parte en même temps que Sabita. Il fallut six mois de plus pour qu'il se déclare satisfait, et que les fillettes soient, enfin, considérées comme des sœurs.

Il y eut ensuite Sarjan, petit garçon presque aveugle quand il arriva, puis Sapna, sans doute victime de la thalidomide. La famille Ballestraz était enfin complète – du moins c'est ce que les parents crurent jusqu'à ce qu'ils entendent parler de Prem Kumari. Cette jolie fillette de treize ans avait été découverte, quelques années plus tôt, dans une ville des montagnes du nord-est de l'Inde. Elle n'avait ni bras ni jambes mais, contrairement à Sapna, ce n'était pas de naissance. Il se murmure qu'on l'avait amputée – pratique hideuse qui a pour but de provoquer la pitié des passants… Quand les Ballestraz apprirent son histoire, ils furent persuadés qu'il leur fallait adopter cette enfant, bien qu'elle eût alors déjà presque dix ans. Comme le dit sa mère adoptive : « Cela m'est venu comme un appel. Quand j'ai entendu parler de cette enfant, j'ai senti que notre foyer devait être le sien. »

Mère Teresa me parla de Rani, qui vivait non loin de Sierre. Les Machoud étaient très accueillants : outre la fillette, ils avaient adopté six enfants ! Les deux premiers furent deux petits cambodgiens. Puis vinrent Raj et Suraj, deux demi-frères âgés de cinq et sept ans, venus de Darjeeling. Comme il y avait quatre garçons dans la maison, les Machoud désirèrent adopter une fille : ils poussèrent jusqu'à trois ! Il y eut d'abord Gita, fillette de six ans dont personne ne semblait vouloir, parce qu'elle était toujours repliée sur elle-même et d'humeur très sombre. La dernière à arriver fut Bindu, âgée de trois ans, sourde et muette, que les sœurs avaient trouvée abandonnée à Delhi. Mme Machoud précise : « Elle était dans un état épouvantable quand elle est arrivée ; si elle avait faim, froid, ou besoin de quelque chose, elle ne pouvait le dire. Il fallait des heures pour l'habiller ou la nourrir. Elle a fait bien du chemin depuis. »

Il est clair, pourtant, que Rani est le rayon de soleil des Machoud. Elle aussi est sourde. Découverte, tout bébé, à Darjeeling, elle a désormais dix ans, mais ne paraît guère en avoir plus de six. Les médecins disent que sa taille ne dépassera jamais un mètre. Mais cela n'a aucune importance : elle est dans une famille aimante. À voir cette enfant souriante, à entendre résonner son rire dans la maison, il est évident que sa présence enrichit la vie des Machoud.

Au début, Mère Teresa accompagnait elle-même les enfants adoptés à l'étranger. Mais voyager coûte cher et, toujours économe, elle n'aimait guère devoir payer son propre billet. Il n'y a pas très longtemps, comme nous étions dans le même avion, je lui ai demandé comment elle avait réussi à convaincre les lignes aériennes de lui accorder un droit de passage gratuit et permanent. Elle eut un petit rire ravi :

« Comme le travail se faisait de plus en plus important, j'ai écrit à bien des reprises à l'État indien, en lui demandant de nous permettre de voyager gratuitement, une sœur et moi. Pour finir, j'ai proposé de faire l'hôtesse de l'air pour payer ma place, et cette fois, j'ai reçu une réponse immédiate. Air India a accepté de me donner un laissez-passer, Indian Airlines m'en a offert deux, et par la suite Alitalia, Pan Am et Ethiopan Airlines ont fait de même », dit-elle en battant des paupières.

Imaginer Mère Teresa en hôtesse de l'air est une pensée absolument délectable, mais il était préférable pour elle de voyager en simple passagère : faute de quoi, je peux témoigner que ses services se seraient vraisemblablement bornés à signer des autographes pendant tout le trajet !

C'est très peu de temps après l'avoir rencontrée que je découvris quel impact elle pouvait avoir. Je ne l'avais pas vue depuis plusieurs mois, car elle était partie à l'étranger pour une longue visite. Un jour, j'appris qu'elle devait arriver de Rome le soir même. Ne sachant trop combien de temps elle resterait à Delhi, je décidai d'aller la retrouver à l'aéroport. Le vol d'Air India fut annoncé avec un quart d'heure de retard, et quand Mère Teresa arriva au terminal, il était déjà 19 h 30.

« Je suis heureuse que vous soyez venu, me dit-elle en souriant. Il faut que vous fassiez en sorte que j'attrape l'avion de Calcutta ce soir même ! »

Cela ne me paraissait pas possible ; je lui fis remarquer qu'il partait d'un autre endroit de l'aéroport, à 20 heures précises – alors que ses bagages n'étaient pas encore descendus de son avion. J'étais encore peu familier de ce phénomène qu'on appelait Mère Teresa, et n'avais pas compté avec sa détermination. Quoi qu'il en soit, ce qu'elle dit suffit à me faire taire : « Il y a un enfant qui meurt au Shishu Bhawan de Calcutta. J'ai dans mes bagages un médicament expérimental qui pourrait lui sauver la vie. Il faut que vous m'aidiez à prendre l'avion », dit-elle d'une voix douce. Sortant un rosaire de son vieux sac de toile, elle se mit à prier. La voir ainsi me mit considérablement mal à l'aise. Il était désormais 19 h 45, et les passagers étaient déjà montés à bord de l'avion pour Calcutta.

Plusieurs personnes, sachant que Mère Teresa était là, vinrent la voir – pour un autographe, une bénédiction, ou simplement pour être près d'elle. Et pendant ce temps, sans que je le sache, la rumeur s'était répandue qu'à Calcutta se mourait un enfant qui avait désespérément besoin d'elle. J'appris plus tard que tout le personnel de l'aéroport, des dirigeants aux plus humbles porteurs, avait couru en tous sens pour faire quelque chose. Les bagages de Mère Teresa – six boîtes en carton, dont l'une contenait ses effets personnels, et les autres des médicaments – apparurent brusquement sur le tapis roulant. Quelqu'un surgi de nulle part glissa un billet d'accès dans sa main. La tour de contrôle, de son côté, avait discuté avec le commandant de bord, qui dirigeait déjà son avion vers la piste d'envol; originaire de Calcutta, il s'était arrêté net. Les contrôleurs aériens signalèrent aux appareils en vol qu'il y aurait un petit changement. On n'attendait plus que Mère Teresa. Aurais-je l'amabilité de la conduire dans ma voiture jusqu'à la piste? Quelques minutes plus tard, une passerelle émergea de la brume, la porte de l'avion s'ouvrit et, chargée de ses cartons, elle prit place à bord.

Dix jours plus tard, elle revint à Delhi. Ma première inquiétude fut pour l'enfant du Shishu Bhawan. Son visage s'éclaira d'un sourire, et elle me dit qu'elle était arrivée à Calcutta juste à temps. Le garçonnet était sur le chemin de la guérison. « Un miracle de première classe, n'est-ce pas? » conclut-elle.

9

TITAGARH

Chacun des centres pour lépreux que j'ai visités, en Inde comme ailleurs, est l'histoire même du courage. Il en a fallu pour les créer, les organiser et les administrer; et il en a fallu, de la part des malades, qui ont souvent dû rebâtir des existences en miettes ou en commencer de nouvelles. Le Gandhiji Prem Niwas (demeure de l'Amour) de Titagarh en est un exemple.

Mère Teresa m'avait souvent parlé de l'œuvre accomplie par les frères Missionnaires de la charité dans ce faubourg industriel de Calcutta. Lors d'un de mes séjours dans cette ville, je lui demandai la permission de visiter le centre, et elle écrivit sans perdre de temps au frère Mariadas, qui le dirigeait[1]. « Allez voir, dit-elle. Nos patients sont des gens merveilleux. S'ils ont la lèpre, c'est là aussi un don de Dieu. C'est Sa façon de les rapprocher de Lui. »

Se rendre en voiture de Calcutta à Titagarh, en ce matin de février, prit près d'une heure. Je

---

1. En 2002, ce même frère dirigeait, à Los Angeles, le foyer destiné aux personnes atteintes du sida.

fus bientôt perdu dans un dédale bruyant de marchés aux légumes, de petites boutiques, d'enfants s'aspergeant joyeusement près des bornes d'incendie, de saris aux couleurs vives séchant dans le vent, de fabricants de paniers tressant des motifs compliqués. Nous dépassâmes une statue de Jawaharlal Nehru, juste à côté d'un autel consacré à Krishna, devant lequel un dévot priait, presque courbé en deux. Vint ensuite une mosquée, au dôme couvert de minuscules carrés de porcelaine, luisant sous le soleil comme une énorme perle. Bientôt nous parvînmes à hauteur de l'ancienne usine à papier, aux cheminées désormais muettes, qui avait donné au quartier son importance. Le chauffeur s'arrêta pour demander sa route : « Est-ce le chemin du centre pour lépreux ? » s'enquit-il auprès d'un groupe de passants. « Oui », répondit l'un d'eux en montrant du doigt un bâtiment peint en jaune. Et d'ajouter, en guise d'explication : « Mère Teresa. »

Le centre de Titagarh fut créé par les Missionnaires de la charité en 1958. C'est l'un de ceux qu'ils dirigent aussi en Afrique, au Moyen-Orient et en Asie. Ce n'est pas un hasard s'il porte le nom du Mahatma Gandhi, le champion de l'indépendance indienne, car il fut aussi celui des communautés défavorisées, et tout particulièrement des lépreux – près de quatre millions de personnes. La salle du centre réservée aux patients de l'extérieur, dans laquelle j'attendis quelques minutes que frère Mariadas ait le temps de me recevoir, était ornée de plusieurs affiches rappelant que le 30 janvier – jour où Gandhi tomba sous les balles d'un assassin, en 1948 – était en Inde celui de la lutte contre la lèpre. Les malades avaient exécuté au crayon plusieurs portraits du Mahatma, dont l'un le montrait soignant deux lépreux dans son *ashram* de Sewagram. Comme j'examinais tout cela, un jeune homme de petite taille, barbu, aux yeux doux, s'avança vers moi, main tendue. Le frère Mariadas me conduisit dans une pièce minuscule au sol nu, qui n'abritait qu'un bureau et deux chaises. Sur le mur, en face de moi, une photo : celle de Mère Teresa et du frère Andrew, le cofondateur de la branche des frères. En dessous, la légende suivante : « Il n'y a pas de lépreux, il n'y a que la lèpre, et elle est guérissable. »

Prem Niwas témoigne également de l'obstination de Mère Teresa. Il y a quelques années encore, l'endroit n'était qu'un amas de bâtiments de fortune apparus des deux côtés d'une grande ligne de chemin de fer. C'est là que se regroupaient des dizaines de familles de lépreux, marginalisées, abandonnées à la maladie, à la pauvreté et à la délinquance. Leur condition était si misérable que les habitants des bidonvilles « normaux » ne voulaient rien avoir de commun avec elles ; elles étaient donc repoussées aux limites de la ville, tout près d'un marais, en bordure des lignes ferroviaires. Les représentants de la loi eux-mêmes redoutaient la contagion : la police restait à l'écart et fermait les yeux sur les trafics et la distillation clandestine d'alcool, tant que les lépreux restaient entre eux. La violence était très répandue au sein de ce *bustee*, et les meurtres n'y étaient pas rares.

Les lépreux ne trouvaient personne à qui demander de l'aide. Les médecins étaient peu disposés à les traiter, et aucun hôpital qui se respectait ne voulait les accueillir. Des familles entières étaient touchées, et l'insalubrité ne faisait qu'accroître les risques de contagion. Il n'y avait personne pour expliquer à ces gens que la lèpre frappe sans prévenir. Elle attaque les nerfs en silence, et provoque des pertes de sensation dans les mains et les pieds. Les blessures, toujours fréquentes, restent indolores, mais elles dégénèrent en ulcérations et inflammations, puis, si l'on n'y remédie pas, conduisent à des difformités ou à la perte des doigts, des orteils, du nez, des sourcils.

Il était donc inévitable que certains des lépreux soient venus à Calcutta en quête de traitement. Ils y apprirent l'existence des dispensaires ambulants de Mère Teresa, dont l'un, tous les mercredis, s'efforçait de soigner les malades devant les murs du couvent d'Entally. À chaque fois, la sœur Collett, assistée par trois novices, s'occupait de plus d'une centaine de patients, distribuant gratuitement médicaments et vitamines, ainsi que de quoi manger pour ceux qui étaient sous-alimentés. Il ne fallut pas longtemps avant que plusieurs familles de Titagarh ne viennent la voir chaque semaine.

Les sœurs ne tardèrent pas à se rendre compte que nombre de leurs patients ne pouvaient se permettre à chaque fois de prendre le bus ou le train. Il leur arrivait donc de voyager sans billet, et s'ils étaient surpris par les contrôleurs, il leur fallait descendre au premier arrêt. La maladie frappait également les nouveau-nés, et il était très difficile aux mères de les amener depuis Titagarh. Les lépreux allèrent supplier Mère Teresa d'ouvrir une clinique là-bas.

Sa première visite à Titagarh la convainquit qu'il n'y avait pas d'autre alternative. En l'espace de quelques mois, elle créa une petite clinique dans un baraquement près des voies de chemin de fer. Plusieurs sœurs furent chargées de s'en occuper. Il fut vite évident que l'établissement ne permettait même pas de traiter superficiellement le problème. Il fallait, de toute urgence, faire quelque chose ; les marécages étaient infestés de serpents, les conditions de vie étaient insupportables : pas d'égouts, pas d'eau courante, pas d'électricité, et même pas de véritables toits pour protéger les habitants des pluies torrentielles de la mousson, comme des glaciales matinées d'hiver. Mère Teresa, se rendant compte que des hommes seraient mieux à même de se charger d'une tâche aussi ardue, la confia aux frères Missionnaires de la charité.

Toutefois, quand frère Christo Das et son jeune assistant, frère Mariadas, vinrent tenter d'améliorer les conditions d'existence des habitants, leurs efforts furent contrecarrés par les goondas, des chefs de bande impliqués dans toutes sortes d'activités illégales. L'endroit fut bientôt divisé entre partisans et adversaires du changement, provoquant des tensions considérables. Les frères, comme les jeunes gens qui travaillaient avec eux, se virent plus d'une fois jeter des pierres.

Ils entreprirent d'abord de bâtir un bloc de logements tout neufs. Cela prit plusieurs mois et fit naître une excitation considérable. Le temps qu'il soit achevé, toute opposition avait cessé. Les chefs de bandes disparurent, et avec eux toute trace de rancœur et de suspicion. À partir de ce moment, chacun – hommes, femmes, enfants – se joignit aux frères. Ils construisirent d'abord deux grands réservoirs au bord du marais, qu'ils comblèrent avec les déblais. Puis l'édification des principaux bâtiments commença réellement ; d'abord de nouveaux logements, puis un édifice, très long et très étroit, aux portes vertes, qui est aujourd'hui un centre de production et de réhabilitation. Suivirent un hôpital, avec des ailes séparées pour les hommes et les femmes, une cafétéria, et un ensemble de structures plus petites, jusqu'à ce que l'ensemble, parti de la gare de Titagarh, s'étende jusqu'à celle de Kardah, quinze cents mètres plus loin.

Frère Mariadas me conduisit, en longeant les voies, jusqu'au centre de réhabilitation. À l'entrée, je remarquai un panneau rappelant la part que les patients avaient prise dans la construction du bâtiment. Je l'avais bien aperçu en entrant, mais je dois confesser avoir été stupéfait de sa longueur – il semblait devoir ne jamais finir ! Des deux côtés de la grande salle, des dizaines de métiers à tisser, sur lesquels les lépreux fabriquaient des saris blancs à bordure bleue. L'année dernière, près de quatre mille vêtements de ce genre sont sortis de ce centre pour être envoyés dans tous les établissements des Missionnaires de la charité, en Inde comme ailleurs. Plusieurs femmes étaient assises sur le sol, travaillant devant leur *charkha* (équivalent indien du rouet). On me rappela qu'autrefois Gandhi lui-même avait fait du charkha un instrument de lutte contre les influences économiques étrangères, et convaincu le pays de refuser les tissus importés, très coûteux, pour porter un coton des plus simples tissé par les pauvres. Le mouvement se répandit comme une traînée de poudre, procurant des millions d'emplois, et le charkha devint le symbole de la lutte de l'Inde pour sa liberté. Les patientes, assises par terre, occupées à filer, la tête couverte de leur sari, avaient cette dignité paisible qui naît souvent d'une victoire sur la maladie ou l'adversité.

Les quartiers réservés aux familles bourdonnaient d'activité. Dans plusieurs maisons, je rencontrai des gens affligés de graves difformités, mais cela ne les empêchait nullement de filer ou d'accomplir des tâches domestiques. Je remarquai ainsi un homme âgé, qui n'avait plus de doigts et dont les bras étaient réduits à des moignons, mais qui travaillait avec adresse devant une machine à coudre, grâce à des pédales spéciales qu'il actionnait avec les pieds. Pendant ce temps, les enfants, qui revenaient juste de l'école, fondaient sur le frère Mariadas : « Frère, frère ! » s'écriaient-ils à l'unisson en le tirant par la manche. Tout en pinçant une oreille par-ci, un nez par-là, il me donna le nom de chacun d'eux, puis me présenta à plusieurs personnes, dont une vieille femme à l'abondante chevelure blanche : « Sambari était de ceux qui nous ont d'abord jeté des pierres ! Mais plus tard, elle est devenue le leader de l'équipe féminine de construction, et c'est l'un des piliers de notre communauté. » Elle me montra sa petite maison, très ordonnée, avec une immense fierté, tout comme son minuscule jardin, semé de tournesols et d'énormes dahlias pourpres. Difficile d'imaginer qu'autrefois, l'endroit n'était qu'un marécage.

Pour finir, avant de m'en aller, je demandai au frère Mariadas, non sans hésiter, à visiter la maison où vivaient les frères. Me soustrayant au plaisir de voyager à l'arrière de sa bicyclette, je réussis à le convaincre de monter dans ma voiture – ce qui était tout aussi pratique, car ils vivent à cinq kilomètres de là. Autour d'une tasse de thé qui fut la bienvenue, il me parla un peu de leur vie quotidienne.

« Nous nous levons à 4 h 30 le matin, et de 5 h 30 à 7 heures, nous méditons et prions. Un prêtre dit la messe à 6 heures. Après cela, pendant une demi-heure, nous nettoyons la maison nous-mêmes. De 8 heures à 13 heures, nous travaillons à Prem Niwas, et encore trois heures l'après-midi. Parfois nous pouvons prendre un peu de repos, mais cela dépend évidemment du nombre de patients qui se présentent ce jour-là. À 6 heures, prière du soir, puis nous soupons. Nous prions également à 20 h 30. » Je lui demandai ce qu'il possédait : comme les sœurs, qui ont deux saris et un troisième pour les « grandes occasions », les frères ont trois chemises et trois pantalons. Il me rappela qu'ils prononçaient les mêmes vœux qu'elles. Souriant – peut-être parce qu'il m'avait vu grimacer devant son lit de bois, et ses quelques affaires soigneusement rangées sur le mince matelas de coton –, il dit, citant Mère Teresa : « Pour comprendre les pauvres, il faut vivre comme eux. »

J'eus l'occasion, quelques mois plus tard, de me souvenir de cette remarque quand je décidai de visiter Shantinagar. Mère Teresa m'avait souvent parlé de cette « demeure de paix », décrivant d'une voix pleine d'enthousiasme ce centre pour les lépreux. L'endroit occupe une quinzaine d'hectares autrefois envahis par la jungle, et se trouve à la frontière de l'État voisin du Bihar. Pour y arriver, il faut d'abord faire quatre heures de train depuis Calcutta jusqu'à Asansol. Shantinagar est à vingt-cinq kilomètres de là.

« J'enverrai un frère avec vous », avait dit Mère Teresa. À ce moment était apparu en haut de l'escalier frère Mariadas, en visite. Voyant que nous nous saluions comme de vieux amis, elle lui demanda aussitôt s'il voulait m'accompagner, ce qu'il accepta avec joie.

Nous convînmes de nous retrouver, très tôt le lendemain matin, à la gare d'Howrah, le train pour Asansol devant partir à 6 h 10. Quand nous nous rencontrâmes, me rendant compte qu'il avait dû venir de Titagarh, je lui demandai où il avait passé la nuit. « À la gare ! » répondit-il en souriant. Comme c'est moi qui avais les billets, je voulus savoir comment il avait pu entrer dans la salle d'attente réservée à ceux voyageant en seconde classe, dans laquelle on trouve quelques lits. Il m'expliqua : « Mon vœu de pauvreté ne me permet pas de dépenser de l'argent pour l'hôtel, ou même pour un lit dans une salle d'attente. » De plus en plus mal à l'aise, je lui demandai ce qu'il avait fait. « J'ai dormi sur le quai. Je suis arrivé à Calcutta aux environs de minuit. Il était trop tard pour déranger les frères de notre maison d'Hoogly, alors j'ai décidé de passer la nuit à la gare. » On était en janvier et, le sol étant trop froid, il découvrit des boîtes en carton et, les rassemblant, s'improvisa un lit. Il s'endormit profondément dès que le train prit le chemin des provinces minières, tandis que je me débattais avec mes pensées.

Comme nous entrions lentement en gare d'Asansol, frère Mariadas se réveilla d'un coup et me tira de ma rêverie. Avant qu'il ait pu suggérer un moyen de locomotion exotique pour nous rendre à Shantinagar, je m'empressai d'appeler un taxi sous le prétexte de gagner du temps, car nous devions rentrer le soir même. Dans un premier temps, notre destination laissa le chauffeur perplexe. À l'issue d'une conversation qui requit l'emploi du bengali, de l'hindi, de l'anglais et de beaucoup de gesticulations, nous parvînmes enfin à nous faire comprendre. « Pourquoi ne m'avez-vous pas dit "le foyer des lépreux"? » nous demanda l'homme. Je lui demandai pourquoi le nom de Shantinagar ne lui disait rien ; après tout, au fil des années, il avait dû y emmener des gens. « Je n'y suis allé qu'une fois en dix ans, répondit-il. Quiconque est sain d'esprit n'a aucune envie de s'y rendre. »

C'est au cours de cet après-midi-là que Ramu, car tel était le nom de notre chauffeur, changea d'avis. Resté seul à s'ennuyer dans son taxi, il fut vaincu par la curiosité – et peut-être par la faim. Il refusa d'abord le repas que lui offraient les sœurs, pensant peut-être trouver une gargote dans les environs. N'en découvrant aucune, il se rendit finalement dans les cuisines, où il fut, comme nous venions de l'être, abondamment servi : riz, quelques *dâl*, un peu de salade, ainsi que du poisson pêché dans le lac voisin – et que Ramu déclara être délicieux. Il avoua que sa famille et ses amis seraient épouvantés de savoir où il était allé – et où il avait mangé : dans un centre pour lépreux ! En cet après-midi, cependant, il avait appris une leçon : la lèpre est facilement guérissable si elle est détectée assez tôt, et la contagion a cessé d'être une menace.

Les souvenirs que j'ai gardés de cette journée résonnent encore du rire joyeux de sœur Albert.

Elle m'expliqua que l'État du Bengale occidental avait, en 1961, donné une quinzaine d'hectares à Mère Teresa, avec un bail d'une durée de trente ans au loyer purement symbolique : une roupie par an. C'était un véritable cadeau de la part du Premier ministre, un des hommes politiques les plus redoutables de l'Inde, qui se trouve être communiste. Chacun sait à Calcutta qu'il est incapable de dire non à cette minuscule religieuse et à ses sœurs, parce qu'elles ne demandent jamais rien pour elles-mêmes, mais seulement pour ces réprouvés à côté desquels nous passons si souvent sans rien voir.

Comme le dit sœur Albert : « Shantinagar est un miracle. » Il est vrai que dans le vocabulaire de Mère Teresa, le terme était d'usage courant : elle et ses sœurs l'emploient plusieurs fois par jour, pour dire que les choses se sont déroulées comme elles l'espéraient. Shantinagar a réclamé également beaucoup de travail. Toujours selon sœur Albert : « En 1961, c'était une grande zone en friche, semblable à une jungle. » De surcroît, l'argent manquait pour concrétiser le rêve de Mère Teresa : un centre de traitement pour les lépreux qui serait aussi un foyer pleinement autonome.

C'est alors que se produisit un autre « miracle ». En 1965, Paul VI se rendit en Inde sur invitation du gouvernement. Pour les besoins de son séjour, un avion avait apporté une Lincoln Continental, don des catholiques américains. Il y prit place pour bénir les foules de fidèles, ainsi que pour visiter Kalighat, la Maison des mourants de Calcutta. Il fut si touché par l'œuvre accomplie par les Missionnaires de la charité qu'avant de repartir, il offrit la limousine à Mère Teresa – laquelle, toujours pleine de bon sens, se hâta de la mettre en loterie, ce qui rapporta bien plus d'argent que si elle l'avait simplement vendue. La somme fut consacrée à la construction de l'hôpital de Shantinagar. En Allemagne, des enfants collectèrent des fonds supplémentaires. Il y a quelques années, j'ai demandé à Mère Teresa comment l'idée de la tombola lui était venue. Regardant bien en face l'agnostique que je suis, et d'un ton lourd de sous-entendus, elle me répondit : « Si vous priez, vous aurez aussi des idées de ce genre. »

En 1968, sœur François-Xavier, volubile religieuse yougoslave animée d'un zèle de pionnière, et assistée par quelques jeunes sœurs, vint dompter la jungle. Ce fut une complète réussite ! Bénéficiant d'eau en abondance, grâce au barrage voisin de Mekham, Shantinagar fut bientôt plein de fleurs et d'arbrisseaux. On planta des arbres fruitiers, puis un verger entier de manguiers, ainsi que du blé et des légumes. Une grande mare fut remplie de poissons, et constitue aujourd'hui une vaste réserve de protéines dont les mal-nourris ont le plus grand besoin. Tout cela fut accompli avant l'arrivée des premiers occupants, si bien que dès le départ ils furent en mesure de se suffire à eux-mêmes.

En moins de deux ans, les principaux bâtiments furent construits ; le centre de réinsertion, les petites maisons pour les lépreux – qu'ils édifièrent eux-mêmes –, l'hôpital. L'idée de Mère Teresa fut, dès le début, que les familles devaient être aussi indépendantes que possible. Elle voulait créer une oasis où les malades atteints de la lèpre, quelle que soit leur croyance, puissent venir trouver soins et conseils médicaux, et où ils pourraient retrouver l'usage au moins partiel de leurs membres. Il était primordial de leur enseigner comment soigner leurs difformités, et de créer un lieu où les plus âgés pourraient passer leurs dernières années dans la paix et la dignité. Les nouveaux arrivants se virent apprendre à façonner des briques, puis à construire leurs habitations, selon un plan d'ensemble très simple qui avait pour but de fondre les bâtiments dans le paysage. Un Shishu Bhawan fut ensuite édifié, afin d'accueillir les enfants et de les protéger de la contagion toujours possible de leurs parents. Ce fut ensuite un petit hôpital doté d'une unité de soins chirurgicaux, et spécialisé dans la pose de prothèses. Les malades cultivèrent du riz, créèrent un petit poulailler, prirent soin du verger et se mirent à tresser des paniers. Les plus âgés du village se virent encouragés à mettre en place un système de gestion municipale, et à élire leurs dirigeants.

    Rien ne doit rester inutile, même les déjections animales. À côté des enclos où vit le bétail, un appareil les transforme en un gaz incolore et inodore qui est ensuite transmis par des tuyaux jusqu'aux cuisines et aux centres communautaires – ce qui est bien plus pratique que le gaz de ville, qu'il faudrait faire venir d'une agglomération voisine. Je ne fus pas surpris de voir des centaines de cocotiers : le lait de coco est riche en phosphore, et les fibres permettent de fabriquer des nattes grossières, mais peu coûteuses. Je vis aussi de jeunes tecks qui, dans les années à venir, serviraient à construire de nombreuses « maisons ». À la ferme, au bord du lac, dans les cuisines, bref, partout où nous allâmes, des patients, atteints ou non de difformités, étaient au travail sur des projets communautaires, avec un véritable sentiment d'appartenance.

Juste au-delà du chemin pavé de briques, qu'on appelle, de façon un peu grandiloquente, avenue du pape Paul, se trouve le dortoir des garçons. Les lits sont soigneusement faits, les murs couverts de posters. Lors de notre visite, une vingtaine de jeunes, de retour de l'école, s'accordaient un peu de détente. Un enfant d'une dizaine d'années arriva en courant vers sœur Albert. Après qu'il nous eut serré la main, et se fut trop éloigné pour entendre, elle me dit : « On a trouvé Shapur près de la voie de chemin de fer, il y a quelques années. Il était là, tout maigre, assis à côté du cadavre de son père – personne ne savait comment il était mort. Shapur a été découvert par des mécaniciens qui nous l'ont amené. » Et elle ajouta fièrement : « Il est très bon à l'école, il est toujours premier de sa classe. »

Il y avait aussi dans le dortoir un jeune homme énergique que je pris pour un frère, car il semblait s'occuper des plus jeunes. « Comment s'est passé ton cours d'informatique, Santosh ? » lui demanda sœur Albert. Ce jeune Bengali suivait des cours dans une école privée des environs. La sœur le taquina : « Tu vas bientôt gagner beaucoup d'argent, nous ferions mieux de te marier à une fille très gentille ! – Je n'ai pas l'intention de me marier, répondit Santosh, ni de partir d'ici. » Comme nous repartions visiter les maisons individuelles, la sœur me raconta l'événement cataclysmique qui venait de bouleverser l'existence du jeune homme. Les sœurs l'avaient trouvé à leur porte : il avait alors deux ans. Elles l'élevèrent, et leur amour était le seul qu'il eût jamais connu, le centre le seul foyer qu'il eût jamais eu. Deux semaines auparavant, son univers avait été mis sens dessus dessous. Un couple déformé par la lèpre était venu voir les sœurs, affirmant que Santosh était leur fils. Ils étaient venus, après toutes ces années, pour le « ramener à la maison ». Les sœurs entreprirent d'abord de vérifier qu'ils disaient bien la vérité. Cela ayant été établi sans doute possible, elles durent ensuite préparer Santosh à ce véritable raz de marée. Quand vint le temps de le mettre en présence de ses parents, il fut appelé au parloir. Et là, seize ans après, il les vit : des mendiants, presque totalement déformés par la lèpre ! Il était resté ahuri. Sœur Albert m'expliqua : « Nous essayons de faire en sorte que Santosh accepte et comprenne la tragédie qui a frappé ses parents quand ils ont été atteints par la lèpre. À l'époque, leur famille les avait chassés, il leur était impossible de trouver un emploi, et ils en avaient été réduits à mendier dans les rues. Ils ne voulaient pas exposer leur fils unique à la maladie et l'avaient abandonné ici, non par manque d'amour, mais parce qu'ils l'aimaient trop. » Les sœurs espéraient que Santosh accepterait la situation, et que ses parents et lui seraient bientôt réunis.

Puis, d'un seul coup, l'harmonie de ce paisible après-midi fut brisée par un homme de grande taille, solidement bâti, qui s'avançait vers nous d'un air menaçant, en criant et en agitant un bâton d'une main ; il avait l'autre bras dans le plâtre. « On ne me gardera pas ici contre ma volonté ! lança-t-il à une sœur non loin de nous.

Je ne suis pas un prisonnier, je veux m'en aller immédiatement ! »

Sœur Albert ne perdit rien de son calme et de son sourire : « Pourquoi ne pas rester quelques jours de plus, le temps qu'on vous enlève votre plâtre ? Alors vous pourrez partir. En tout cas, votre frère ne sera pas de retour avant mardi prochain – Mon frère ? Quel frère ? hurla l'homme. Il est mort pour moi. Je veux m'en aller tout de suite ! » La tension était grande, et pendant un instant il sembla bien que le bâton allait s'abattre sur le crâne de la sœur la plus proche. Tout parut s'arrêter durant quelques secondes. Puis sa colère le quitta. Il fit demi-tour, jeta le bâton et repartit vers l'hôpital.

Sœur Albert dit tristement : « La souffrance de Pramod est parfois trop vive pour qu'il puisse la supporter. Sa femme s'est enfuie avec un autre homme, en l'abandonnant avec leurs enfants. Il n'a pu ni oublier, ni pardonner. Son frère est un homme bon qui l'aime et prend soin de lui : c'est lui qui s'occupe des petits. Il a amené Pramod ici, pour lui faire subir une opération chirurgicale. Il retrouvera bientôt l'usage de ses doigts, mais la douleur qui est en son cœur mettra beaucoup plus de temps à guérir. »

On estime qu'aujourd'hui il y a dans le monde près de douze millions de lépreux, essentiellement en Asie, en Afrique, en Amérique du sud et au Moyen-Orient ; en Europe, elle a disparu dès le XVIe siècle, sans qu'on puisse expliquer pourquoi. À elle seule, l'Inde compte quatre millions de lépreux. Cette maladie n'est pas mortelle ; mais, des temps bibliques jusqu'à une époque récente, on ne lui connaissait aucun remède efficace, et l'on redoutait la défiguration et le rejet qui l'accompagnent.

Au cours de la dernière décennie, d'importants progrès ont été faits ; un traitement comportant plusieurs médicaments a redonné vie aux programmes d'éradication de la lèpre dans les pays où elle est endémique. Il n'est toutefois efficace que si la maladie est détectée dès les premiers stades, c'est-à-dire avant l'apparition des difformités, et il exige une surveillance étroite et régulière. Les programmes de lutte, comme les efforts individuels, ont permis la création d'hôpitaux et de centres de détection et de soins. C'est ainsi que, ces dernières années, des centaines de milliers de malades ont été guéris. L'ignorance et la pauvreté font néanmoins beaucoup de victimes, et les enfants sous-alimentés des bidonvilles sont les plus vulnérables. La lutte menée par les États n'est pas toujours efficace ; dans bien des pays on manque de fonds et de personnel qualifié. Les entreprises individuelles, souvent courageuses, ne peuvent suffire à elles seules.

Les lépreux occupaient une place toute particulière dans le monde des pauvres de Mère Teresa. Il n'y a guère de pays en voie de développement où elle n'ait créé au moins un centre qui leur est destiné. Elle préférait les ouvrir en dehors des villes, en partie parce que les municipalités voient d'un mauvais œil toute concentration de lépreux, en partie parce que ceux-ci, habitant assez loin, ont rarement l'occasion de se rendre dans les grandes agglomérations pour réclamer des remèdes.

Mère Teresa a mené, contre la honte qui s'attache à leur condition, une bataille qui n'a pas toujours été facile. Il lui a parfois fallu affronter de terribles obstacles, et subir bien des humiliations.

Il existait à Calcutta un centre de traitement contre la lèpre, le Gobra Hospital. Il avait été créé dans les faubourgs de la ville ; mais, à mesure que celle-ci s'étendait, habitants du lieu et promoteurs firent pression sur l'État pour qu'il le ferme ou le déplace : personne ne voulait de lépreux près de chez soi. Mère Teresa, à plusieurs reprises, supplia le Dr B. C. Roy, Premier ministre du Bengale occidental, de ne pas fermer l'établissement. En dépit de l'estime qu'il lui portait – certains membres de sa famille comptaient parmi les plus ardents partisans de Mère Teresa –, il passa outre. C'était le seul hôpital de ce genre à Calcutta. Sa fermeture porta un coup très dur à ceux qui ne savaient où se faire soigner. Il y eut de nouveaux incidents quand Mère Teresa essaya de créer une clinique pour eux dans un autre endroit de la ville. Elle trouva bien un terrain, mais lors d'une de ses visites, elle se vit « accueillie » par une foule en colère dirigée par le conseiller municipal du lieu. À peine était-elle sortie du camion qu'elle eut droit à un déluge de pierres. Sa réaction témoigne d'un vif sens pratique : « Je ne crois pas que Dieu veuille que nous ouvrions une clinique ici. Prions pour trouver ce qu'Il veut. »

L'inspiration divine prit la forme d'une ambulance offerte par des bienfaiteurs américains. Mère Teresa décida d'en faire la première de ses cliniques mobiles. À peu près à la même époque, le Dr Sen, un dermatologue fort connu, spécialiste de la lèpre, arriva au terme de son engagement dans un hôpital réputé. Désœuvré, et fort impressionné par l'altruisme des Missionnaires de la charité, il proposa à la Mère de se mettre à son service, de la façon qu'elle jugerait la plus utile, ajoutant qu'il n'accepterait aucun salaire. C'est ainsi qu'en septembre 1957, Mgr Périer vint bénir la première clinique mobile destinée au traitement de la lèpre. Quand je l'ai visitée récemment – elle était garée devant le couvent d'Entally –, j'ai découvert, en consultant les archives méticuleusement entretenues par les sœurs, que plus de mille patients étaient enregistrés pour ce seul endroit.

Il y a quelques années, j'ai accompagné Mère Teresa lors d'une de ses visites au centre de Delhi, installé sur les quelques hectares offerts par le lieutenant-gouverneur dix-sept ans auparavant. Les bâtiments étaient assez gais : une antenne chirurgicale assez simple, et des dortoirs, essentiellement pour les indigents et les cas désespérés. C'était le jour des opérations : chaque mercredi, un jeune chirurgien, le Dr Chada, assisté par deux Missionnaires de la charité ayant suivi la formation nécessaire, venait, gratuitement, procéder à une dizaine d'interventions. Elles permettaient souvent aux patients de retrouver l'usage d'un doigt et d'un pouce, ce qui, au moins, leur rendait possible de soulever des objets.

La gaieté des bâtiments, les fleurs et le potager ne peuvent dissimuler les tragédies humaines que la lèpre amène toujours avec elle. Kalu, puisque tel est son surnom, a aujourd'hui soixante-seize ans. Il est devenu un hors-la-loi, il y a près d'un demi-siècle, et n'est jamais retourné dans son village. Pour ses frères, il est mort. Il raconte sa vie à tous ceux qui veulent écouter.

Ses membres ne sont plus que des moignons. À première vue, il n'est plus que tête et torse, installé dans un landau d'enfant et appuyé contre un mur. De loin, on dirait un bébé au visage flétri. En dépit des adversités que la vie lui a réservées, il est d'ordinaire assez gai – mais pas aujourd'hui, je le vois bien. Je vais devoir l'accompagner, une fois de plus, dans son voyage au bout de la souffrance et de l'humiliation. Il fut autrefois un membre respecté d'une famille paysanne relativement aisée du sud de l'Inde. Ils étaient quatre frères. Il était encore jeune quand, un jour, il remarqua sur son dos une tache suspecte, qu'il montra au médecin d'une ville voisine : c'était la lèpre. Kalu ne put croire ce qu'il entendait. Rempli d'horreur, il courut instinctivement jusqu'au temple pour supplier Vishnou de l'épargner. Quel péché avait-il bien pu commettre lors d'une précédente incarnation, pour qu'une punition aussi sévère lui soit infligée ? Il resta prostré devant la divinité, le corps secoué de sanglots.

Il crut bientôt que le dieu s'était révélé sous la forme d'un rebouteux qui lui vendit un médicament « spécial » censé le guérir en quelques semaines. Allant de guérisseur en astrologue, sans compter une vieille femme qui lui vendit des potions magiques, il se rendit secrètement dans des villes éloignées, où personne ne le reconnaîtrait, dans l'espoir de trouver un remède. Il se garda bien de révéler son secret à ses frères ou ses amis du village, pas plus qu'il ne retourna voir le médecin qui avait diagnostiqué la maladie, de peur d'être contraint de révéler sa véritable identité. Pendant deux ans, il dissimula la terrible vérité jusqu'à ce qu'un jour, comme il fallait s'y attendre, apparaisse sur sa main une nouvelle tache révélatrice. La famille accueillit la nouvelle avec horreur. Il était clair pour elle qu'il s'agissait là d'une vengeance divine pour des péchés qu'il avait commis, et elle ne se souvenait que trop du dernier cas de lèpre découvert au village, quelques années auparavant : les anciens avaient banni toute la famille, désormais hors caste, et celle-ci avait eu toutes les peines du monde à marier ses deux filles. Si l'on savait la vérité, les frères de Kalu perdraient leur statut social et mourraient de honte. Ils prirent donc la décision de l'isoler dans une baraque au bout de leurs champs. C'était un endroit isolé, et personne ne saurait rien – du moins pendant quelques jours. Quand Kalu refusa de s'exécuter – car après tout, il était lui aussi copropriétaire de la dizaine d'hectares que les quatre frères cultivaient en commun –, il fut ligoté et emmené en pleine nuit, puis enchaîné. Les autres lui jetèrent un peu de nourriture dans un bol métallique.

Incapable de supporter cette humiliation, il réussit, une nuit, à briser ses chaînes, et s'enfuit pour ne plus revenir. Il erra pendant des mois comme une bête sauvage, tantôt dans cette ville, tantôt dans une autre, mendiant aux arrêts de bus, dans les gares et devant les temples. Il fut arrêté à deux reprises, et enfermé dans des prisons réservées aux lépreux, où les traitements médicaux restaient sporadiques. En quelques années, les dégâts causés à ses nerfs finirent par détruire ses doigts autrefois si fins, jusqu'à ce que, par un après-midi d'horreur, il soit amputé des deux mains – désormais insensibles et couvertes d'ulcères – dans l'hôpital d'une prison. Il ne se souvenait plus où : cela n'avait plus d'importance. Le cœur brisé, plus mort que vif, il réussit à gagner Delhi, où il entendit parler du foyer de lépreux de Mère Teresa. C'était il y a onze ans. Désormais, il vit au milieu d'amis, et il est généralement de bonne humeur. Après avoir vécu comme un animal pendant des années, Kalu a enfin retrouvé un peu de dignité et de paix...

Dans le dortoir des femmes, Mère Teresa s'arrête pour consoler une maigre silhouette couchée en chien de fusil sur un lit. Autrefois intendante de l'une des écoles privées les plus cotées du pays, cette femme n'est plus, désormais, qu'un amas de plaies. Pendant plusieurs années, elle a réussi à cacher sa maladie, sans suivre aucun traitement. Inévitablement, la lèpre a attaqué le système nerveux, provoquant son cycle habituel de difformités. Elle est devenue la honte de ses fils ; l'un d'eux l'a amenée ici. J'ai appris que l'aîné ne lui a pas rendu visite une seule fois depuis. Le cadet est venu à Noël les deux années précédentes. Viendra-t-il cette fois ? demande-t-elle, pleine d'angoisse, à Mère Teresa.

Peut-être celle-ci pensait-elle à cette femme quand elle prit la parole devant une assemblée de dignitaires, de hauts fonctionnaires et de diplomates étrangers – parmi lesquels se trouvaient une dizaine d'enfants de lépreux. Mère Teresa présentait mon rapport sur la lèpre, qu'elle avait inspiré. Elle ouvrit la réunion par une prière, puis fit une brève déclaration[1].

---

1. Voir annexe II.

« La lèpre n'est pas une punition, ce peut être un très beau cadeau de Dieu si nous savons en faire bon usage. Grâce à elle, nous pouvons apprendre à aimer ceux que personne n'aime, dont personne ne veut ; pas seulement pour leur donner des choses, mais pour leur faire sentir qu'eux aussi sont utiles, qu'eux aussi peuvent faire quelque chose parce qu'ils sentent qu'ils sont aimés, que l'on veut bien d'eux, qu'ils peuvent partager la joie d'aimer. [...]

« [...] Si vous pouvez faire disparaître la peur, vous aurez beaucoup fait. C'est une grande chose. Je pense que ce livre donnera confiance à beaucoup de gens, et fera disparaître la peur que nous avons ressentie pendant toutes ces années ; il leur fera vraiment sentir que Dieu a fait pour eux quelque chose de beau, qu'eux aussi peuvent être des gens ordinaires, accomplissant des tâches ordinaires et menant des vies ordinaires. »

10

KALIGHAT

Kalighat, dans la partie sud de Calcutta, est un endroit que seuls fréquentent les touristes les plus intrépides et les hindouistes dévots – lesquels, tout près du célèbre temple de la déesse Kâlî, viennent brûler les corps de leurs morts sur les rives de la Hoogly, dans laquelle se jette le Gange, lui-même objet de vénération. La légende veut qu'ici soit tombé des cieux l'orteil de la divinité, et qu'un temple ait été érigé pour commémorer l'événement. Les textes médiévaux le citent déjà comme étant l'un des cinquante et un endroits les plus sacrés de l'hindouisme. Des centaines de fidèles s'y entassent chaque jour, certains pour accomplir un vœu, d'autres pour prier la déesse qu'elle leur accorde sa protection avant un long voyage, d'autres encore pour qu'elle les guérisse de leur maladie. Ils viennent également pour des cérémonies associées au long voyage de la vie : rites d'initiation des adolescents, mariages et, sur les *ghats* voisins du temple, rites funéraires de purification.

Quand on s'y rend pour la première fois, on a parfois du mal à y trouver la Maison des mourants fondée par Mère Teresa : Kalighat est l'un des quartiers les plus surpeuplés d'une ville elle-même grouillante de monde. Le temple s'ouvre sur une allée étroite, autour de laquelle ont jailli des dizaines d'éventaires et de petites boutiques qui vendent toutes sortes d'articles de piété : œillets, encens, images de divinités font concurrence à d'autres produits plus profanes. Les rues et les ruelles grouillent de gens, religieux vêtus de safran, le front orné d'un *tilak* vermillon, mendiants munis d'une assiette d'étain. On peut y voir aussi, de temps à autre, une vache sacrée avançant d'un pas lent, et même quelques touristes. Il faut ajouter à tout cela de nombreux véhicules d'une grande diversité : voitures, autobus, pousse-pousse, carrioles, qui contribuent au pittoresque et à la confusion. À peine votre œil a-t-il eu le temps d'apercevoir les dômes flûtés du temple qu'une procession funéraire dont les porteurs psalmodient de très vieux hymnes védiques retient votre attention, tandis qu'au loin la fumée des bûchers funéraires, comme le parfum de l'encens, vous rappellent constamment à l'acceptation stoïque de la présence de la mort au sein même de la vie.

C'est souvent la vue familière d'un sari blanc bordé de bleu, penché pour porter une civière, qui vous apprend que vous êtes proche du Nirmal Hriday (« Maison du cœur pur » en bengali. Les Missionnaires de la charité sont vouées au Cœur immaculé de la Vierge). Une petite entrée mène à ce qui fut autrefois une salle réservée aux pèlerins. En fait, il y en a une pour les hommes et une autre pour les femmes, que sépare une zone d'accueil.

J'ai gardé un souvenir très vif de ma première visite, il y a plusieurs années de cela. Comme j'allais entrer, la curiosité céda la place à la peur, et même à un sentiment de répugnance. Pourquoi diable me suis-je aventuré si loin ? me demandai-je, et je décidai de prendre le large dès que possible. Puis, à ma grande surprise, je restai là pendant des heures, jusqu'à ce que les sœurs finissent par me pousser à partir parce que c'était l'heure de leurs prières du soir. Depuis lors, je ne suis jamais venu à Calcutta sans passer un moment au Nirmal Hriday.

J'étais entré dans une salle pleine de lits très bas, alignés sur un sol soigneusement lavé. À ma droite, les tables de l'accueil et, tout à côté, un ou deux patients étendus sur des civières. Je découvris plus tard que c'étaient les plus malades, et que les sœurs gardaient l'œil sur eux. On pouvait voir près d'une centaine de corps émaciés, tous étendus sur des lits ; chacun de ceux-ci portait un numéro peint sur le mur. Le calme qui régnait était encore plus frappant que les rayons de lumière filtrant par les lucarnes. On entendait à peine un son par-dessus le bruissement des saris, alors qu'à quelques mètres de là passait la rue bruyante. Je me rendis compte que je chuchotais, et quand, par inadvertance, le sac contenant mon appareil photo tomba à grand bruit, j'eus l'impression d'avoir commis un sacrilège hideux. On ne voyait aucun ornement religieux ; je remarquai toutefois un panneau annonçant que Kalighat était « le premier amour de la Mère », ce qui me paraît parfaitement exact.

Je lui ai un jour demandé si elle aurait aimé passer ses derniers jours à Kalighat – si, en septembre 1990, on lui avait permis de se retirer. Elle me répondit, sans grande conviction, que cela n'avait pas d'importance, puisque Dieu est partout. Je suis pourtant convaincu qu'elle aurait aimé revenir vers cette Maison des mourants, vers ces visages prématurément vieillis, vers ces tireurs de pousse-pousse mourant de maladies trop avancées pour qu'on les guérisse, vers les démentes et vers Pagola, qui est là depuis vingt ans et qui était toujours la première à faire signe à Mère Teresa chaque fois que celle-ci arrivait.

Le Nirmal Hriday est toujours ouvert, mais un étranger a l'impression d'y être un intrus. Ce n'est pas un lieu où l'on peut venir dévisager les gens, s'asseoir et contempler le monde qui vous entoure. Ce n'est même pas un hôpital où l'on viendrait en visite. J'étais là, sans avoir conscience que j'étais en parfaite santé, quand on amena un homme qu'on laissa appuyé contre le mur d'entrée. Une sœur se hâta vers lui; il fallait l'admettre. Je proposai mon aide, qui fut acceptée avec un sourire, et je me sentais déjà un peu moins mal à l'aise en installant l'homme sur une natte et en aidant la sœur à mettre en place la perfusion de glucose.

Le temps de m'avancer dans la salle des femmes, un peu plus vaste que celle des hommes, mais envahie du même calme, mon esprit s'était fait à ce qui m'entourait. Les visages maigres sous des crânes rasés de près, sur des corps étiques, avaient commencé à prendre forme et substance. Une vieille femme étendue sur le côté, me prenant pour un médecin, me demanda de venir m'asseoir à côté d'elle, ce que je fis. Elle me dit s'appeler Jehanara Begum, et vivre dans une mosquée proche de Convent Road. Il ne lui restait personne : elle ne précisa pas si sa famille était morte ou l'avait abandonnée. Elle n'expliqua pas non plus pourquoi ses jambes n'étaient plus que des plaies. Tenant ma main, elle dit : « Je me sens très faible, comme si je n'avais plus de sang. » Elle se plaignit également, non des douleurs que lui valaient ses jambes bandées, mais de devoir être baignée chaque jour. « Docteur, dit-elle en hindi, dites aux sœurs que me faire prendre un bain chaque jour est mauvais pour ma peau. Et puis, docteur, pourriez-vous me procurer deux citrons ? Je ne peux rien manger sans citron. »

Comme l'école de Motijhil, Nirmal Hriday commença « sur le sol ». Quand Mère Teresa se mit à marcher dans Calcutta, elle rencontra des dizaines de sans-abri, qui vivaient dans les rues. Certaines familles avaient réussi à se bâtir des baraques avec des matériaux de récupération, d'autres se faisaient des toits avec des pièces de tissu ou de la paille. Mais beaucoup d'autres n'avaient même pas cette chance. Ils passaient leurs journées à mendier aux carrefours ou à la sortie des temples et, la nuit, dormaient sur les trottoirs. La malnutrition aidant, la tuberculose faisait des ravages parmi eux. Un lit dans un sanatorium était chose rare, et souvent on ne pouvait espérer en obtenir un que par recommandation. Les hôpitaux, déjà surpeuplés, ne pouvaient pas faire grand-chose pour eux, leur maladie étant à un stade trop avancé. Ils mouraient donc comme ils avaient vécu : sur le trottoir. Informée de la gênante présence d'un cadavre, la municipalité envoyait un camion ou une carriole pour le ramasser. Une seule ligne dans un registre résumerait une existence : nom inconnu, âge inconnu, religion inconnue.

Dans ses discours, Mère Teresa a souvent parlé de la femme qu'elle aida alors qu'elle venait de se mettre à l'ouvrage. Elle vit d'abord, étendu sur le sol, ce qui lui parut être un tas de chiffons. S'approchant avec une de ses sœurs, elles découvrirent une femme d'âge mûr, presque inconsciente, le visage à demi dévoré par les fourmis et les rats. La soulevant, elles la conduisirent au Campbell Hospital (aujourd'hui rebaptisé Nilaratan Sarkar Hospital). Mais les responsables refusèrent de l'accueillir, arguant que tous les lits étaient occupés ; d'ailleurs la femme était mourante, et ils ne pouvaient rien faire pour elle. Comme Mère Teresa leur demandait où elle pourrait bien l'emmener, on lui suggéra de la ramener là où elle l'avait trouvée. Proche du désespoir, elle refusa de bouger. « En définitive, dit-elle, comme j'avais insisté, ils l'ont prise et lui ont donné un matelas par terre. Elle est morte quelques heures plus tard. C'est alors que j'ai décidé de trouver un endroit pour les mourants et de m'occuper d'eux moi-même. »

Autrefois, c'est presque quotidiennement que les sœurs rencontraient des gens aux portes de la mort. Par un jour de pluie, Mère Teresa et sœur Agnes trouvèrent ainsi une femme étendue sur un chemin de terre, la main plongée dans la boue. Quand elles l'en retirèrent, sa peau se décolla. Elles ne purent dire depuis combien de temps elle était là – tout près, ce qui n'est pas sans ironie, du Campbell Hospital qui, sachant désormais combien Mère Teresa pouvait se montrer inflexible, accepta la femme sans faire beaucoup d'objections.

Mère Teresa loua deux pièces à Motijhil, à raison de cinq roupies par mois chacune. La première devint l'école, la seconde sa première maison pour les mourants. C'est dans cet endroit minuscule qu'elle commença à soigner des gens que les hôpitaux avaient refusés. L'expérience était vouée à l'échec : c'est à peine si deux ou trois malades pouvaient être allongés par terre, et elle avait à peine assez d'espace pour les soigner. Une nuit, comme il fallait s'y attendre, l'un d'eux mourut, et les autres s'enfuirent dès le lendemain matin.

Sans se décourager, Mère Teresa se rendit à la mairie, où on l'aiguilla vers le responsable de la santé, le Dr Ahmad. Elle lui signala que les hôpitaux de la ville ne suffisaient pas à accueillir les mourants. Où donc devait-elle les emmener ? « Je n'ai demandé qu'un lieu ; le reste, j'en faisais mon affaire. » Son interlocuteur eut la sagesse de reconnaître que cette religieuse pleine de sincérité offrait de remplir des fonctions dévolues à la municipalité. De toute évidence, celle-ci n'avait aucun intérêt à laisser les pauvres mourir dans les rues. Le Dr Ahmad emmena donc sa visiteuse à Kalighat, au temple le plus célèbre de la ville, et lui montra, juste à côté, deux salles que, plusieurs années auparavant, un mécène hindouiste avait fait construire pour les pèlerins désireux de passer la nuit sur place. Le Dr Ahmad avait en effet reçu des plaintes : les salles étaient détournées de leur fonction première. Sans doute pensait-il, en les offrant à Mère Teresa, pouvoir faire d'une pierre deux coups.

Il n'aurait certainement pas pu prévoir qu'on s'opposerait à sa décision ; ce fut pourtant le cas. Selon le père van Exem, « ce fut purement local, et non général, sinon les journaux en auraient certainement parlé. Les gens ne voulaient pas que les agonisants viennent mourir là. »

Des rumeurs circulèrent, selon lesquelles les mourants se voyaient administrer les derniers sacrements, puis étaient enterrés en chrétiens. Le Dr Ahmad et un responsable de la police décidèrent de se rendre compte par eux-mêmes. Entrant dans Nirmal Hriday, ils aperçurent Mère Teresa penchée sur une silhouette qui n'était plus qu'une plaie béante. Elle était si intensément concentrée qu'ils purent l'observer plusieurs minutes avant qu'elle ne les voie. À l'aide d'une pince, elle ôtait les vers de la chair. La puanteur était si infecte que beaucoup n'auraient pas hésité à sortir. Ils l'entendirent prononcer ces mots : « Dites une prière selon votre religion, et j'en dirai une que je connais. Nous serons ensemble, et ce sera quelque chose de superbe pour Dieu. »

Apercevant ses deux visiteurs, elle proposa de leur montrer la tâche qu'elle accomplissait. Le policier, les yeux pleins de larmes, lui dit que ce n'était pas la peine et, se tournant vers la foule qui attendait dehors, lança : « Oui, je chasserai cette femme, mais seulement quand vous aurez convaincu vos mères et vos sœurs de faire son travail. C'est une sainte. »

En dépit de cette intervention, un mécontentement rampant persista. L'idée qu'un lieu destiné aux mourants pût jouxter un temple hindouiste vénéré scandalisait les brahmanes. De surcroît, ils étaient choqués que les abords du temple de Kâlî aient été donnés à une missionnaire chrétienne. Ils adressèrent en vain plusieurs pétitions aux autorités municipales afin qu'il soit mis un terme à cet arrangement. Puis, un jour, se produisit un étrange incident qui mit fin à leur opposition. Un jeune brahmane du temple – il n'avait pas trente ans – se mit à cracher du sang. Les examens montrèrent qu'il était atteint de tuberculose à un stade avancé ; aucun hôpital n'était prêt à admettre un malade incurable, ce qui aurait eu pour conséquence de priver de lit un patient qui, lui, pouvait guérir. Souffrant dans son corps comme dans son âme, le prêtre fut finalement amené au Nirmal Hriday. Mère Teresa l'accueillit et le soigna. D'abord furieux et humilié, il se mit peu à peu à accepter la situation. Quand il mourut, la rage avait cédé la place à la sérénité. Entre-temps, les autres brahmanes, qui n'avaient pas pu ou pas voulu lui venir en aide, eurent l'occasion d'observer avec quel soin on s'occupait de lui. Et ils ne purent manquer de noter que, lorsqu'il mourut, Mère Teresa, loin de lui donner des funérailles chrétiennes, fit en sorte que sa dépouille soit incinérée selon les rites hindouistes.

Il existe de nombreuses sociétés religieuses et sociales de toutes croyances et de toutes tailles à Calcutta, comme dans ses environs, qui viennent en aide aux pauvres et aux malades. Pourtant, personne ne s'occupe de ces indigents qui meurent sans trouver de foyer ou d'hôpital. Pour l'hindouisme, dont la croyance à la transmigration des âmes est inébranlable, le corps malade n'est pas ce qui importe. Il doit simplement être rejeté pour que l'âme à la recherche du salut puisse poursuivre le cycle de la naissance, de la mort et de la renaissance. Mère Teresa et ses sœurs pensaient toutefois qu'il est important de témoigner de la compassion à ces corps brisés et ces âmes solitaires. Pour autant, on se condamnerait à ne rien comprendre si l'on ne saisissait pas que, pour elles, chacun des occupants des lits du Nirmal Hriday était le Christ malade, abandonné ou mourant. Sans cette conviction, elles seraient, comme tout le monde, incapables de mener cette tâche à bien. C'est là ce qui est fondamental dans la philosophie des Missionnaires de la charité, et non la conversion des âmes ou les funérailles chrétiennes – que Mère Teresa considérait d'ailleurs comme un sacrilège, à moins qu'elles ne fussent expressément demandées.

L'opposition à son œuvre ne tarda pas à perdre du terrain après la mort du jeune brahmane. Le peuple de Calcutta comprit également trois choses. La première était que les sœurs répondaient à un besoin : certains de ceux qu'on amenait là étaient des mendiants installés aux portes du temple de Kâlî, ou des tireurs de pousse-pousse, chez qui la tuberculose était endémique ; et voilà que de parfaites inconnues leur offraient non seulement des soins médicaux, mais aussi leur amour. En deuxième lieu, les rites funéraires étaient fonction de la religion des morts. Certains patients, toutefois, arrivaient là inconscients ; il était impossible de connaître leur confession. On suivait alors une méthode simple. On reconnaissait les musulmans au fait qu'ils étaient circoncis, l'*anjuman* local était alors contacté afin de prendre soin de leurs dépouilles. En absence de toute autre indication, les corps étaient (et sont toujours) incinérés conformément aux rites hindouistes. Enfin, chacun se rendit compte que, de toute évidence, les sœurs étaient aussi pauvres qu'eux. Bien entendu, elles étaient peut-être mieux nourries, et vêtues correctement, mais leur vœu de pauvreté faisait d'elles les égales de ceux qu'elles accueillaient.

Mère Teresa ouvrit le Nirmal Hriday le 22 août 1952. Les archives ont tenu depuis cette date le décompte exact de tous ceux qui y ont été admis. Un examen des registres permet de constater que dans les années 1950, presque tous succombaient à la maladie. Le taux de mortalité tomba à près de 50 % au cours des deux décennies suivantes, puis à 20 % au cours des dix dernières années. Le nombre d'admissions quotidiennes varie actuellement de deux à dix. En septembre 1991, je pus ainsi constater que cent soixante-dix-sept personnes étaient entrées, cent six sorties, et que trente-cinq étaient mortes. J'ouvris une page au hasard. Septembre 1987 : cent soixante-cinq admises, cent sept sorties. Vingt-huit étaient mortes, soit à peu près une sur six. Il se peut que ces progrès soient dus au fait que les gens sont aujourd'hui mieux nourris, mieux vêtus et mieux logés. Les soins médicaux sont également beaucoup plus répandus, mais il n'est pas moins vrai que Mère Teresa a ébranlé la conscience de la ville. On n'y laisse plus mourir les gens dans les rues : quelqu'un prend toujours la peine de téléphoner au 102. Une ambulance survient, et l'indigent est emmené à l'hôpital ou, si celui-ci refuse, au Nirmal Hriday. Les sœurs continuent par ailleurs à rechercher les mourants.

J'ai demandé à l'une d'elles, sœur Suma, comment elle pouvait paraître si sereine, et même heureuse, dans des salles où elle voyait la mort de si près. Ces vies de pauvreté et d'injustice, ces corps décharnés au regard résigné ne lui faisaient-ils pas souhaiter d'être affectée ailleurs, par exemple pour s'occuper d'enfants ? Elle me répondit que, les tout premiers jours, elle avait été très abattue, surtout lorsqu'un jeune mourait ; il lui arrivait souvent de partir en courant vers la chapelle, pour que personne ne la voie pleurer. Elle priait très tard le soir et demandait grâce. Désormais, après plusieurs mois de prières, elle était mieux à même de donner sa force et sa compassion.

« Maintenant, je n'ai plus peur [de la mort], avoue-t-elle. Nous disons aux mourants qu'ils vont se retrouver face à Dieu. Chacun a son origine en Lui, et Il vit dans chaque être humain. Pour moi, Jésus est Dieu. Pour un hindouiste, ce sera Shiva, Vishnou ou Brahma, pour un musulman, Allah. Quand quelqu'un est inconscient, je demande toujours à une autre personne – un frère, une sœur, un bénévole –, de s'asseoir près de lui et de lui tenir la main, de demander le pardon de ses péchés, d'accomplir un acte de foi en Dieu. Parfois, quand on chuchote tout cela à l'oreille des mourants, des larmes coulent sur leurs joues. La plupart des gens que vous voyez ici n'ont pas peur de la mort. Quand j'y prépare quelqu'un dont je sens que nous ne pourrons le sauver, il me dit souvent : "C'est pour cela que je suis venu." Le mois dernier, je me souviens qu'une vieille femme m'a confié : "Ma sœur, je souffre tellement. Ne voit-Il pas ce que je subis ?

Il ne me reste plus qu'un désir, passer de l'autre côté." Elle est morte quelques jours plus tard. Nombre d'entre eux nous disent : "Il n'y a pas de meilleur endroit pour mourir qu'ici."

« Et pourtant, quand un jeune meurt, cela m'afflige. Dimanche dernier, on a amené un jeune garçon. Il m'a dit qu'il crachait du sang, et je l'ai immédiatement mis sous perfusion saline pour arrêter l'hémorragie. Je l'ai mis un peu plus à l'aise, puis je suis allée dans l'autre salle pour m'occuper d'une urgence. Je suis revenue au bout de quelques minutes, mais il n'était plus là. Je l'ai cherché, je suis même allée dans la rue en courant ! J'ai fini par le retrouver aux toilettes. Il avait perdu beaucoup de sang et s'était évanoui. Sans doute cela durait-il depuis plusieurs jours quand il est arrivé ici. Je l'ai ramené à son lit, où il est mort dans le quart d'heure suivant. Peut-être aurions-nous pu le sauver s'il était venu plus tôt. Je n'ai laissé voir mes larmes à personne, mais en même temps j'ai pensé qu'il venait de retrouver Dieu, et que cela valait peut-être mieux que de continuer à lutter comme il a dû le faire. »

Pendant que la sœur me parlait, on s'activait dans un coin de la salle des hommes. Une sœur et deux bénévoles, masques sur le visage, s'occupaient de quelqu'un. Comme nous nous approchions, je m'arrêtai net. Un vieil homme était assis, jambe tendue. Son pied gauche n'était qu'une plaie, que la sœur et ses aides nettoyaient à l'alcool. Son visage était déformé par la souffrance, et pourtant il ne disait mot. « Il a été renversé dans la rue, une voiture a roulé sur son pied et il est resté là jusqu'à ce qu'on nous l'amène. Comme vous le voyez, il est très courageux. Les difficultés de l'existence sont telles que les pauvres acceptent toutes les avanies. C'est une des raisons qui font que ce sont souvent de très braves gens. »

Tout au long de notre conversation, je ne cessai de suivre des yeux les sœurs et leurs assistants en plein travail : ajuster une perfusion, trouver une veine, laver les sols… Un jeune Bengali, qui faisait des études à l'université de Calcutta, allait de lit en lit pour raser les malades. En leur faisant la barbe, il leur apportait un réconfort inestimable. Sur le lit 17 était étendu un homme aux jambes repliées, dont on n'aurait su dire s'il avait vingt ou soixante-dix ans. Un jeune Suédois aux longs cheveux blonds tombant sur les épaules était à ses côtés, lui massant doucement les jambes. Une demi-heure plus tard, je vis que le malade avait les yeux clos, et que le jeune homme le tenait par la main tandis que la vie le quittait.

Chaque fois que je suis venu à Kalighat et que j'ai observé la dizaine de volontaires en plein travail, je me suis invariablement souvenu de ce que Mère Teresa m'avait dit d'eux quand je l'y avais accompagnée pour la première fois : « Regardez-les ! Ils viennent du monde entier. Ils travaillent [dans leur pays] pour gagner de l'argent, puis viennent ici pour servir les autres. Ils se prennent intégralement en charge, car nous ne leur donnons rien. Ils restent souvent deux ou trois mois. » Être constamment à quatre pattes pour récurer le sol, changer les draps, éponger et laver des lits trempés d'urine, nourrir et soigner les malades de la Maison des mourants, dans une ville qu'ils auraient pu ne jamais connaître – cela faisait-il partie de leur *bhaguya*, leur destin ?

« Pourquoi suis-je là ? me dit Eamon Butler. C'est une question que je me pose chaque jour depuis six semaines. Je pourrais être chez moi, en Irlande, à profiter de l'existence. C'est difficile à expliquer en quelques mots. » J'ai observé pendant de longues minutes ce charpentier de trente et un ans s'occuper d'un vieillard, le raser, changer ses draps, nettoyer et changer la literie souillée, avec une douceur extrême. « C'est à la télévision que j'ai vu Mère Teresa pour la première fois. Celui qui l'interviewait était au bord des larmes. J'ai aussitôt acheté un billet d'avion pour Calcutta. Je me suis lancé et j'ai obtenu un visa. Et puis, quatre jours avant de partir, j'ai eu la trouille et j'ai tout annulé. » Quatre ans plus tard, Eamon a fini par se décider. « Quand je suis arrivé, sœur Joseph Michael m'a demandé de venir à Kalighat. J'en ai eu des frissons dans le dos ; je n'avais jamais eu affaire aux mourants. Elle m'a demandé de venir une demi-journée, pour voir.

« Dès que je suis entré, j'ai ressenti une grâce toute particulière qui m'a aidé à faire face à ce que je voyais. En moins d'une semaine, j'ai été capable de tenir les mourants, de faire la toilette des morts, ce dont je ne me serais jamais cru capable. Maintenant, je vois la mort d'un autre point de vue, comme une renaissance, une nouvelle vie, une sorte de "retour chez soi". Le corps disparaît, l'âme et la paix demeurent. Je suis en paix avec la mort, et j'ai vu aussi des choses merveilleuses, s'agissant de la vie : ce que sont les êtres humains, la façon dont les gens dans la rue prennent soin les uns des autres, la façon dont on s'en occupe ici à Kalighat, l'amour des sœurs.

C'est une vraie frustration, pour beaucoup de coopérateurs comme nous, de devoir retourner dans un monde plein de matérialisme. Je me dis que je permettrai à la souffrance de cette pauvreté de me pénétrer si profondément que je voudrai changer. »

Mary Cox, la cinquantaine, une anglaise venue de la City, désirait également travailler à Kalighat quelques mois durant. « C'est l'endroit qui, je crois, est le plus cher au cœur de Mère Teresa. Pourtant, lors de la première journée que j'y ai passée, j'ai été physiquement malade, et j'ai pensé que je ne pourrais pas faire face. J'étais mieux le lendemain. Avec le temps, on finit par voir le sourire de Dieu. En Angleterre, nous connaissons la pauvreté, mais c'est une pauvreté spirituelle, une solitude qui est beaucoup moins présente à Kalighat. Ici, on voit, d'un côté, une terrible misère, et de l'autre, une vie, une joie et un amour énormes qui passent dans les sourires de certains de ces gens, en dépit de leurs souffrances. Qu'ils puissent exprimer cette joie à travers leur insignifiance nous rend très humbles. Ici on touche le corps du Christ de façon toute particulière. Ce qui me sera difficile, ce sera de repartir et de garder cette vision dans mon esprit et dans mon cœur, en vivant dans le confort comme je le ferai. Il faut que cela vous change. Il le faut. La vie est un pèlerinage, et il nous faut changer constamment. »

Par définition, les volontaires ne viennent que pour de courtes périodes : les sœurs constituent l'épine dorsale de Kalighat. Leur tâche me paraissait incroyablement difficile. Pour commencer, il est nécessaire d'avoir une excellente santé, puisqu'il faut être, en même temps, infirmière, porteur et médecin, travailler souvent dix-huit heures d'affilée, six jours par semaine. C'est une suite sans fin : donner des médicaments, laver, nourrir, nettoyer, ou simplement s'asseoir pour écouter une requête, une prière ou une plainte. À cela, ajoutez la compassion et le sens de l'humour. On entend souvent : « Il est parti tout droit chez saint Pierre », ou : « Elle est morte en souriant, c'était une belle mort. » C'est une tâche difficile, mais les Missionnaires de la charité doivent être prêts à s'occuper des mourants. Ce qui n'empêche pas la plupart de vouloir être envoyés à Kalighat ! Comme c'est tout simplement impossible, tous doivent se contenter d'y effectuer de brefs séjours avant d'être envoyés ailleurs.

On était en début de soirée quand sœur Suma me conduisit dans la salle des femmes. Il était curieux de constater combien peu de choses avaient changé depuis ma dernière visite – et pourtant, en un sens, rien n'était semblable. À cette occasion, j'avais parlé avec Dalim Das, qui avait été gouvernante dans une famille riche. Elle se mourait d'un cancer qui semblait avoir envahi son corps tout entier. Elle avait perdu tous ses cheveux, conséquence probable d'une chimiothérapie. La sœur m'avait chuchoté que ses douleurs étaient parfois si fortes qu'elle hurlait pour que sa fin survienne. Pourtant, tout au long de notre discussion, elle n'eut pas un mot de tristesse ou de regret, évoquant une « indisposition » qui aurait tout aussi bien pu être un léger mal de tête qui s'en irait bientôt. Après tout, j'étais un inconnu, et les ex-gouvernantes bien élevées ne parlent pas de leurs maux en public. Elle parla d'autrefois, du temps où elle accompagnait ses employeurs en Europe, et j'en oubliai que nous étions dans la Maison des mourants. Nous aurions pu être au Grand Hôtel de Chowrinhee Street, à bavarder autour d'une tasse de thé. Ce n'est que vers la fin de notre conversation, quand nous comprîmes tous deux que nous avions peu de chances de nous revoir, qu'elle me fit un aveu. Neuf ans durant, elle avait combattu son cancer, armée de sa seule force de volonté, et de la prière : bien qu'hindouiste, elle ne se contentait pas de solliciter le vaste panthéon de dieux et de déesses de sa religion, mais aussi Jésus et Allah. Dalim avait également composé une petite prière pour Mère Teresa : elle priait pour son *moksha*, son salut, afin qu'elle puisse échapper au cycle des naissances et des morts, comme à toutes les souffrances qui accompagnent la vie, et se joindre finalement à Dieu. Parfois, cette prière prenait forme et substance, et Dalim Das voyait la Mère s'asseoir à ses côtés, tenir sa main ou lui caresser le front.

Ce jour-là, sa natte était occupée par Snehlata, cancéreuse et tuberculeuse. La semaine précédente, une sœur avait trouvé quelques biscuits sous son oreiller. « Ils sont pour mes enfants, avait-elle expliqué. Quand ma sœur viendra me voir dimanche, je les lui donnerai. » Elle n'avait rien d'autre à leur offrir. « Mangez-les, lui dit sœur Suma, je vous en donnerai d'autres. » Mais Snehlata secoua la tête. La religieuse n'insista pas, comprenant que cet acte d'amour n'aurait aucune valeur si sa patiente ne pouvait offrir la seule chose qu'elle fût en mesure de donner. Quand sa sœur vint, elle lui confia les huit biscuits qu'elle avait mis de côté : c'était, comme le dit Mère Teresa quand je lui racontai l'histoire, « donner jusqu'à ce que cela fasse mal ». Plus tard, les sœurs découvrirent que Snehlata avait été abandonnée par son mari, qui avait épousé une autre femme, et que c'était aux enfants de celle-ci qu'elle avait fait son don.

Comme nous passions près du lit 26, la forme frêle qui s'y trouvait tendit le bras et baisa la main de la sœur. La femme s'appelait Hasina. Elle riait et pleurait tour à tour. Mendiante sur Ripon Street, elle avait, sous un grand arbre, un coin bien à elle non loin d'un carrefour très fréquenté : piétons et voyageurs changeaient de bus à cet endroit. Hasina était bien connue des « habitués », et son petit bol d'aluminium était bien rempli en fin de soirée ; les bons jours, elle pouvait gagner jusqu'à dix roupies. Puis ce fut la catastrophe. Il y eut en ville une série de grèves qui perturbèrent la vie quotidienne et empêchèrent Hasina de gagner son endroit habituel. Il fallut une semaine pour que les choses reviennent à la normale, et quand elle retrouva sa place, ce fut pour constater qu'elle était désormais prise par une famille entière, qui occupait tout le carrefour. Il n'y avait plus rien pour elle. Elle essaya d'autres endroits, bien en vain, remplie d'angoisse parce que sa famille attendait d'elle une part de ses misérables gains. Ils finirent par la chasser quand elle en devint incapable. Les sœurs l'avaient trouvée dans la rue, mourante, et l'avaient remise sur pied après dix jours d'alimentation forcée. Bien que ses enfants aient été informés, aucun n'avait pris la peine de venir la voir et, chaque fois que quelqu'un entrait, elle levait les yeux, espérant que ce soit l'un d'eux...

Le lendemain, alors que nous revenions d'une visite à Titagarh, j'interrogeai mère Teresa sur Kalighat. « Au fil des années, nous avons sauvé des rues plus de cinquante-quatre mille personnes, me dit-elle, dont près de la moitié ont connu une belle mort[1]. – Comment la mort pourrait-elle être belle ? demandai-je. – Bien sûr, expliqua-t-elle, nous nous sentons seul en l'absence de quelqu'un de cher, mais mourir, c'est "rentrer chez soi". » Et elle ajouta, d'une voix douce : « Ceux qui meurent chez nous meurent en paix. Pour moi, le plus grand achèvement de la vie humaine, c'est mourir dans la paix et la dignité, car c'est pour l'éternité. » Je lui demandai alors si elle se souvenait d'une histoire aussi poignante que celle du jeune brahmane. « Un jour, j'ai trouvé un homme dans un égout à ciel ouvert, me répondit-elle. Son corps était plein d'ulcères. Je l'ai emmené chez nous [au Nirmal Hriday], nous l'avons lavé, baigné, et avons soigné ses plaies. Il ne se plaignait pas, son visage ne montrait pas la moindre peur. Il me dit : "J'ai vécu toute ma vie dans les rues, comme un animal, mais je vais mourir comme un ange !" Il me sourit et, trois heures après son arrivée, il s'éteignit. »

Quelques années auparavant, Mère Teresa m'a raconté avoir trouvé, dans une décharge publique, une femme qui délirait de fièvre. Elle fut bouleversée, non de la voir malade ou mourante, mais à l'idée que son fils l'avait abandonnée là. Elle l'emmena à Kalighat, la lava et la nettoya, puis lui

---

[1]. En 2002, les Missionnaires de la charité ont célébré le cinquantième anniversaire de Kalighat. Ils avaient, à cette date, accueilli plus de soixante-seize mille personnes.

demanda de pardonner à son fils. Il lui fallut beaucoup de temps pour s'y résoudre, mais elle finit par lui pardonner. Enfin en paix avec elle-même, elle sourit pour la première fois et mourut dans les bras de Mère Teresa, après l'avoir remerciée. Celle-ci devait se souvenir de son sourire comme du plus radieux qui lui ait jamais été adressé.

11

LA FEMME LA PLUS PUISSANTE
DU MONDE

C'était en 1981. Mère Teresa revenait d'une mission en Éthiopie où, dans le nord du pays, une terrible sécheresse menaçait des centaines de milliers de vies. Elle avait emporté depuis Calcutta quelques quintaux de médicaments et de nourriture – une goutte d'eau. Nombre d'organisations internationales s'efforçaient de venir en aide à ce pays, mais dans la confusion et sans grande coordination. Le très médiocre état des routes rendait difficile l'accès des secours à des centaines de villages isolés, là où on en avait désespérément besoin.

Même après son retour à Calcutta, l'inquiétude ne la quittait pas. Elle pria (et même jeûna) avec ses sœurs pour qu'une nouvelle tragédie ne survienne pas. Pour finir, elle écrivit au président des États-Unis et, une semaine plus tard, reçut un appel de la Maison-Blanche. Le président Reagan la remerciait de sa lettre, l'assurant, au nom du peuple américain et de lui-même, qu'il ferait tout pour veiller à ce que l'aide arrive là où elle était nécessaire. Il tint parole. Non seulement le gouvernement américain se hâta de fournir nourriture et remèdes, mais de surcroît la coopération avec les organisations de secours s'améliora très nettement. « Après cela, Dieu merci, le ravitaillement a commencé à déferler, et les villages ont reçu par hélicoptère de quoi se nourrir. » Je lui fis remarquer, à moitié sérieusement, qu'elle était la femme la plus puissante du monde. Elle répondit en souriant, et sans affectation aucune : « Si seulement ! J'apporterais la paix au monde entier ! »

Mère Teresa, qui n'avait pour appui populaire que celui des plus pauvres et des plus démunis, accédait aux coulisses du pouvoir aussi naturellement qu'aux plus sinistres taudis. À Calcutta, elle pouvait entrer « à tout moment » dans le bureau du Premier ministre du Bengale occidental – et elle ne s'en privait pas ! Tout le monde en ville sait qu'il ne lui a jamais rien refusé. On raconte que, comme on lui demandait ce qu'il avait de commun avec Mère Teresa, pour qui Dieu est tout, alors que lui est athée et dirige un gouvernement d'orientation marxiste, il répondit : « Nous avons le même amour des pauvres. » Il y a quelques années, quand il fut hospitalisé pour une maladie cardiaque, elle alla lui rendre visite à la clinique et demanda à ses sœurs de prier pour sa guérison.

Indira Gandhi – tout comme son fils Rajiv quand il devint, à son tour, Premier ministre – la voyait chaque fois qu'elle le désirait. Toutes deux avaient noué des relations particulièrement étroites : Mère Teresa recevait toujours une réponse immédiate à ses lettres. Comme Indira Gandhi l'a écrit : « La rencontrer, c'est se sentir totalement humble, sentir le pouvoir de la tendresse, la force de l'amour. » Elles eurent des divergences sur le programme de stérilisation adopté par le gouvernement – Mère Teresa y était opposée –, mais quand, en 1977, Indira Gandhi perdit les élections et fut chassée du pouvoir, Mère Teresa lui rendit visite. Comme on lui demandait pourquoi, elle répliqua: « Elle est mon amie » – remarque qu'elle m'a faite plus d'une fois. Ses sentiments, on s'en doute, n'avaient rien à voir avec la politique.

Le père van Exem m'a rapporté une anecdote amusante sur sa rencontre avec l'ex-président du Pakistan, le général Zia ul-Haq. Invitée par un évêque local, Mère Teresa avait décidé de se rendre dans ce pays, et demandé un visa à l'ambassade pakistanaise de New Delhi. Non seulement elle en reçut un, mais de surcroît le général en personne l'invita à visiter le pays à sa guise, et mit même son avion personnel à sa disposition. Il l'invita généreusement à fonder des couvents là où elle le désirerait – à une condition: les sœurs pourraient venir du monde entier, mais pas de l'Inde! Comme le dit le père van Exem: « Mère Teresa n'a pas dû prendre la chose au sérieux ; il y a plusieurs religieuses indiennes dans les établissements pakistanais de l'ordre. »

C'est une calamité naturelle qui l'amena à se rendre au Bangladesh, autre pays voisin de l'Inde. En mai 1991, alors que je lui rendais visite à Calcutta, un cyclone dévastateur s'abattit sur les côtes de ce pays, provoquant la mort de près de trois cent mille personnes. Mère Teresa sortait à peine de l'hôpital, où elle avait été admise pour des troubles cardiaques. Contre l'avis de ses médecins, elle décida de se rendre sur place : après avoir rassemblé en hâte quelques caisses de médicaments de première nécessité, elle partit, accompagnée de deux sœurs.

Je sais qu'elle eut à peine le temps d'informer de son arrivée les Missionnaires de la charité de Dacca. En tout cas, personne n'était au courant. Pourtant, peu après, les médias du monde entier reprirent l'image de cette religieuse convalescente visitant des lieux dévastés. Elle fut accompagnée, tout au long de son voyage, par le Premier ministre du Bangladesh, la Begum Khaleda Zia, et, quand leur hélicoptère dut se poser en catastrophe en raison du mauvais temps, l'incident fut rapporté par toutes les chaînes de télévision. De retour à Calcutta, elle me confia : « Je suis heureuse d'y être allée. La misère et la tragédie de la souffrance étaient terribles à voir. Le plus urgent, maintenant, c'est d'envoyer des médicaments et de la nourriture, et de quoi purifier l'eau. Mes sœurs sont là où on a besoin d'aide. » Les calamités naturelles intéressent rarement l'Occident, les pays du tiers monde ne le savent que trop. À voir les médias se passionner pour Mère Teresa, il est tout à fait évident que sa présence avait aidé à provoquer une réaction large et immédiate.

C'est avec la cour éthiopienne, juste avant le coup d'État qui renversa l'empereur Hailé Sélassié, qu'elle eut une de ses rencontres les plus intéressantes. En 1973, elle avait réussi à ouvrir une mission en Éthiopie, malgré des difficultés considérables. Ce n'est qu'après une rencontre – qui n'avait pas été facile à organiser – avec la fille de l'empereur, que s'ouvrit la voie vers une audience avec le monarque. On avait conseillé à

Mère Teresa de ne pas se montrer trop optimiste : de nombreuses organisations, religieuses ou non, avaient déjà tenté en vain de s'installer en Éthiopie. Toujours pragmatique, elle ne tarda pas à comprendre que seul l'empereur pouvait décider. L'audience fut précédée d'un entretien avec le chambellan du palais.

— Que voulez-vous de l'État ? lui dit celui-ci.

— Rien ! Je suis seulement venue pour offrir que mes sœurs travaillent parmi les pauvres qui souffrent, lui répondit-elle.

— Et que feront-elles ?

— Nous nous dévouerons de tout cœur, et gratuitement, aux plus pauvres d'entre les pauvres.

— Quelles sont leurs qualifications ?

— Nous essayons de donner tendresse, amour et compassion à ceux dont personne ne veut et que personne n'aime.

— Je vois que vous avez une approche différente des autres. Prêchez-vous les gens pour essayer de les convertir ?

— Notre œuvre d'amour révèle à ceux qui souffrent l'amour que Dieu a pour eux.

Quand Mère Teresa fut finalement introduite auprès de l'empereur, la réaction de celui-ci fut inattendue. Il ne prononça que quelques mots : « J'ai entendu parler du bon travail que vous accomplissez. Je suis très heureux que vous soyez venue. Oui, que vos sœurs viennent en Éthiopie ! »

Un an plus tard, le 12 septembre 1974, le souverain, alors octogénaire, fut renversé par un coup d'État militaire et emprisonné à Addis-Abeba avec toute sa famille. Les conditions de détention étaient si affligeantes qu'elles ne manquèrent pas de provoquer des protestations. De nombreux chefs d'État d'Afrique, d'Europe et d'ailleurs intervinrent auprès du gouvernement révolutionnaire, réclamant que sa parenté soit traitée humainement. Hailé Sélassié, quant à lui, mourut en détention : Mère Teresa m'a dit qu'elle avait été la seule à pouvoir lui rendre visite. Plus tard, elle devait contribuer à la libération des membres de la famille royale.

Ses relations avec le pape Jean-Paul II étaient, on s'en doute, particulièrement bonnes. Elle ne l'appelait jamais que « Saint-Père », admirait sa simplicité, et lui a été très reconnaissante d'avoir offert aux Missionnaires de la charité un endroit au Vatican où elles ont ouvert une soupe populaire destinée aux miséreux de Rome. Ce n'était pas seulement reconnaître la présence des pauvres ; c'était aussi démystifier l'image qu'on se fait du Vatican – une oasis de splendeur et de richesse. On ne saurait dire si le fait que tous deux soient slaves – il est polonais, elle est yougoslave albanaise – joua un rôle dans la compréhension et le respect qu'ils se témoignaient mutuellement. Il ne fait aucun doute que le pape avait beaucoup de considération pour elle, et admirait sa résolution à défendre les valeurs traditionnelles de l'Église.

Le 22 janvier 1992, j'ai eu le privilège de rencontrer Jean-Paul II au Vatican – entrevue facilitée par Mère Teresa elle-même. Je fus conduit dans un salon privé, où je passai quelques minutes en sa compagnie. Au même moment, Mère Teresa, très malade, se trouvait dans un hôpital californien. Le pape priait pour sa guérison et espérait qu'elle s'arrêterait à Rome en revenant à Calcutta. Il me rappela sa propre visite dans cette ville, en février 1986. De l'aéroport, il était allé tout droit à Kalighat où il était passé d'un malade à l'autre, bénissant chacun et leur offrant eau et nourriture. Il me confia à quel point l'expérience, dont il gardait un souvenir très vif, l'avait ému.

Nous parlâmes du local, très proche de l'endroit où nous nous trouvions, qu'il avait donné à Mère Teresa. « Comment pourrais-je refuser ? » lui avait-il répondu quand elle le lui avait demandé. Il était très heureux d'avoir pu faire ce geste. Tous les ans, à Noël, et chaque fois qu'il en a l'occasion, il s'y rend pour servir les pauvres.

Avant de le quitter, je lui expliquai que lui seul pourrait conseiller à Mère Teresa de ralentir un peu son éprouvant rythme de vie avec une chance d'être écouté. Il me répondit en riant : « Quand il est question de son travail, elle n'écoute personne, pas même moi ! Mais j'essaierai. »

Toutes les interventions de Mère Teresa n'ont pas connu le succès. Elle a plus d'une fois écrit des lettres, ou entretenu des autorités gouvernementales des sujets qui lui tenaient à cœur. La considération qui l'entourait était telle qu'elle recevait toujours une réponse ou des explications immédiates. Mais elles n'étaient pas toujours suivies d'actions. Des considérations politiques nationales ou locales, ou parfois même une opposition populaire, pouvaient prendre le dessus. Il arriva également que les questions en jeu soient hors de sa portée – mais, même dans ce cas, elle intervenait, si elle s'y sentait poussée, sans pour autant s'impliquer politiquement. Lors de la guerre du Golfe, elle adressa ainsi, le 2 janvier 1991, une lettre commune à George Bush et

Saddam Hussein, écrivant notamment : « À court terme, il se peut qu'il y ait des vainqueurs et des vaincus dans cette guerre que nous redoutons tous, mais cela ne peut et ne pourra jamais justifier les souffrances et les morts que causeront vos armes[1]. » Ce message eut des conséquences inattendues : après la fin des hostilités, elle reçut du ministre irakien de la Santé une lettre l'invitant à envoyer ses sœurs en Irak pour aider les enfants orphelins et les handicapés.

À une époque où tant de gens meurent d'envie d'être reconnus, et où nombre d'entre eux ne songent qu'à cela, il est ironique que cette femme, qui était une contradiction vivante à tout ce que chérit notre temps, ne tenait aucun décompte des honneurs qui ont plu sur elle. Mère Teresa, qui n'est jamais allée à l'université, s'est vu décerner par les universités les plus prestigieuses toute une série de doctorats *honoris causa* – de théologie à Cambridge, de sciences humaines à San Diego, de droit à Madras, mais aussi à Harvard, et à l'université de Shantiniketan, dans le Bengale occidental, institution fondée par Rabindranath Tagore. Certaines villes américaines, sans doute pour ne pas se laisser distancer, lui ont offert leurs clés, de Miami à New York, en passant par Scranton (Pennsylvanie), Toledo (Ohio), Washington, Newark (New Jersey), San Francisco et San Jose. D'innombrables magazines ont fait d'elle, à de nombreuses reprises, la « Femme de l'année ». C'est ainsi que, trois années de suite, les lectrices de *Good Housekeeping*, écartant la reine d'Angle-

---

1. Voir annexe III.

terre, Jackie Kennedy ou Madonna, l'ont élue « Femme la plus admirable », extraordinaire hommage rendu à cette femme âgée, au visage ridé, et vêtue d'un sari dont la valeur n'excède certainement pas un dollar, par un magazine dont les pages ne parlent que de haute couture, de maisons à la mode et de publicités promettant une peau éternellement lisse. Elle a même été reproduite en effigie sur des timbres suédois et indiens. Les Pays-Bas, pour ne pas être en reste, ont donné son nom à une tulipe.

C'est pourtant son pays d'adoption qui, quatorze ans après qu'elle s'est mise à la tâche, a reconnu le premier l'ampleur de son œuvre. Le 26 janvier 1962, sur la liste officielle publiée par l'État, se trouvait le nom de Mère Teresa, qui se voyait décerner le Padma Shri (ordre du Lotus). C'était la première fois qu'il revenait à une personnalité qui ne soit pas native d'Inde. Elle fut invitée à se rendre à New Delhi pour le recevoir des mains du président de l'Union indienne. Sa première réaction fut de refuser, car elle était convaincue de n'avoir rien fait pour le mériter. C'est l'archevêque de Calcutta qui lui conseilla d'accepter, à titre d'hommage aux pauvres. En septembre de cette année-là, elle fut donc accueillie dans le magnifique palais présidentiel, le Rashtrapati Bhavan. Refusant la limousine qu'on lui avait proposée pour venir du couvent, elle était passée devant la garde présidentielle et la cavalerie dans le camion tout usagé de sa mission de Delhi.

Mme Pandit, ancien haut-commissaire indien à Londres, et sœur de Jawaharlal Nehru, assistait à la cérémonie. « Cette religieuse en sari, image même de l'humilité, est montée sur l'estrade, se souvient-elle. Elle a pris sa récompense comme elle l'aurait fait d'un enfant malade, ou d'un mourant. L'assistance en a été bouleversée, et le Président avait les larmes aux yeux. J'ai demandé à mon frère : "N'est-ce pas émouvant ?" Et il m'a répondu : "Je ne sais pas ce que tu ressens, mais j'ai eu beaucoup de mal à retenir mes larmes." »

À son retour à Calcutta, Mère Teresa plaça la médaille d'or, ornée d'un ruban, autour du cou d'une petite statue de la Vierge, installée dans une vitrine du Nirmal Hriday de Kalighat. Elle ne fut pas tentée un seul instant de croire que c'était elle-même qui l'avait méritée. Aujourd'hui encore, cette médaille, première des innombrables distinctions qu'elle devait recevoir, orne l'image de Celle qui, pour Mère Teresa, mérite seule d'être louée.

Quelques mois plus tard, le prix Ramon Magsaysay, aux Philippines, lui fut décerné à un moment particulièrement opportun. Deux ans plus tôt, Mère Teresa s'était enfin vu permettre de créer des établissements en dehors du diocèse de Calcutta. Elle était tout particulièrement impatiente d'ouvrir à Agra, la ville qui abrite le Taj Mahal, une institution destinée aux lépreux. Le jour même où elle informa ses sœurs que le projet devait être repoussé, faute de fonds, l'annonce du prix, et de la récompense de 50 000 roupies qui l'accompagnait, parut être le fruit d'une intervention divine. Quant aux 21 500 dollars du prix Jean-XXIII (1971), ils furent consacrés au développement, bien nécessaire, de la colonie de lépreux de Shantinagar. Peu après, elle se vit décerner le prix de la Fondation Joseph Kennedy Jr pour la recherche contre les maladies mentales. La cérémonie eut lieu à Washington devant le clan Kennedy au grand complet. Les 15 000 dollars furent affectés à la création d'un foyer pour les enfants infirmes, paralytiques et retardés mentaux à Dum Dum, un quartier de Calcutta – foyer qu'elle nomma Centre Nirmala Kennedy.

L'ordre du Mérite, la plus haute distinction de la Couronne britannique, a été institué en 1902 : limité à vingt-quatre titulaires, il est conféré par le souverain en personne. Mère Teresa le reçut le 24 novembre 1983, mais il fallut attendre l'année suivante et la visite en Inde de la reine Elisabeth II, venue assister à la conférence des chefs d'État du Commonwealth, pour qu'il lui soit remis officiellement. L'événement eut lieu dans les jardins de Rashtrapati Bhavan, où la souveraine séjournait : l'une des femmes les plus riches du monde récompensait une religieuse qui ne possède que trois saris... À l'issue de la cérémonie, très simple, elles parlèrent, seules, pendant quelques minutes. J'ai demandé à Mère Teresa de quoi elles avaient discuté. « De son fils, me dit-elle. – Son fils ? Lequel ? Elle en a trois. – Oh ! Je croyais qu'elle n'en avait qu'un. Elle a parlé du prince Charles, pour me dire qu'il admire beaucoup notre œuvre. Il a visité le Nirmal Shishu Bhawan de Calcutta voici quelques années. » À cette occasion, il avait également prié avec elle dans la chapelle.

Le prince Philippe a été le premier membre de la famille royale à rencontrer Mère Teresa lorsque, le 25 avril 1973, elle reçut à Londres le premier prix Templeton, encore plus richement doté que le Nobel, et qui a pour objectif de « stimuler la connaissance de Dieu de la part de toute l'humanité ». Neuf juges appartenant aux principales religions du monde entier avaient choisi Mère Teresa parmi près de deux mille candidatures venues de quatre-vingts pays, déclarant qu'elle avait joué « un grand rôle dans l'élargissement et l'approfondissement de la connaissance et de l'amour de l'homme envers Dieu, poussant ainsi plus loin la quête pour une qualité de vie qui reflète le divin ». Le prince consort avait accepté de lui remettre le prix. À cette occasion, il évoqua « l'énorme pouvoir qui est en Mère Teresa », et observa qu'elle avait montré, par l'exemple de sa vie, ce que la foi peut faire lorsqu'elle est forte. « À tout point de vue, ce qu'elle a fait est bon, et le monde d'aujourd'hui a désespérément besoin de cette sorte de bonté, de cette sorte de compassion pratique. » Quatre ans plus tard, cette fois en tant que chancelier de l'université de Cambridge, le prince Philippe devait remettre à Mère Teresa un doctorat de théologie *honoris causa*. On sait que Cambridge fut, après que l'Église d'Angleterre se fut séparée de Rome, le centre théologique de la Réforme, et c'est peut-être pour cette raison que Mère Teresa se rendit tout spécialement en Angleterre à cette occasion. Lors de la cérémonie, elle parla longuement de l'Eucharistie, ce qui n'est pas dans ses habitudes. Peu de temps auparavant, le prince consort avait fait remarquer, avec un certain humour à froid : « La Révérende Mère, que nous sommes ravis d'avoir parmi nous, répondrait sans doute, si on l'interrogeait sur sa carrière, qu'elle n'a aucune importance. » La salle avait éclaté en applaudissements.

Quand elle apprit que le prix Nobel de la paix lui avait été décerné, sa première réaction fut de dire : « Je n'en suis pas digne. » Elle fit savoir au comité Nobel qu'elle ne l'accepterait qu'« au nom des pauvres ». Puis, accompagnée de ses deux premières « postulantes », les sœurs Agnes et Gertrude, elle arriva à Oslo le 9 décembre 1979. Les quatre jours qu'elle y passa furent l'occasion de la découvrir pour ceux qui, par extraordinaire, n'avaient jamais entendu parler d'elle. De son arrivée à son départ, elle fut l'objet d'une attention incessante de la part des médias : des centaines de journalistes, de photographes et d'équipes de télévision étaient tout spécialement venus dans la capitale norvégienne pour couvrir le moindre de ses gestes. Des années après l'événement, elle frissonnait rien que d'y repenser, et a souvent répété : « Rien que pour cette publicité, je mériterais d'aller tout droit au ciel ! »

Le 10 décembre 1979, en présence du roi de Norvège, de diplomates et de hauts fonctionnaires, le prix Nobel fut donc remis, dans l'Aula Magna de l'université d'Oslo, à une femme vêtue d'un sari, un peu voûtée. Le président du comité Nobel, le professeur John Sannes, prit la parole :

« Ce qui caractérise son œuvre, c'est le respect pour l'individu, pour sa valeur propre et sa dignité. Les plus solitaires, les plus misérables, les indigents mourant de faim, les lépreux abandonnés, sont reçus par elle et ses sœurs avec une compassion chaleureuse, dépourvue de condescendance, inspirée par la révérence pour le Christ présent en l'homme. […] À ses yeux, celui ou celle qui, au sens strict, reçoit, est aussi celui ou celle qui donne, et qui donne le plus. Donner

– donner quelque chose de soi-même – est ce qui confère la joie véritable, et celui à qui il est permis de donner est celui qui reçoit le don le plus précieux. Là où d'autres voient des clients, elle voit des compagnons de travail, avec qui s'établit une relation fondée non sur une gratitude obligée, mais sur une compréhension et un respect mutuels, un contact humain chaleureux et enrichissant. [...] Telle est la vie de Mère Teresa et de ses sœurs – une vie de stricte pauvreté, de longues journées et de longues nuits de peine, une vie qui ne laisse de place qu'aux plus précieuses des joies. »

Le discours d'acceptation de Mère Teresa fut précédé, comme à l'accoutumée, d'une prière, dont le texte avait été préalablement déposé sur chaque siège. À sa demande, huit cents personnes récitèrent avec elle l'immortelle prière pour la paix de saint François d'Assise. Puis, sans affectation aucune, elle présenta à l'assistance, en habits et robes de soirée, une image des pauvres, de leur absence d'égoïsme et de leur souci de partage. Elle leur parla d'une femme qu'elle avait recueillie dans la rue, agonisante. Elle l'avait emmenée à la Maison des mourants de Kalighat, avisant ses sœurs qu'elle s'en occuperait elle-même. « J'ai fait pour elle tout ce que mon amour peut faire. Je l'ai mise au lit, et il y avait sur son visage un si beau sourire. [...] Elle a pris ma main et m'a simplement dit : "Merci", et elle est morte. Je n'ai pas pu m'empêcher, alors, d'examiner ma conscience et de me demander ce que j'aurais dit si j'avais été à sa place. Et ma réponse a été très simple : j'aurais essayé d'attirer l'attention. J'aurais dit : "J'ai faim, je meurs, j'ai froid, je souffre", ou quelque chose de similaire. Mais elle, elle m'avait donné plus, beaucoup plus. Elle m'avait donné la reconnaissance de l'amour. »

Elle parla aussi de la pauvreté en Occident : « Tout autour du monde, et pas seulement dans les pays pauvres, la pauvreté de l'Occident m'a paru beaucoup plus difficile à éradiquer. Quand je trouve dans la rue quelqu'un qui a faim, je lui donne une assiette de riz, un morceau de pain, je le satisfais, je calme cette faim. Mais quelqu'un qui est exclu, qui a l'impression que personne ne veut de lui, que personne n'aime, qui est terrifié, qui a été chassé de la société – cette pauvreté est si douloureuse et si grande que je la trouve insupportable. En Occident, nos sœurs travaillent parmi ces gens. »

Mère Teresa convainquit les responsables du comité Nobel de renoncer au banquet qui, d'ordinaire, suit la cérémonie, et d'offrir l'argent ainsi économisé à ceux qui ont vraiment faim. Ce geste frappa l'imagination populaire au même titre que le prix lui-même. En Norvège, en Suède et dans toute l'Europe, des gens très simples – y compris des enfants qui donnèrent de leur argent de poche – réunirent près de 400 000 francs, ce qui, avec les 30 000 francs économisés avec l'annulation du banquet, représentait presque la moitié du prix. Comme on lui demandait ce qu'elle comptait en faire, elle répondit en riant : « J'ai déjà tout dépensé ! »

À son retour à Calcutta l'attendaient des fanfares et des réceptions. Face au déluge de lettres, de télégrammes et de coups de téléphone – sans même parler des journalistes entassés autour de la Maison mère –, sa réaction fut bien caractéristique : elle disparut pendant un mois. Le temps qu'elle réapparaisse, photographes et journalistes avaient quitté les lieux.

C'est alors qu'on apprit que l'Inde lui avait conféré, à son tour, sa plus prestigieuse récompense, le Bharat Ratna, qui n'avait été décerné auparavant qu'à dix-sept personnes. Comme le Padma Shri, qu'elle avait reçu en 1962, c'était aussi la première fois qu'il était attribué à quelqu'un qui n'était pas natif d'Inde.

Au fil des années, j'ai assisté à un certain nombre de cérémonies dont Mère Teresa était l'invitée d'honneur. Je crus d'abord que son agitation, en de telles occasions, était tout simplement due à la fatigue. Peu à peu, je compris qu'en réalité elle était mal à l'aise. Chaque fois que j'allais la chercher à la Maison mère pour de tels événements, elle disait invariablement une prière dans la chapelle avant de partir, ou dans la voiture. Elle me confia une fois qu'elle y cherchait l'inspiration avant de prendre la parole. Elle alla même jusqu'à demander au pape : « Saint-Père, tant de cardinaux et d'archevêques me demandent de venir parler à des réunions. Je ne peux pas, c'est trop pour moi. Il faut que je m'occupe de ma congrégation, de mes sœurs : il y en a dans le monde entier, maintenant. Je suis malade, je suis vieille. Donnez-moi un ordre, de telle façon que lorsqu'un évêque me dira de venir, je puisse lui faire savoir que le Saint-Père me l'a interdit. » Le pape répondit en souriant : « J'y penserai. » Comme le disait le père van Exem en riant : « Il y pense toujours ! »

Ce malaise, je le constatai encore en m'asseyant à son côté dans une aile de l'auditorium plein de monde où on allait lui remettre un prix de plus, cette fois des mains du Premier ministre indien, Narasimha Rao. Elle regarda autour d'elle et dit : « Cette publicité, ces lumières... Tout cela aussi est une forme d'humiliation. Je l'accepte, comme je l'ai fait pour le Nobel, uniquement parce que c'est un hommage aux pauvres. » En plein milieu de la longue cérémonie, avec ses discours obligés, elle demanda à être excusée, parce qu'elle devait reprendre l'avion pour Calcutta. Sur le chemin de l'aéroport, elle s'aperçut qu'elle avait oublié de prendre son prix, et me pria de m'en charger. Je lui demandai ce qu'elle comptait en faire. « Le vendre ! répondit-elle sans ciller. Je suis sûre que les organisateurs ne s'en choqueront pas. Je crois pouvoir en tirer 10 000 roupies. Ce sera très utile pour acheter des médicaments pour nos lépreux de Titagarh. »

Ce n'est pas un hasard si Mère Teresa a appelé ce centre « Gandijhi Prem Niwas », en hommage au Mahatma. Elle ne l'a jamais rencontré, mais reconnaissait en lui une âme semblable à la sienne : tous deux avaient le même esprit de renoncement et de compassion. Gandhi était hindouiste, et cherchait à rénover les valeurs culturelles fondamentales de l'Inde, en y englobant toutes les croyances. La vie et l'œuvre de Mère Teresa ont démontré et démontrent que, loin d'être une évangéliste à l'ancienne, son catholicisme est d'une grande ampleur de vue. Gandhi était porté par des convictions qui dépassaient la politique – domaine auquel Mère Teresa était parfaitement étrangère. Pourtant, elle connaissait comme lui le pouvoir des symboles. Elle a renoncé à son habit religieux pour un sari grossier tissé par des lépreux ; lui portait un *dhoti* tissé à la main, comme un simple pagne, et non élégamment drapé pour qu'il lui tombe jusqu'aux pieds. Tous deux ont eu le même objectif : s'identifier aux plus pauvres en devenant aussi pauvres qu'eux.

Dans toute l'histoire de l'Église, aucune religieuse n'a jamais tenté d'emprunter un chemin aussi peu orthodoxe. En dépit des difficultés, elle a fait de sa pauvreté une liberté, et de son insignifiance un puissant instrument d'action religieuse et sociale. Gandhi, de son côté, avait adopté la *satyagraha*, recherche non violente de la vérité, dans laquelle il voyait un argument de souffrance volontaire. Sachant qu'il ne pourrait faire face à la puissance de l'Empire britannique par des moyens conventionnels, il fit de la non-violence son arme de prédilection, et réussit à convaincre ses disciples d'accepter jusqu'aux douleurs physiques sans résister, jusqu'à ce que l'oppresseur s'arrête, accablé de honte. Comme Mère Teresa, il connaissait le pouvoir de la souffrance innocente.

Ni l'un ni l'autre n'ont manqué de courage physique. Lors des plus féroces tueries intercommunautaires, Gandhi se précipita en plein cœur des zones les plus affectées pour tenter de mettre un terme aux massacres. Les coups de *lathis* de la police et la détention, autrefois infamants, devinrent, par son exemple, des preuves d'engagement moral et personnel. Mère Teresa était, elle aussi, convaincue que sa propre vie n'avait pas d'importance, et elle a souvent été l'une des premières à se rendre dans des régions affectées par les cyclones, les tremblements de terre, les inondations ou les guerres. Arrivant à Beyrouth en août 1982, alors que les affrontements armés faisaient rage, elle apprit que, dans la partie ouest de la ville, où les bombardements étaient les plus lourds, un certain nombre d'enfants, retardés mentaux, étaient pris au piège, sans eau ni nourriture. Ignorant les mises en garde des autorités locales (dont celles des dirigeants ecclésiastiques), elle et ses sœurs décidèrent d'aller les chercher dans un camion de la Croix-Rouge. Miraculeusement, les tireurs embusqués s'abstinrent d'ouvrir le feu, ce qui permit la réussite de l'opération.

Bien des années auparavant, alors qu'elle venait d'ouvrir la Maison des mourants de Kalighat, des brahmanes du temple de Kâlî, suivis par la population, provoquèrent une grande agitation. Ils se rendirent au poste de police pour dénoncer une étrangère qui voulait convertir les pauvres au christianisme. Il y eut des menaces : des jeunes gens jetèrent des briques sur l'entrée du Nirmal Hriday. Un jour, comme des pierres venaient de briser les fenêtres, Mère Teresa sortit pour faire face à ses adversaires, s'approcha du groupe, mains tendues, et dit : « Tuez-moi si cela vous plaît, mais ne dérangez pas ceux qui sont à l'intérieur. Laissez-les mourir en paix. » Il y eut un long moment de tension – puis un grand silence, et les agitateurs disparurent.

Gandhi et Mère Teresa ont en commun une même et curieuse combinaison de conservatisme religieux et d'empirisme radical. Le Mahatma est toujours resté profondément traditionaliste. La mère, elle aussi, est demeurée fidèle à l'interprétation officielle de la doctrine catholique, en particulier sur l'avortement et le planning familial. Elle a trop souvent été critiquée comme étant la

« dernière femme obéissante » de l'Église, un anachronisme à l'âge du libéralisme. Il y a quelques années, une féministe célèbre la qualifia d'« impérialiste religieuse », formule qui fit les gros titres des journaux. Il est dommage qu'elle n'y ait pas regardé de plus près, car, sans renoncer à sa foi, Mère Teresa l'a assouplie pour pouvoir transcender les barrières religieuses. Quand la Bharatiya Vidya Bhavan, organisation très respectée qui a pour objectif la régénération de la culture et des valeurs indiennes, lui décerna sa plus haute récompense, elle se compara à un « croisé paisible mais courageux qui, à la suite d'une inspiration divine, a entamé une mission de pitié et de compassion, tendant la main pour soulager les souffrances de millions de gens dans le monde entier – les anonymes, les silencieux, les sans-foyer, ceux qui sont tristes et dépossédés, ceux que le Mahatma Gandhi appelait les *daridra narayans* ». Et le président de l'association conclut : « C'est une de ces âmes très rares qui ont transcendé toutes les barrières raciales, religieuses, nationales. Elle n'aspire à aucun royaume, aucun honneur, même pas au salut ou à la *moksha*. C'est une véritable *Vaishnavajana* [ménestrel de Dieu], entièrement dévouée à la disparition de la *peeda patraayi* [la souffrance des autres], à la manière du Mahatma Gandhi. »

12

L'ADIEU

Le 5 septembre 1997, quelques jours après son quatre-vingt-septième anniversaire, Mère Teresa monta vers son Dieu. Il lui était arrivé une fois, bien des années auparavant, de rêver qu'elle était morte. À son arrivée là-haut, saint Pierre avait refusé de la laisser entrer, lui disant qu'elle devait s'en retourner : il n'y avait pas de pauvres au Paradis. Elle avait répliqué, furieuse, qu'elle le remplirait de ses gens. Quelques mois avant sa mort, me racontant cette histoire en riant, elle me rappela qu'elle y avait envoyé cinquante-quatre mille des siens – les plus pauvres d'entre les plus pauvres. Désormais, son tour était venu. Dieu estima finalement que sa tâche était achevée, lui demanda de laisser derrière elle un corps frêle et las, et l'appela au repos éternel.

Sa disparition ne prit pas le monde au dépourvu. Ces dernières années, elle était souvent passée très près de la mort. Elle atteignait le bord du précipice puis reculait, tandis que des millions de gens priaient pour sa guérison. En de telles occasions, je me précipitais à son chevet, plus ou moins rassuré par la conviction qu'elle ne s'en irait pas avant d'avoir achevé son œuvre. Parmi les tâches encore à accomplir, la transmission du manteau de l'ordre qu'elle avait fondé en 1950. La réunion du Chapitre général en vue d'élire celle qui lui succéderait avait été fixée en octobre 1996, mais une série d'hospitalisations en provoqua l'annulation. Le 13 mars 1997, la collectivité des Missionnaires de la charité élut sœur Nirmala supérieure générale. Au cours des mois qui suivirent, Mère Teresa consuma ce qui lui restait de forces pour consolider les valeurs de l'ordre et transmettre à celle qui lui succédait toute la sagesse tirée des profondeurs de leur foi.

En dépit d'un corps qui la trahissait, elle entreprit son dernier voyage à l'étranger. Elle présenta sœur Nirmala au Vatican, car les Missionnaires de la charité sont une congrégation soumise au droit pontifical. Elle se rendit aux États-Unis, qui venaient de lui conférer la citoyenneté d'honneur – distinction exceptionnelle, qu'elle était la quatrième personnalité à recevoir dans toute l'histoire de ce pays.

À son retour en Inde, elle s'arrêta pour la journée à Delhi avant de repartir pour Calcutta. Je passai avec elle ces quelques heures qui, aujourd'hui, me rappellent notre première rencontre, vingt-deux longues années auparavant. De nouveau, elle parla de choses simples, de foi, d'amour. Elle me rappela la force de la prière, la nécessité pour nous de prier en groupe. « Une famille qui prie ensemble reste unie », ne cessa-t-elle de répéter. Comme je suggérais d'abandonner mon poste de fonctionnaire pour me consacrer totalement à d'autres tâches, elle me taquina gentiment, disant qu'elle priait pour moi chaque matin et chaque soir, afin que j'aie la force de venir en aide aux autres en demeurant tel que j'étais. Elle plaça ma main dans les siennes et dit doucement : « Vous devez toujours travailler pour les pauvres et pour le bien de tous. Vous devez continuer à toucher les pauvres. » Puis, à ma grande surprise, elle rédigea pour moi un petit message en signe de témoignage de son affection et de sa confiance ; c'était presque comme si elle savait déjà que plus jamais nous ne nous reverrions.

Quand vint la fin, ma famille et moi nous rendîmes à Calcutta pour être avec les sœurs et les frères de son ordre. En me joignant à ceux qui partageaient le même sentiment de vide, je me sentis curieusement en paix. J'étais heureux que Mère Teresa ne fût pas morte à l'hôpital, où il y avait peu de chances qu'on l'eût jamais félicitée d'être une patiente modèle. (J'avais été très amusé d'apprendre que, en 1991, après un transport précipité dans un hôpital californien suite à un évanouissement, elle avait tenté de s'enfuir, parce qu'elle s'inquiétait des dépenses que cela occasionnerait. La surveillante stupéfaite qui la vit, en pleine nuit, passer devant elle en marchant sur la pointe des pieds, la remit au lit et chargea une infirmière de monter la garde pour prévenir toute nouvelle tentative d'évasion.) Elle partit sans doute comme elle le souhaitait, entourée par les sœurs à la Maison mère, dans la ville qu'elle aimait tant, tenant un crucifix ou un rosaire – Jésus n'était pas très différent des innombrables gens qu'elle avait bercés de sa compassion.

Une semaine durant, son corps fut exposé dans une église de Calcutta, dans un cercueil de verre ceint – honneur insigne – du drapeau indien. Des milliers de gens défilèrent pour lui rendre un dernier hommage ; cette ville, qui grouille de millions d'hommes, était affectée jusqu'au cœur. Souvent, Mère Teresa m'a dit qu'il règne à Calcutta un esprit de partage qu'elle n'avait jamais rencontré ailleurs. Elle disait que les pauvres n'y partagent pas seulement la misère, mais connaissent aussi les besoins de leurs voisins. Je fus témoin de cet état d'esprit au cours de cette semaine-là. Des centaines de milliers de personnes vinrent lui dire adieu, mais ce nombre en lui-même n'a aucune importance. Le sentiment d'avoir perdu un être cher avait beaucoup plus de signification. De longues heures durant, je contemplai les milliers de personnes venues lui dire au revoir – les petits enfants amenés par leurs parents, qui touchaient le sol du front, en un signe de respect que jamais ils n'oublieraient ; les très pauvres, bénéficiaires directs de son amour, qui tendaient la main pour effleurer le cercueil de verre, comme ils avaient peut-être touché autrefois le bord de son sari, et dont beaucoup étaient porteurs de superbes couronnes de lotus blancs ; les écoliers qui restaient là plusieurs minutes. Des gens de toutes les croyances partageaient le même chagrin apaisé, témoignant de la profonde bonté que Mère Teresa reconnaissait chez tous ceux qu'elle rencontrait.

À l'époque, je travaillais pour le gouvernement de l'Union indienne, à New Delhi. Quelques jours après avoir dit au revoir à Mère Teresa à l'aéroport de Delhi, je m'étais renseigné auprès d'un de mes collègues, afin de connaître les dispositions qui seraient prises pour ses obsèques, le moment venu. Je lui rappelai que de nombreux dignitaires allaient vraisemblablement se déplacer à Calcutta.

Il me répondit qu'il appréciait mon implication mais que, bien que Mère Teresa eût reçu le prix Nobel de la paix, le gouvernement n'avait prévu aucun protocole particulier pour les obsèques des lauréats de ce prix. La réponse de mon collègue me tracassa, au point de demander une entrevue avec Satish Chandran, le secrétaire principal du Premier ministre de l'époque. Je fus reçu l'après-midi même. Le secrétaire principal est un personnage extrêmement important dans les affaires de l'État indien et je n'avais aucune intention de lui faire perdre son temps, aussi en vins-je directement à l'essentiel. Je lui dis mon impression que la vie de Mère Teresa approchait de son terme. Il me demanda ce qui me permettait de penser cela, et je lui répondis qu'elle était gravement malade et invalide, et que la mission de sa vie semblait terminée. J'ajoutai en outre que, lorsqu'elle avait été hospitalisée au cours de ces dernières années, des chefs d'État du monde entier s'étaient inquiétés de sa santé. Quand elle était notamment entrée au All India Institute of Medical Science de New Delhi, en août 1993 (où j'avais passé dix jours à son chevet), le cabinet du Premier ministre, le ministère des Affaires étrangères et le standard de l'hôpital avaient croulé sous les messages venus des quatre coins du monde. Le pape avait fait exprimer son inquiétude, la Maison-Blanche avait appelé et plusieurs ministres du gouvernement, ainsi que des ambassadeurs, avaient contacté l'hôpital. Son ami Jyoti Basu, alors gouverneur du Bengale occidental, était en contact permanent avec les médecins. De même, lorsqu'elle était tombée malade lors de sa visite en Europe, la plupart des chefs d'État s'étaient régulièrement fait communiquer ses bulletins de santé. Parmi les amis et les relations qui se retrouvaient à son chevet, on comptait des membres de toutes les familles royales d'Europe. Dans de telles circonstances, j'expliquai qu'il fallait s'attendre à ce que des représentants de nombreux pays veuillent assister à ses obsèques. Et je savais aussi que les sœurs des Missionnaires de la charité voudraient faire rapatrier le corps et la faire enterrer à Calcutta, cette ville à laquelle son nom était associé et qu'elle aimait tant. Le Secrétaire principal me demanda à nouveau pourquoi. Je répondis que, durant son hospitalisation à Delhi, même lorsque Ramu Damodaran, secrétaire privé du Premier ministre Narasimha Rao, m'avait fait demander si Mère Teresa désirait être soignée dans un hôpital précis (et le gouvernement indien était prêt à prendre toutes les dispositions pour l'envoyer n'importe où dans le monde où elle l'aurait souhaité), elle avait systématiquement refusé, demandant seulement à rentrer à Calcutta où, disait-elle, « elle serait très bien ».

Le secrétaire principal acquiesça. Il me dit qu'il devait en référer au gouvernement du Bengale occidental. Il m'adressa un petit sourire et m'assura qu'il s'occupait de tout. Je me sentis étrangement rassuré en quittant la pièce ; pourtant l'entrevue n'avait pas duré plus de cinq minutes.

La fin ne fut pas longue à venir. Mère Teresa souffrait de la colonne vertébrale depuis des années, et il n'y eut bientôt plus d'autre recours que les soins palliatifs. Sa remarquable résistance à la douleur était connue des médecins, et notamment de sœur Shanti et de sœur Gertrude (qui avaient des diplômes médicaux); pourtant il fallut à cette dernière faire preuve de beaucoup de cajoleries et de remontrances pour obtenir de Mère Teresa qu'elle suive les conseils des médecins et se repose.

Pendant la nuit du 3 septembre, elle se plaignit de douleurs violentes. Sœur Gertrude réussit à la convaincre de porter son corset et veilla sur elle toute la nuit. Tôt le lendemain matin, Mère Teresa se sentait si mal qu'elle fut incapable d'assister à la messe dans la chapelle, aussi le prêtre vint-il la dire dans sa minuscule chambre. Malgré les analgésiques, elle passa une journée agitée au lit. Sœur Nirmala, sœur Margaret Mary et sœur Nirmala Maria, ainsi que sœur Joel et sœur Luke (qui avait un diplôme d'infirmière) se relayèrent à son chevet pour la réconforter. Deux par deux, elles veillèrent sur elle toute la nuit. Le 5 septembre au matin, Mère Teresa insista pour être présente à la messe. Aidée des sœurs, elle entra lentement dans la chapelle pour la dernière fois. Puis elle s'installa dans un fauteuil roulant sur le pont, près de son bureau, où elle reçut et bénit tous ceux qu'elle put : frères et sœurs de son ordre, bénévoles et visiteurs.

À 3 heures de l'après-midi, elle ne parvenait plus à rester assise, et elle se laissa convaincre de s'allonger. Un peu avant 18 heures, elle demanda aux sœurs qui la veillaient de prier avec elle. Pendant les deux heures qui suivirent, elle souffrit le martyre. À 20 heures, elle mit ses mains sur sa gorge et dit en suffoquant qu'elle n'arrivait plus à respirer. En entendant cela, sœur Gertrude poussa un cri malgré elle, car elle avait compris sur-le-champ que Mère Teresa commençait à souffrir de troubles cardiaques. L'une des sœurs courut appeler le Dr Woodward, de l'hôpital voisin. Une autre s'empressa de téléphoner à un prêtre (ce qui se faisait systématiquement, dès que l'une des sœurs était gravement malade). Au moment où sœur Joel s'apprêtait à donner de l'oxygène à Mère Teresa (qui en recevait ainsi trois fois par jour), il y eut une panne de courant de quatre minutes, chose très rare. En effet, l'installation comprenait un groupe électrogène de secours et ce genre de problème ne s'était que très rarement, voire jamais produit au cours des dernières années.

Le père Hansel d'Souza fut le premier sur les lieux et commença immédiatement à rendre les derniers sacrements, ce qui était pour Mère Teresa de la plus haute importance. Elle épuisa ses dernières forces de vie pour murmurer cette prière qu'elle connaissait si bien. Et même si l'on entendait à peine sa voix, ses lèvres égrenaient silencieusement les mots. Entre-temps, le médecin était arrivé, mais Mère Teresa n'était pas en position d'être déplacée ; et peut-être tout le monde autour d'elle était-il secrètement conscient du fait qu'aucun hôpital ne pouvait plus rien pour elle. La tête posée sur les mains de sœur Gertrude, Mère Teresa tourna lentement le regard vers l'image de Jésus accrochée au mur de sa chambre. Ce n'était pas là un tableau serein, c'était le portrait d'un Christ martyr, mourant – la couronne d'épines plantée dans la chair de son front, il avait les yeux tournés vers le ciel, et sa joue gauche ruisselait de sang. À présent qu'elle avait achevé le voyage de sa vie, un voyage dans lequel elle avait été tellement proche de son Dieu, il était naturel pour Mère Teresa de Lui adresser ses dernières paroles, à Lui et à Lui seul. « Seigneur, gémit-elle, mon Dieu, pourquoi tant de douleur ? » Puis elle reprit : « C'est un don. Il faut que quelqu'un donne et souffre, que quelqu'un paie le prix. Oh, mon Dieu, oh, Jésus », puis, à mi-voix, pour elle-même : « Qu'attend-Il de moi, maintenant ? Je Lui ai donné toute la douleur que j'ai pu. »

Et tandis que les sœurs auprès d'elle sanglotaient doucement, Mère Teresa murmura trois fois le nom de Jésus. Un voile d'écume apparut au coin de ses lèvres, ses yeux roulèrent vers le ciel et tout son corps s'immobilisa. Cette femme, qui avait consacré sa vie entière au service des autres, pour apporter à la multitude paix et espoir, était enfin réunie à son Dieu.

Après mon entrevue avec le secrétaire principal, je ne sais pas ce qui fut dit entre lui et le gouvernement du Bengale occidental. Néanmoins, dès que le gouvernement indien annonça que Mère Teresa aurait des obsèques nationales, une véritable coordination s'établit entre le cabinet du Premier ministre, plusieurs des ministères, l'archevêque de Calcutta, ainsi que Charles Mendies (qui avait été nommé par les Missionnaires de la charité) et le gouverneur du Bengale occidental. Ils se mirent à régler ensemble les questions de protocole et de sécurité publique, ainsi que l'organisation du cérémonial. Pour laisser le temps aux habitants de Calcutta et du reste de l'Inde de venir rendre un dernier hommage à Mère Teresa, et pour permettre aux délégations étrangères de prendre leurs dispositions, la date des obsèques fut fixée à huit jours après le décès, soit le 13 septembre 1997. La nuit puis le lendemain de sa mort, le corps de Mère Teresa fut placé dans la chapelle de la Maison mère, afin que sa propre congrégation pût l'entourer. La veillée fut calme, bercée par les cantiques préférés de Mère Teresa. Le dimanche 7 septembre, le corps fut transféré à l'église Saint-Thomas toute proche où, durant les six jours qui suivirent, des centaines de milliers de fidèles purent venir saluer une dernière fois Mère Teresa.

Le gouvernement indien lui accorda des funérailles nationales, et son cercueil fut transporté sur un affût de canon qui avait autrefois porté les dépouilles du Mahatma Gandhi et de Jawaharlal Nehru. Le service funèbre eut lieu dans le plus grand stade couvert de Calcutta, à cause de la saison des pluies. L'Inde, qui lui avait, voici déjà de longues années, conféré les plus grands honneurs, était représentée par le Président et son Premier ministre. Des cardinaux représentaient le pape, tandis que chefs d'État, reines et émissaires venus du monde entier rendaient hommage à une femme qui s'en venait les voir non pour les honneurs qu'ils pouvaient lui conférer, mais parce qu'elle avait besoin d'aider les pauvres et les abandonnés.

La cérémonie elle-même fut à la fois très solennelle et d'une grande simplicité. L'armée indienne en régla les détails avec une précision militaire. Le cercueil était installé sous un dais où avaient pris place les cardinaux, dans leur magnifique soutane, et les sœurs des Missionnaires de la charité dans leur simple sari bordé de bleu. La messe fut précédée et suivie par des cantiques chantés en bengali, en hindi et en anglais, et accompagnée de discours œcuméniques des représentants des principales religions de l'Inde, qui s'unirent en un touchant crescendo d'hommages. À cela vinrent s'ajouter des symboles minimes, mais émouvants, de son œuvre. Un travailleur offrit une bougie. Un orphelin déposa un bouquet de fleurs. L'eau, le pain et le vin de la messe furent présentés par un prisonnier libéré, un lépreux et un handicapé. Sœur Nirmala offrit un calice vide, représentant la vacuité des cœurs privés de la présence physique de la Mère, et sœur Monica, supérieure de l'ordre pour le Bengale occidental, un crayon, symbole de la phrase, souvent répétée par Mère Teresa : « Je ne suis qu'un crayon entre les mains de Dieu. »

Du stade, le cortège défila en procession à travers les rues de Calcutta. Bravant la pluie, des milliers de gens se rassemblèrent pour un dernier adieu. Je reconnus dans la foule un groupe de lépreux de Titagarh, dont les visages ruisselaient de larmes. À un autre endroit, un chœur chantait « Le Seigneur est mon berger » sur le passage du convoi. Des gens d'origines, de castes et de religions très différentes, les riches et les pauvres entre les pauvres, s'unirent pour un moment de chagrin. Les sœurs avaient choisi sa dernière demeure : ce ne serait ni au Vatican – où elle aurait pu être enterrée si elle en avait exprimé le vœu –, ni auprès des tombes de sa famille dans son pays natal, l'Albanie, ni même dans le cimetière de St. John, où certaines des sœurs avaient déjà été inhumées, mais dans la Maison mère.

Quand les Missionnaires de la charité descendirent le cercueil en terre, les clairons de l'armée indienne, restés en dehors du bâtiment, entamèrent la sonnerie aux morts, tandis qu'une salve de fusils marquait un ultime salut. Un groupe de frères et de sœurs, en larmes, chantait les cantiques préférés de Mère Teresa. Doucement, l'archevêque de Calcutta prononça les dernières bénédictions. Puis, en un adieu touchant, chacun des présents versa sur la tombe une poignée de terre. On ne sera pas surpris que sa dernière demeure soit, comme elle l'avait souhaité, une simple dalle de béton ornée d'une petite plaque de marbre blanc portant son nom et la formule : « Aimez-vous les uns les autres comme je vous ai aimés. »

Au cours des jours qui suivirent son décès, on me demanda constamment si elle serait canonisée – et si oui, quand ? Je répondis invariablement que, selon moi, cela n'avait pas d'importance, parce qu'aux yeux de tous, quelles que soient leur nationalité et leur religion, elle était devenue une directrice de conscience. Que le processus de béatification fût imminent ne faisait aucun doute ; et pourtant, Mère Teresa avait déjà eu la satisfaction de savoir que, toute sa vie, elle avait donné l'exemple du « petit chemin » suivi par cette humble religieuse française, sainte Thérèse de Lisieux, qui avait eu tant d'influence sur la jeune Agnes, et dont elle avait adopté le nom en rejoignant les sœurs de Notre-Dame-de-Lorette.

Sa vie durant, Mère Teresa est restée une femme humble, simple et, à bien des égards, ordinaire, bien qu'elle ait mené l'une des actions les plus extraordinaires de ce siècle. Elle n'avait rien d'une érudite, et pourtant sa sagesse était aussi profonde que celle d'un philosophe ou d'un saint. Elle croyait qu'il fallait faire un petit pas à la fois, mais supervisait simultanément diverses activités dans nombre de pays. Elle accueillait avec gratitude les donations et les legs très importants qui rendaient son œuvre possible ; elle ne se souvenait toutefois que de l'argent « du sacrifice », comme celui de ce petit garçon de Calcutta qui, pour lui offrir une roupie, s'était privé de sucreries pendant trois jours. Elle vécut et œuvra en Inde, pays largement hindouiste, sans pour autant tenter de convertir qui que ce soit : « La conversion, disait-elle, est l'œuvre de Dieu, non la mienne. » Adopter une telle position, c'était pour elle savoir s'adapter à son environnement, tout en restant fidèle à Jésus, qu'elle voyait dans tous ceux dont elle avait la charge ou qu'elle rencontrait.

Ces dernières années, je lui avais fait part des critiques très vives portées contre elle et son action : elle s'associait de trop près aux politiciens de droite, acceptait de l'argent d'origine douteuse. Sa réponse fut immédiate et concise : « Je n'ai jamais demandé d'argent à personne. Je dépends entièrement de la Providence divine. Je n'accepte aucun salaire, aucun prêt d'État, aucune assistance de l'Église, rien. Si les gens m'offrent de l'argent, je suis, en conscience, tenue de l'accepter, de telle sorte que, par cet acte de charité, celui qui donne connaisse la paix de l'esprit et du cœur. En quoi diffère-t-il des milliers de gens qui s'en vont nourrir les pauvres ? Nous n'avons pas le droit de juger qui que ce soit ; seul Dieu le peut. » Quand je lui dis qu'on l'accusait de ne pas utiliser les ressources considérables dont elle disposait pour bâtir un hôpital à Calcutta, elle répondit : « Si j'attache les sœurs à un tel établissement, qui s'occupera des laissés-pour-compte ? » Elle convertissait les gens à sa foi, disaient certains. Oui, répliquait-elle : elle les convertissait en les exhortant à devenir de meilleurs hindouistes, de meilleurs musulmans, de meilleurs chrétiens. Car l'important était de trouver Dieu ; cela fait, il leur revenait de travailler pour Lui comme ils l'entendaient.

Que va devenir l'ordre ? Est-il voué à disparaître avec le souvenir de sa fondatrice charismatique ? Les fonds ne risquent-ils pas de se tarir, et les activités des Missionnaires de la charité d'en souffrir ? Je lui ai souvent posé ces questions. La dernière fois que je le fis, quelques mois avant sa mort, elle me répondit : « Je ne me soucie pas d'hier, parce que c'est le passé, ni du lendemain, parce qu'il est encore à venir. » Puis elle ajouta : « C'est là Son œuvre, Il trouvera le moyen. Nous devons simplement respecter nos vœux. Savez-vous que nous avons presque cinquante ans, et qu'après toutes ces années nous sommes toujours le seul ordre au monde qui ait uniquement fait vœu de se consacrer, du fond du cœur, aux plus pauvres d'entre les pauvres ? Tant que nous respecterons ce vœu et que nous resterons pauvres par choix, notre travail pourra se poursuivre. »

13

Aller de l'avant*

Cela fait aujourd'hui cinq ans que Mère Teresa a disparu, qu'elle a « rejoint son Dieu », comme le disent les sœurs. C'est la première fois que je reviens à Calcutta depuis sa mort, et j'y reviens dans la joie, mais aussi avec une certaine tristesse, et une question derrière la tête. Elle n'a rien de nouveau, on la posait déjà à Mère Teresa de son vivant : comment l'ordre et toute son œuvre pourront-ils perdurer après sa disparition ? Comment espérer que rien ne change ?

Et je me retrouve ainsi, dans cette cour de la Maison mère qui m'est familière, celle de Calcutta. Rien n'a changé, si ce n'est qu'on a ajouté une statue grandeur nature en bronze de Mère Teresa, qui trône à présent devant la chapelle. Elle tend un de ses bras, main tournée vers le bas, comme dans une bénédiction. On m'apprend que c'est une donation. Comme toujours, les sœurs vaquent à leurs occupations avec empressement,

---

* Ce chapitre a été écrit par Rukmini Chawla, la fille de l'auteur, qui avait trois ans quand elle rencontra Mère Teresa pour la première fois.

personne n'a de temps à perdre. Dans leur sari blanc d'une simplicité extrême, les novices courent dans tous les sens, entre prière et service.

Je sais que je fais perdre de précieux moments de travail aux sœurs que je viens voir. Au cours de ma conversation avec sœur Lisa, je lui demande avec précaution quel effet cela fait que Mère Teresa ne soit plus là. Son visage s'illumine alors qu'elle me répond : « Maintenant que nous n'avons plus la présence physique de Mère Teresa, nous nous efforçons encore plus de suivre ses enseignements et de perpétuer son œuvre. Lorsque les parents laissent leurs enfants tout seuls à la maison, ce sont les enfants qui doivent assumer la responsabilité du foyer. Ils doivent en prendre soin, travailler dur. De même, nous travaillons tous encore plus dur qu'auparavant pour réaliser le rêve de Mère Teresa, et être de bonnes filles. Elle était le plus bel instrument de Dieu, le plus parfait. Certes, notre travail est dédié à Dieu, mais nous resterons toujours les filles de notre Mère. »

Tandis que nous parlons, je remarque que plusieurs visiteurs s'approchent de la statue de Mère Teresa. Certains s'inclinent pour lui toucher les pieds, d'autres prennent sa main tendue et ferment les yeux pour prier en silence. D'autres enfin viennent placer leur tête dans sa paume. Puis ils se rendent dans la salle où son corps repose dans sa tombe, une simple dalle en ciment. Sœur Gertrude, l'une des plus anciennes compagnes de Mère Teresa aujourd'hui âgée de plus de soixante-dix ans, ne peut s'empêcher de glousser : « Avant, c'est elle qu'on venait voir, maintenant voilà qu'on vient voir sa tombe ! »

Quelques jours plus tard, la Maison mère voit défiler un flot de visiteurs, comme du temps de Mère Teresa. Alors que je viens juste de réussir à apostropher une sœur, deux jeunes Coréens pénètrent dans la cour où nous discutons. Eux aussi s'arrêtent devant la statue de Mère Teresa et se photographient à tour de rôle. C'est quand ils entreprennent de photographier les sœurs que les choses se compliquent : elles s'enfuient ou les découragent d'un geste véhément de la main. Je ne peux m'empêcher d'éclater de rire. Et c'est moi qui me retrouve à devoir poser pour le jeune Coréen, entre son compagnon et la statue de Mère Teresa. Un bien beau tableau !

Dans les jours qui suivirent, je me rendis dans les autres maisons de Mère Teresa. Je n'avais jamais visité le centre pour lépreux Gandhiji Prem Niwas de Titagarh, mais j'en entendais parler depuis longtemps. Le frère Vinod, de la congrégation de Mansatala Row, proposa de m'y emmener. C'est ainsi qu'un beau matin nous partîmes pour Titagarh. Je ne m'attendais pas à ces trois hectares de terrain. Depuis l'époque où mon père avait fait ses recherches et parlé de Titagarh dans son livre, le centre s'était énormément développé, en termes d'équipements médicaux, de nombre de patients ayant accès aux soins et d'activités mises en place par l'équipe locale. Avec un nouveau bloc opératoire et un nouveau service hospitalier inaugurés en 1995, Mère Teresa ouvrait les portes du centre non seulement aux lépreux, mais aussi à tous les pauvres ayant besoin de soins médicaux. Quelques années auparavant, des chirurgiens et des spécialistes avaient commencé à arriver, de toute l'Inde mais aussi de l'étranger, pour réaliser des opérations très pointues. Il semble que cela soit devenu un rituel annuel. Dans le même temps, un nombre croissant de lépreux affluent chaque année à Titagarh pour se faire soigner. Ainsi, en 2001, au moins 12 505 patients sont venus du Bengale occidental et d'autres États voisins. À l'heure où j'écris, il y a près de deux cents patients dans les locaux, en train de se faire soigner.

De Titagarh se dégage une impression d'espace. Des enfilades de bâtiments bien entretenus, entourés de riches cultures. Près de cinq cents travailleurs réinsérés vivent et travaillent ici, la plupart sur les métiers à tisser. En les regardant travailler, je constatai que les membres manquants ou les difformités physiques dont ils souffraient n'avaient pas entamé leur entrain. Ce que ces gens avaient perdu ne les avait pas découragés d'utiliser ce qui leur restait. Du fait de ce malheur, leur volonté de vivre dans la dignité et le courage semblait s'être renforcée. Et ce courage, j'en voyais le signe dans chaque tâche qu'ils accomplissaient, aussi infime fût-elle : entretenir les jardins, nettoyer la porcherie ou plier des bandages. Le frère Vinod et moi, nous passâmes environ deux heures à parcourir toute l'étendue de Titagarh ; et il m'annonça à la fin que je n'avais pas tout vu. Comme j'avais largement dépassé mon quota d'exercice pour la matinée, je fus soulagée de le voir faire demi-tour.

Sous la direction des frères, Titagarh perpétue l'œuvre de Mère Teresa pour les milliers de malades atteints de la lèpre. De plus en plus de patients sont réinsérés et retrouvent les moyens de gagner leur vie ; ainsi les frères servent-ils l'objectif de Mère Teresa, réintégrer les patients guéris au monde extérieur qui les avait d'abord rejetés. J'ai rencontré plusieurs de ces personnes auxquelles les frères avaient bâti un toit sur le terrain du centre. L'une d'entre elles était une jeune femme magnifique, qui avait suivi une formation de pathologiste au laboratoire de l'hôpital. Elle formait à son tour une jeune fille au microscope.

Shishu Bhawan était anormalement silencieux lorsque j'arrivai cet après-midi-là ; il faut dire que les enfants faisaient la sieste. Sœur Marjorie me rejoignit au parloir. Je ne l'avais plus revue depuis des années, pourtant je fus à nouveau instantanément conquise par son rire et la chaleur qui émanait d'elle. Nous échangeâmes des nouvelles ; elle m'apprit que le centre de Shishu Bhawan, avec ses quelque trois cents pensionnaires, était toujours plein à craquer. Et la file d'attente était longue, pour les parents qui souhaitaient adopter – pour la plupart, des Bengalis issus de la classe moyenne. Sœur Marjorie m'expliqua que le centre recevait plus de demandes d'adoption qu'il n'y avait d'enfants. Et même si le premier choix demeurait un garçon, les parents avaient de moins en moins de préventions à l'égard des filles.

La conversation finit inévitablement par porter sur Mère Teresa, et sœur Marjorie me dit :

— Vous savez, tant que notre Mère était en vie, nous ne la voyions pas très souvent, elle avait beaucoup de travail, et elle voyageait sans cesse. Mais à présent, en esprit, elle est toujours parmi nous ! Pour ma part, je lui « parle » dès que j'ai un problème ; et je vois bien combien elle m'aide, de mille manières différentes.

Les enfants avaient fini par se réveiller et sœur Marjorie m'emmena jusqu'à la crèche. Je ressentis soudain un violent accès de culpabilité : n'était-il pas indécent que j'arrive ainsi, une étrangère pour eux, pour ne jamais plus revenir ? Je fis part de mes scrupules à sœur Marjorie. Elle me répondit avec douceur :

— Et nous, alors ? Nous passons notre temps à changer de foyer. Mais le plus important ici, c'est que ces enfants ne puissent pas se permettre de s'attacher comme le font la plupart des gens. Il faut qu'ils soient forts, s'ils veulent survivre.

Je devais avoir l'air toujours inquiet, car elle poursuivit :

— Être en présence de ces enfants, c'est être aimé. Contentez-vous d'accepter cet amour. C'est tout.

Et elle disait vrai. Peu importait qui j'étais, ou d'où je venais. Les enfants étaient eux-mêmes, tout simplement, pleins d'amour, drôles et turbulents. Ils voulaient qu'on les prenne dans les bras, qu'on joue avec eux. Ils voulaient partager leur goûter et rivalisaient entre eux pour attirer l'attention. Il y eut des rires et des larmes, et de petites crises de colère. Sœur Marjorie prenait le temps de répondre à toutes les petites paires de bras qui se tendaient vers elle. Le don de soi dont font preuve ces sœurs n'a jamais cessé de m'émerveiller.

Chaque fois que je viens à Calcutta, je me sens obligée de me rendre à Nirmal Hriday, le centre de Mère Teresa dédié aux plus démunis et aux mourants. Aussi, cette fois encore, je me rendis à Kalighat. Rien n'avait changé. Tous les lits étaient occupés. Près de moi, un homme était allongé, les yeux clos, à peine conscient du mouvement autour de lui. Il était mourant et n'avait plus que la peau sur les os. Il avait une perfusion dans le bras. Deux volontaires venus d'Europe lui faisaient sa toilette et changeaient les draps souillés de son lit. Malgré leur forte carrure, ils avaient des gestes doux et précis. Une Indienne était assise au chevet du malade, occupée à chasser les mouches qui lui volaient autour du visage. Je m'assis à côté d'elle, et elle m'expliqua qu'elle était bénévole pour les Missionnaires de la charité depuis vingt-deux ans. Elle venait à Kalighat tous les matins, pour se rendre utile. Je baissai alors les yeux sur le visage qu'elle protégeait, et je fus frappée par la paix qui l'habitait.

Pendant ce temps, sœur Georgina, la mère supérieure de Kalighat, n'était pas en reste. Il y avait aussi une douzaine d'autres bénévoles, en train de vaquer aux tâches qu'on leur avait assignées. Elles travaillaient avec rapidité et efficacité. Plusieurs sœurs soignaient les patients et quelques frères étaient venus leur prêter main-forte. On avait déménagé les hommes dans le quartier des femmes, car on était en train de repeindre leur aile. Sœur Georgina se porta les mains au visage en feignant l'affolement, et s'écria qu'on se serait cru au milieu de la gare de Sealdah.

Les dons en espèces et en nature continuent d'affluer du monde entier. Sœur Georgina m'expliqua que, lorsque des visiteurs lui demandaient ce qu'ils pouvaient donner, elle recommandait des dons en nature plutôt qu'en espèces.

— Je leur dis d'aller au marché avec l'argent qu'ils comptent donner, et d'acheter ce qu'ils veulent, même si c'est le riz ou le *dal* le moins cher. Mais je trouve important qu'ils fassent ce petit effort, pour donner vraiment.

Sœur Georgina se montrait d'une fidélité exemplaire aux paroles souvent prononcées par Mère Teresa. Elle disait en effet : « Donner de l'argent, c'est facile, mais ce que je voudrais leur offrir, c'est l'occasion de toucher les pauvres. »

J'hésitai à demander à sœur Georgina quelques minutes de son temps, mais elle le donnait sans compter. Tandis que nous discutions, elle me fit remarquer que, si c'était possible, beaucoup plus de monde viendrait à Kalighat. Lorsque je lui demandai pourquoi, elle me répondit, l'œil pétillant :

— Eh bien, maintenant que notre Mère est aux cieux, il lui est beaucoup plus facile de les envoyer jusqu'à notre porte !

Elle m'annonça avec fierté que c'était l'année du jubilé pour Kalighat. Nirmal Hriday avait ouvert ses portes le 22 août 1952. Depuis, soixante-seize mille personnes y étaient mortes et bien plus encore s'étaient rétablies et avaient pu reprendre leur vie dans les rues de Calcutta.

Lorsqu'on est à Kalighat, il est impossible de tourner le dos à la réalité de la maladie et de la mort. La douleur devient immédiatement partie intégrante de l'expérience, même lorsqu'on n'est qu'un simple visiteur. Mais, très vite, je me sens emportée au-delà de la tristesse, de la douleur et de ce gâchis pathétique de la vie qui décline et s'éteint. Je prends conscience d'une porte qui s'ouvre en moi, je me sens soudain emplie d'un flot d'amour et de douceur, dont je me serais crue incapable. Et, dans ces instants-là, je sais que je suis devenue quelqu'un d'autre. Pour moi, c'est là l'essence de l'œuvre de Mère Teresa. Car, si elle s'occupait de tous les corps, elle allait bien au-delà, jusqu'aux cœurs brisés et aux esprits anéantis. Même si tous ses pauvres avaient droit à un repas chaud, au gîte, à des vêtements propres et à des médicaments, Mère Teresa savait qu'elle n'avait pas accompli sa mission tant qu'elle n'avait pas donné son amour et sa compassion ; toutes ces choses que le monde ne pouvait, ou ne voulait pas donner. Sa force résidait dans sa capacité à transformer la douleur et la souffrance en amour et en guérison. Cette force est présente non seulement à Kalighat, mais dans tous les centres d'accueil de Mère Teresa. Tout au long de son voyage, elle n'a eu pour seul bagage que la pureté absolue de sa vocation, et dans le cœur l'amour le plus profond.

Et aujourd'hui, quand je parcours les locaux de Kalighat et que j'en côtoie les pensionnaires, je sais que rien n'a changé. Mère Teresa n'est plus présente physiquement, mais son aura demeure plus forte que jamais. Chaque malade, chaque mourant en fait ici partie, et tout être qui s'approche de ce lieu en est pénétré. Car si la douleur s'est emparée de moi sitôt que je suis entrée, je me suis sentie élevée au-delà d'elle.

Même du vivant de Mère Teresa, on s'est inquiété des aptitudes de sœur Nirmala, qui lui a succédé. On s'est demandé, et on se demande toujours, si elle dirige l'ordre comme il convient et si elle est de taille à prendre la place de Mère Teresa. Discrète et réservée, sœur Nirmala se tient à l'écart des médias, même lorsqu'elle rend visite aux autres centres, en Inde et à l'étranger. Si l'on s'en tient aux statistiques, le nombre de Missionnaires de la charité a augmenté depuis la mort de Mère Teresa, il y a cinq ans. Le travail est maintenu, le dévouement désintéressé, et le respect de leur quatrième vœu reste inchangé. Et c'est peut-être là tout ce qui compte. Une des sœurs a expliqué que sœur Nirmala et Mère Teresa étaient tout simplement des êtres humains très différents : « Notre Mère était totalement ouverte à Dieu. Elle entendait Sa voix et Sa volonté avec tellement de clarté qu'elle n'avait besoin de rien d'autre. »

Je ne crois pas que la tâche de sœur Nirmala soit de remplacer Mère Teresa. Elle est appelée à poursuivre l'œuvre et à mener l'ordre de l'avant, comme elle le fait. Dans sa grande humilité, sœur Nirmala a choisi de ne pas porter le titre de « Mère ». Pour elle et pour sa congrégation, il n'y aura jamais qu'une seule Mère, et leur travail ne s'arrête pas à son existence physique.

Mère Teresa disait toujours qu'elle et les sœurs accomplissaient le travail de Dieu, que c'était Sa volonté, qu'elles n'étaient que Ses instruments.

J'ai passé plusieurs jours avec les sœurs, les frères et les pensionnaires. D'une manière ou d'une autre, tous les témoignages ont concordé : l'absence physique de Mère Teresa n'a fait que rendre plus manifeste sa présence parmi eux. N'étant plus limité par une enveloppe corporelle, son esprit est omniprésent. Même moi, je sens son énergie plus forte que jamais. L'être physique de Mère Teresa n'a plus à savoir qu'elle est constamment à l'œuvre, qu'elle panse les blessures de ses pauvres par les mains des frères et des sœurs qu'elle a laissés derrière elle. Travaillant depuis plusieurs années dans ses centres de Delhi, je me sens curieusement beaucoup plus concernée aujourd'hui que je l'étais durant ces années où je la côtoyais. Et comme toujours, ce sont les pensionnaires, les pauvres qui me touchent le plus. Car ils sont capables de sourire à travers leurs larmes et leur douleur. Être dans le monde de Mère Teresa, c'est être singulièrement proche de Dieu. Et c'est là la vraie béatitude.

14

LA VOIE DE LA SAINTETÉ

En route vers Calcutta pour les obsèques de Mère Teresa, le cardinal Sodano, secrétaire d'État du Vatican, fit remarquer que, dans les cas des deux saints médiévaux les plus aimés par l'Église catholique (saint François d'Assise et saint Antoine de Padoue), il avait suffi respectivement de deux et d'un an pour obtenir leur canonisation. En effet, au cours du premier millénaire de notre ère, il suffisait parfois de se comporter comme un saint pour l'être déclaré officiellement. On compte, parmi ces saints, la plupart des premiers martyrs chrétiens. Saint Christophe (littéralement : « Qui porte le Christ ») et sainte Véronique (du grec « image vraie ») ont été canonisés sur la foi d'une légende. Les humains ne sont pas les seuls à avoir été canonisés, comme on le voit avec l'archange saint Michel, par exemple. Et tant saint Jean Baptiste que le « Bon Voleur » ont été canonisés avant leur mort, et avant même que le christianisme ait une existence officielle. Cependant, depuis le pontificat d'Alexandre III, au XIIe siècle, et particulièrement du fait des efforts de John Bolland et d'un groupe de jésuites au XVIIe siècle, des méthodes d'investigation plus scientifiques furent mises au point pour plus d'authenticité historique, concernant la vie des candidats à la canonisation. C'est ainsi que le processus se fit plus rigoureux qu'au Moyen Âge et que des procédures plus strictes commencèrent à déterminer qui était digne de cette distinction. Il devint alors assez courant d'attendre un siècle pour voir une canonisation accordée. Jeanne d'Arc, par exemple, ne devint sainte qu'en 1920, soit quatre cent quatre-vingt-neuf ans après sa mort.

En vingt-cinq années de pontificat, le pape Jean-Paul II a modifié de façon substantielle certains des critères de sélection, ce qui a conduit à une prolifération des canonisations. Pas moins de quatre cent soixante-quatre femmes et hommes ont ainsi été canonisés, et plus nombreux encore ont été les béatifiés. Dans son désir évangélique d'élargir la base de l'Église, le pape a privilégié des parties du monde telles que l'Afrique, l'Asie et l'Europe de l'Est, que les papes précédents avaient eu tendance à négliger ; bon nombre des canonisés et béatifiés récents en sont donc originaires. Pourtant, le fait est que le processus de béatification, et surtout de canonisation, reste toujours lent. Le 12 novembre 1989, le pape Jean-Paul II a canonisé Agnes de Bohême (1211-1282). En 1995, il a canonisé un prêtre tchèque du XVIIe siècle, qui avait été torturé à mort après la contre-révolution, et dont le dossier avait erré dans le labyrinthe de la procédure pendant des siècles.

Aux yeux de l'Église, c'est Dieu qui fait les saints, pas le Vatican. Mais parmi le petit nombre de religions qui confèrent encore la sainteté, l'Église catholique, par le biais de sa Congrégation pour la cause des saints, en est venue à privilégier la prudence par rapport à l'émotion immédiate. Dans certains cas controversés, les dossiers ont été placés en attente. Le cas de José Maria Escrivá de Balaguer par exemple, fondateur du mouvement catholique conservateur Opus Dei et qui a été béatifié en 1992 (soit dix-sept ans seulement après sa mort), continue à soulever de farouches objections. La canonisation la plus rapide fut celle d'une religieuse française qui a inspiré Mère Teresa, la jeune et humble sainte Thérèse de Lisieux, qui devint officiellement une sainte vingt-huit ans après sa mort, survenue en 1897. Son immense rayonnement en France et dans d'autres pays catholiques explique l'accueil très chaleureux et unanime qu'a reçu cette décision.

Parmi les changements significatifs dans la procédure introduits par le pape en 1983, on note que l'obligation de produire deux miracles avant la béatification, et deux autres pour la canonisation (sauf dans le cas de martyrs) a été réduite à un seul miracle pour chacune des deux étapes. Pour la canonisation, un second miracle posthume doit être validé. Aux yeux de l'Église, ce sont des interventions divines qui vont au-delà des lois de la Nature. Il s'agit la plupart du temps de guérisons miraculeuses, pour lesquelles on ne peut produire aucune explication scientifique et que l'on conçoit comme une volonté de Dieu exprimée par l'intermédiaire du candidat à la sainteté. Un autre changement majeur a consisté à remplacer « l'avocat du diable » – désigné par l'Église elle-même pour repérer les failles dans les arguments en faveur du candidat à la sainteté – par des censeurs théologiques.

Bien que les catholiques croient que tous ceux qui vont au ciel sont des saints, le fait d'en reconnaître et d'en vénérer certains fournit aux fidèles des modèles de vie. Par exemple, un saint François d'Assise peut inspirer des vocations de grande pauvreté, un saint Vincent de Paul pourra rappeler les devoirs à l'égard des pauvres et un saint Joseph la dignité dans le travail. Les catholiques croient également qu'ils sont unis à ceux qui sont aux cieux par l'intermédiaire de la «communion des saints». Le catholique ne «vénère» pas les saints, il leur demande, grâce à leur position privilégiée, d'intercéder auprès de Dieu et de Lui transmettre ses prières.

Dans les jours qui suivirent la mort de Mère Teresa, on me demanda de toutes parts si elle serait canonisée ou non et, si oui, quand. Je répondis invariablement que selon moi, si on se fiait aux réactions des gens du monde entier, sans distinction de nationalité ou de religion, Mère Teresa avait déjà été sanctifiée de son vivant. J'ajoutai que l'Église ne tarderait probablement pas à s'atteler au problème et que la seule question était effectivement quand. Ma position était confirmée par le fait qu'étaient déjà nombreux ceux qui lui demandaient d'intercéder pour eux, de même qu'ils étaient des milliers encore à s'inspirer de son exemple pour procéder à des changements dans leur vie, et tout cela déjà du vivant de Mère Teresa.

Et en effet, il ne fallut attendre que quelques jours après les obsèques pour voir pleuvoir les lettres au Vatican, dans les maisons des Missionnaires de la charité et dans les églises du monde entier – des courriers provenant de gens de toutes origines, et qui réclamaient la canonisation immédiate de Mère Teresa. À ce sujet, sœur Nirmala fut reçue au Vatican le 12 octobre 1997 par le pape Jean-Paul II, à qui elle fit part de ces demandes pressantes. Deux mois après la mort de Mère Teresa, le 23 octobre 1997, Mgr Henry D'Souza, archevêque de Calcutta, prenant en considération ce déluge de lettres, envoya un courrier officiel à la Congrégation pour la cause des saints, le département du Vatican chargé de la question ardue de la sainteté. Il y demandait une dispense spéciale, afin de ne pas avoir à attendre les cinq années de rigueur après le décès pour entreprendre les démarches d'enquête. Cette période de latence, instituée au fil des siècles, permet de mettre les événements en perspective, et de discerner d'éventuels aspects négatifs. Dans ce contexte, les paroles du cardinal Joseph Ratzinger, qui dirige au Vatican la Congrégation de la doctrine de la foi, firent écho à celles du cardinal Sudano, lorsqu'il disait : « La vie de Mère Teresa est d'une telle transparence, d'une telle limpidité... Je pense qu'il existe des cas d'une telle clarté que même la procédure classique devrait être accélérée. » Pour toutes ces raisons, et du fait de sa forte conviction personnelle, le pape Jean-Paul II, pour la première fois dans l'histoire de l'Église catholique, accorda ladite dispense le 12 décembre 1998.

Pour ma part, connaissant le respect et la tendresse que le pape éprouvait à l'égard de la toute petite religieuse, je ne doutais pas que son dossier de canonisation serait le plus rapide de ces derniers siècles. Mon instinct me disait que le pape Jean-Paul II souhaiterait qu'elle soit canonisée avant que lui-même, vieillissant et malade, atteint de la maladie de Parkinson, ne disparaisse de la scène. « Mère Teresa a marqué l'histoire de notre siècle », avait fait remarquer le souverain pontife, « elle a courageusement défendu la vie, elle s'est mise au service de tous les êtres humains, en leur apportant dignité et respect, et elle a fait ressentir la tendresse de Dieu à ceux que la vie avait rejetés. »

Conformément aux règles du Vatican, le 19 mars 1999, sœur Nirmala, mère supérieure des Missionnaires de la charité, nomma le père canadien Brian Kolodiejchuk, un des frères membres des Missionnaire de la charité, à la fonction de « postulateur » dans « l'enquête concernant la vie, les vertus et la réputation de sainteté de Mère Teresa ». En d'autres termes, le père Brian fut chargé de se faire l'avocat des Missionnaires de la charité. L'ensemble du processus serait supervisé par le représentant spécial de l'archevêque de Calcutta, l'évêque Salvadore Lobo. Le père Brian, assisté de sœur Lynn Mascarenhas, devait passer la majeure partie des deux années suivantes à parcourir des milliers de lettres et de documents, et à compiler autant de témoignages oraux. Lorsque le processus parvint à son terme en juillet 2001, le père Brian et son équipe avaient réuni quelque trente-cinq mille pages de témoignages, classées en soixante-seize volumes. Parmi eux se trouvait mon récit de vingt-trois années de travail avec Mère Teresa, qui avait été enregistré en présence de Mgr Lobo en personne.

La béatification et la canonisation finale de Mère Teresa impliquaient, pour résumer, deux étapes, la phase diocésaine, à Calcutta, et la phase romaine, qui aurait lieu au Vatican. En tant que pétitionnaire de la cause, sœur Nirmala avait mis en route le premier processus en demandant l'autorisation officielle de l'archevêque d'ouvrir le dossier. Le père Brian mit en forme et présenta à l'archevêque des documents solides, comprenant notamment une biographie de Mère Teresa, un relevé de ses qualités morales, des preuves étayant sa réputation de sainte femme, le compte rendu de faveurs obtenues grâce à son intercession, de même que la liste des obstacles possibles à la cause. Le père Brian soumit donc ces documents, accompagnés d'une liste de témoins, à la fois favorables et défavorables au dossier. L'archevêque consulta alors les évêques locaux, afin de vérifier la pertinence de l'ensemble. Il réunit en outre la conférence des évêques. Le 26 juillet 1998, l'archevêque officialisa la cause de béatification et de canonisation de Mère Teresa de Calcutta, servante du Seigneur. Il procéda également à un appel à témoins, adressé à tous ceux susceptibles d'apporter des informations substantielles concernant Mère Teresa – cela n'excluant pas ses détracteurs. Dans le même temps, ses écrits religieux furent soumis à l'examen de théologiens, de même que ses témoignages d'ordre historique furent soumis à un historien, dans le même but.

L'archevêque nomma par la suite un « promoteur de la justice » (un prêtre), compétent dans le domaine de la théologie et du droit canonique. À partir de tous les documents disponibles, le promoteur conçut une liste de questions à poser aux témoins. Un questionnaire très détaillé fut établi sous l'égide de Mgr Lobo par le promoteur de la justice, assisté du postulateur, le père Brian. Ce questionnaire, qui visait à rassembler un dossier complet relatant la vie de Mère Teresa, depuis sa jeunesse à Skopje (alors en Albanie) jusqu'à sa mort, était découpé en plusieurs chapitres : les jeunes années, la vie de Mère Teresa au couvent Notre-Dame-de-Lorette à Dublin, ses premières actions depuis 1948 puis au cours du reste de sa vie active. Les trois membres du Tribunal entreprirent ensuite d'enregistrer les interventions des soixante-douze premiers témoins, venus de toute l'Inde, et entendus à Calcutta. Quarante et un témoins supplémentaires furent reçus dans quatorze autres diocèses situés sur les cinq continents. Tous ces témoignages furent minutieusement vérifiés par Mgr D'Souza, puisque toute la phase diocésaine se devait d'être entamée et conclue dans le diocèse où Mère Teresa avait vécu, travaillé et où elle s'était éteinte. Ce processus prit plus de deux ans. Ensuite, tous les exemplaires authentifiés des documents furent envoyés au Vatican. Dans ce genre de procédure, les témoins sont traditionnellement choisis parmi un échantillon aussi large que possible. Par conséquent, il ne s'agissait pas seulement de témoins religieux, ou nécessairement de la même religion que Mère Teresa. Dans le cas présent, on comptait entre autres des experts médicaux ou historiques. Ainsi que la seule parente de Mère Teresa encore en vie (une nièce) et des critiques tels que Christopher Hitchens, l'auteur de l'ouvrage polémique dirigé contre Mère Teresa et intitulé *Le Mythe de Mère Teresa ou comment devenir une sainte de son vivant grâce à un excellent plan médias*. En tant qu'hindou, j'acceptai en outre d'être entendu comme témoin. Toujours dans un esprit d'objectivité, on ne reçut pas de témoignages de prêtres, ni celui du postulateur de la cause, des promoteurs de la justice ou du notaire de l'enquête.

Dans le cas de Mère Teresa, comme pour tous les candidats, il fallait établir la preuve d'un miracle survenu grâce à son intercession pour que le dossier réuni par les Missionnaires de la charité soit considéré comme complet. Dès que la nouvelle courut que l'on cherchait à prouver un miracle, des centaines de lettres parvinrent aux Missionnaires de la charité. L'équipe dut parcourir tous ces courriers, parmi lesquels on identifia finalement des « faveurs » ou des « grâces », distinctes des véritables miracles. L'un des récits était celui d'une Française vivant aux États-Unis, qui avait été victime d'un accident de voiture, dans lequel elle s'était fracturé plusieurs côtes. Sa blessure aurait cicatrisé grâce à la médaille de Mère Teresa qu'elle portait au cou.

Le cas finalement retenu fut celui identifié dans le village de Raiganj, au Bengale occidental, dans l'est de l'Inde. Il concernait une jeune Indienne âgée de trente ans, Monika Besra, qui souffrait d'une tumeur à l'estomac et fut guérie de façon inexplicable à la suite de prières adressées à Mère Teresa par ceux qui prenaient soin d'elle. Ce « miracle » réunissait les quatre critères requis par l'Église pour l'accepter comme tel, à savoir : une guérison instantanée, totale, permanente et scientifiquement inexplicable.

L'enquête diocésaine débuta à Calcutta le 25 novembre 1999, pour s'achever le 5 janvier 2001, avant que les conclusions ne soient lues au Vatican le 20 décembre 2002. Cette enquête, différente de celle menée sur Mère Teresa, était pourtant conduite par les mêmes personnes, auxquelles vinrent s'ajouter trois experts médicaux.

Les troubles de Monika Besra débutèrent le 15 novembre 1997 et prirent fin au milieu de l'année 1999. Les premiers symptômes incluaient de la fièvre, des maux de tête et des vomissements, dont elle allait se plaindre constamment pendant l'année et demie qui suivit. À partir de février ou mars 1998, elle remarqua qu'elle avait une grosseur à l'abdomen. Elle fut alors hospitalisée dans la clinique privée où sa sœur travaillait, à Rajibpur. Au bout d'un mois de traitement, sans amélioration de son état ni disparition des symptômes, elle quitta l'établissement. Elle fut ultérieurement admise à l'hôpital régional de Malda ; une fois de plus, son état ne connut aucune amélioration. En mai 1998, elle entra dans un foyer d'infirmières de Malda, car ses symptômes allaient en empirant. Là, on diagnostiqua une méningite tuberculeuse. Six mois après les premières douleurs, Monica demanda à entrer à la maison des Missionnaires de la charité située à Patiram. Les sœurs, découvrant à travers son dossier médical qu'elle souffrait d'une affection chronique, la firent transférer dans le service pour tuberculeux de l'hôpital d'État. À l'issue de son traitement, elle put sortir en juin 1998, après confirmation du diagnostic de méningite avec céphalées. Elle reçut ensuite une lettre de recommandation auprès de spécialistes de deux hôpitaux de Calcutta. En juin 1998, son abdomen avait beaucoup gonflé, ce qui l'empêchait désormais de marcher, d'accomplir ses besoins naturels, ou même de dormir. Elle retourna alors de nouveau auprès des Missionnaires de la charité.

Au cours du mois d'août 1998, les sœurs emmenèrent Monika consulter des médecins dans au moins deux hôpitaux différents. Mais ce n'est que le 5 septembre 1998, lorsqu'elles constatèrent que leurs efforts des derniers mois avaient été vains, qu'elles entreprirent de dire pour elle une prière spéciale et posèrent sur la tumeur une médaille miraculeuse que Mère Teresa elle-même avait touchée. Deux des sœurs, ainsi que le patient qui occupait le lit voisin, prièrent pour elle. Pour les sœurs, la date n'était pas anodine, car c'était le premier anniversaire de la mort de Mère Teresa. Le lendemain matin, le 6 septembre, Monika se réveilla bien plus légère, sans plus aucune douleur, ni distension intestinale.

Le cas de Raiganj – en référence à son village – n'alla pas sans soulever lui aussi une certaine controverse. À peine la nouvelle fut-elle rendue publique qu'il était évident que les médias allaient assaillir Monika. Tant la télévision que la presse déferlèrent comme un raz de marée sur ce petit village tranquille et, très rapidement, des interviews commencèrent à être diffusées dans le monde entier. Les médecins de l'hôpital de Raiganj avancèrent que Monika était soignée par leur équipe, et qu'elle avait en fait bien réagi au traitement. Mais tant Monika que son mari se montrèrent catégoriques et soutinrent que c'était l'intervention miraculeuse de Dieu, par l'intercession de Mère Teresa, qui avait eu raison de sa maladie.

Après la conclusion de l'enquête diocésaine, qui relatait ce cas miraculeux, le père Brian fut à nouveau chargé par sœur Nirmala et par l'archevêque de porter le fruit de son travail à Rome, pour l'examen final et le jugement qui serait rendu par le Vatican.

Le miracle de Raiganj, qui avait été authentifié par les théologiens, fut soumis à un comité de cinq experts médicaux, qui passèrent au crible le diagnostic, le pronostic, le traitement et le processus de guérison. Le comité finit par conclure que cette guérison allait effectivement au-delà des lois de la médecine, mais aussi de celles de la Nature. Une commission de théologiens examina ensuite la relation entre la guérison miraculeuse et l'éventuelle intercession de Mère Teresa. Une fois ce lien établi, le miracle fut porté devant les cardinaux et évêques constituant la Congrégation pour la cause des saints. Après avoir enfin franchi avec succès cette étape, le cas remonta jusqu'au pape, qui seul possède le droit de donner l'approbation ultime, qu'il a depuis accordée.

Dans le même temps, le Vatican annonça que le pape Jean-Paul II avait choisi le 19 octobre 2003 comme date officielle de la béatification de Mère Teresa. Cette date correspond en outre à trois événement majeurs : le dimanche de la Mission (l'avant-dernier dimanche d'octobre tombant le 19), le vingt-cinquième anniversaire de l'élection du pape Jean-Paul II (le 16 octobre) et la conclusion de l'année du Rosaire. La béatification de Mère Teresa aura marqué la célébration d'une vie de missionnaire exemplaire, un acte de gratitude pour tout le travail passé, présent et futur, des missionnaires à travers le monde.

Le fait que cette date ait été si proche de l'anniversaire de son élection semble indiquer que Jean-Paul II voit en Mère Teresa l'incarnation de sa propre conception du rôle de l'Église, une conception qu'il a illustrée depuis le début de son pontificat : le Christ est la voie de l'Église, l'Homme est la voie de l'Église (Redemptor Hominis). À travers son amour profond pour le Christ et son amour désintéressé pour les plus pauvres parmi les pauvres, Mère Teresa est l'exemple même de ce « génie féminin » loué et encouragé par le pape Jean-Paul II. La petite Mère est en outre un exemple pour tous les chrétiens d'aujourd'hui, démoralisés par les difficultés et les scandales, aveuglés par le culte de la société de consommation ou trompés par les idéologies. Le pape a enjoint les chrétiens de réciter plus souvent le rosaire au cours de cette année, afin de renforcer leur foi. La vie de Mère Teresa est elle aussi un témoignage : elle a confié chacun de ses actes au cœur de Marie et n'a jamais fait un pas sans son rosaire à la main.

ÉPILOGUE

Mère Teresa m'a souvent répété qu'elle n'a jamais lu un seul des livres qui lui ont été consacrés : même si elle le souhaitait, jamais elle ne se permettrait le luxe d'être détournée du « vrai travail », ne serait-ce que quelques heures. Je ne l'ai jamais oublié quand elle a pris sur son temps pour répondre à mes questions ou expliquer ses convictions. Sachant qu'elle rattraperait le temps perdu en travaillant tard dans la nuit, j'ai d'abord tenté de faire en sorte que ces séances soient aussi courtes que possible. J'ai vite compris que le meilleur moment pour lui parler, c'était lorsque nous voyagions ensemble. Aussi ai-je tenté de l'accompagner aussi souvent que j'ai pu.

Un après-midi, alors que nous étions dans le salon d'accueil de la Maison mère, je l'informai que j'avais écrit le prologue de l'ouvrage, et que j'aimerais lui en lire quelques paragraphes. Un trait de caractère fondamental de Mère Teresa était que, une fois qu'elle avait entrepris quelque chose, ou parlé à quelqu'un, elle y consacrait toute son attention. Elle écouta donc avec le plus vif intérêt, hochant la tête plusieurs fois en signe d'approbation, et finit par me dire : « Très bien, très bien. Faites-le publier quelque part ! »

Si elle ne souhaitait pas se voir imposer la suite, lui dis-je, elle me rendrait un immense service en désignant quelqu'un qui me fournirait des informations, ou mettrait un terme à mes doutes, lorsqu'elle-même serait absente. L'ordre croissait à un rythme si rapide que statistiques, noms et lieux couraient le risque d'être périmés. D'ailleurs, étant hindouiste, j'avais de sa foi une compréhension parfois incomplète ou inexacte. Mère Teresa acquiesça de nouveau de la tête et, au bout d'un instant de réflexion, avança le nom de sœur Joseph-Michael. Elle m'enjoignit toutefois de ne pas trop l'importuner : étant l'une de ses quatre conseillères générales, sœur Joseph-Michael était déjà surchargée de travail. Dix-huit mois durant, elle devait, avec le sourire, m'accorder beaucoup de son temps, souvent après avoir été prévenue au dernier moment. Elle me donna aussi des lettres d'introduction pour les supérieures des foyers que je voulais visiter, lettres sans lesquelles elles n'auraient sans doute pas répondu à mes questions.

C'est sœur Joseph-Michael qui, me demandant si j'avais rencontré le père van Exem, et apprenant que j'ignorais jusqu'à son existence, arrangea un rendez-vous. Nul autre que lui n'aurait pu faire revivre de façon aussi vivante les premières années de Mère Teresa, surtout celles où l'ordre était encore à naître. Chacune de mes visites à Calcutta aurait été incomplète sans de longues discussions avec lui. Sa prodigieuse mémoire, la douceur de ses manières, son sens de l'humour étaient autant d'aimants qui firent de lui ma source privilégiée.

Plus d'une fois, nos rencontres commençaient par : « Vous ai-je raconté ce qui s'était passé cet après-midi-là ? » Je ne savais jamais s'il voulait faire allusion à un événement survenu la semaine précédente, ou vieux de trente ou quarante ans. Il entreprenait ensuite de me faire de nouvelles révélations sur Mère Teresa et son œuvre, ou de me raconter une anecdote amusante sur sa propre vie, du temps où il desservait une paroisse de Calcutta. C'est au cours de ces entretiens que le père van Exem me signala, dans l'existence de Mère Teresa, des moments forts que j'aurais fort bien pu négliger. Il lui arriva également de me signaler des personnes dont il pensait que je pourrais apprendre beaucoup.

Le 2 mai 1992, je rendis une dernière visite à Mère Teresa avant de confier mon manuscrit à l'éditeur. Ce jour-là, très occupée, elle était en réunion avec ses supérieures régionales, venues de toute l'Inde. Elle ne les quitta que brièvement pour me dire que je pouvais la voir après ses prières du soir. Je décidai plutôt d'assister au service.

Voir Mère Teresa en prière était une expérience extraordinaire, tant elle ne faisait qu'un avec son Dieu. En de tels moments, rien ni personne n'avait plus d'importance. Quand elle se pliait en deux pour toucher le sol de la tête, en signe d'obéissance, sa soumission était complète. Chaque fois que je la revois ainsi, je ne puis m'empêcher de me demander, pour la millième fois, comment parler d'une femme en termes quotidiens. Elle n'avait rien d'un génie : elle avait l'esprit vif, mais il restait ordinaire à bien des égards. Il est vrai qu'elle travaillait très dur, qu'elle avait un sens pratique et qu'elle était très efficace. Elle n'est jamais allée à l'université et n'eut guère le temps de lire, hormis les Écritures. Comment, dans ces conditions, comprendre ses exceptionnelles réussites ? Il n'y a pas de relation directe entre le nombre des Missionnaires de la charité et l'influence qu'elles exercent. Ceux qui, aujourd'hui, sont en vie grâce à elle – les affamés, les malades et les indigents, les victimes des famines et des catastrophes, qu'elles soient humaines ou divines, dont elle a soulagé les souffrances, et qu'elle a portées à l'attention de tous –, doivent se compter par centaines de milliers, voire par millions. Il y a aussi tous ceux qu'elle a inspirés : des gens qui ne l'ont jamais rencontrée, qui ont lu un livre ou un article sur elle, et que cela a poussés à agir eux-mêmes. Pendant qu'elle s'agenouillait devant l'autel, quelle autre solution me restait-il, à part prendre en compte le mystérieux facteur spirituel et divin ? Comme pour dissiper mes doutes persistants, elle m'a dit une fois : « Je suis un instrument, un crayon dans la main du Seigneur. Aujourd'hui encore, Dieu montre Son humilité en faisant usage d'instruments aussi faibles et imparfaits que nous. » Ce n'étaient pas là paroles en l'air ; elle le croyait sincèrement. Comment expliquer ses triomphes, autrement ?

Les prières sont terminées, le dernier des fidèles est parti. C'est le crépuscule. Mère Teresa vient s'asseoir avec moi sur le petit banc du pont situé en dehors de la chapelle. Je lui demande quels changements, d'après elle, son œuvre a provoqués dans sa ville d'adoption. « Nous avons fait bien du chemin, répond-elle. Les habitants de Calcutta en sont venus à connaître et à aimer les pauvres. On ne laisse plus personne mourir dans la rue ; quelqu'un le soulève et nous l'amène. J'ai ainsi vu des enfants conduire à Kalighat des vieillards gisant sur les trottoirs. Des gens de toutes croyances viennent prendre leur part de la tâche, en me disant : "Mère Teresa, nous voulons vous aider." Ils sont désireux de toucher les pauvres. C'est là la beauté de l'œuvre accomplie. C'est la même chose partout. »

Ses activités s'étendaient sur la planète entière, et pourtant il est difficile de l'imaginer vivant ailleurs qu'à Calcutta. Sa vie et celle de la ville sont désormais inextricablement liées, l'une nourrissant l'autre, et chacune bizarrement incomplète sans l'autre. Dans le monde entier, des millions de gens la connaissent sous le nom de « Mère Teresa de Calcutta », comme s'il s'agissait là d'un titre de noblesse. Elle est, pour le peuple de cette ville, une de ses déités, et certainement celle qui veille sur sa conscience. Le gouverneur du Bengale occidental m'a dit que chaque fois qu'il la rencontre, il se demande : « Qu'ai-je fait pour servir l'humanité ? » Comme des milliers d'autres, il se sent extrêmement humble devant elle. Il n'est donc pas étonnant que dans l'État, les gens disent d'elle qu'elle est la « mère du Bengale ».

Soudain, un cri retentit à la porte du bas : « Ma, Ma ! » Une sœur vient prévenir Mère Teresa qu'un mendiant insiste pour la voir, et ne veut parler qu'à elle. Elle descend. Je la suis. L'homme n'est pas venu quémander à manger, mais faire don de ce qu'il a gagné pendant la journée. Il y a, dans son bol de métal, quelques pièces de monnaie – au mieux, une ou deux roupies. L'espace d'un instant, Mère Teresa reste indécise. Si elle accepte, il ne mangera rien ce soir ; si elle refuse, il sera blessé.

Elle décide d'accepter. Il baise sa main avec allégresse. Comme nous repartons vers le banc, elle me regarde et dit: « Il m'a donné tout ce qu'il a, et ne mangera sans doute pas. Ce don a pour moi bien plus de valeur que le prix Nobel et que toutes les récompenses que j'ai pu recevoir. »

Quand je repense aux cinq années qu'il m'a fallu pour écrire ce livre, je me rends compte que, pas une seule fois, elle ne m'a refusé quoi que ce soit. Elle ne m'a rien imposé, n'a pas fait l'ombre d'une suggestion, et n'a fait que donner. Ce fut la culmination d'une expérience qui m'a donné force et richesse. Car j'ai reçu ses conseils, ses bénédictions et ses prières, d'une valeur inestimable. La dernière fois que nous nous sommes vus, elle m'a dit: « Je n'ai jamais donné ce genre d'occasion à quiconque. Quoi que vous fassiez, faites-le pour la gloire de Dieu et le bien des gens. Achha, prenez bien soin de vous, de votre femme et de vos filles. Et, avant que j'oublie, donnez-leur mes prières. »

ANNEXES

I

Conversation avec Mère Teresa

Navin Chawla : Mère, quand vous réfléchissez à votre vie, diriez-vous que c'est une vie de bonheur ?

Mère Teresa : Un bonheur que personne ne peut me prendre. Il n'y a jamais eu le moindre doute, le moindre malheur.

— Les sœurs viennent-elles de toute l'Inde ? Leurs parents sont-ils heureux ?

— Oui, de toute l'Inde ; leurs parents sont très heureux de donner leur fille à Dieu, c'est une grande chose. C'est aussi un sacrifice, un très grand sacrifice. Le sacrifice n'est pas tristesse, surtout quand on donne à Dieu.

— Mais il est difficile...

— Non. Quand on donne à Dieu, l'amour est plus grand. Ces jeunes filles veulent donner ce qu'elles ont de meilleur. Elles se soumettent totalement à Dieu. Elles renoncent à leur position, à leur demeure, à leurs parents, leur avenir, qu'elles vouent également à Dieu par l'intermédiaire des plus pauvres d'entre les pauvres.

— Au fil des années, au cours desquelles vous avez été séparée de votre famille...

— Comment cela ? Ils sont tous au ciel. Il ne reste personne sur cette terre.

— Mais au fil des années, malgré le sacrifice, il reste le lien humain.

— Bien sûr. C'est quelque chose, évidemment, que personne ne peut rompre. Ce qu'il y a de beau, c'est qu'on le donne à Dieu, voilà le plus important. Jésus dit : « Mon disciple, si tu veux donner, prends la croix. » C'est très simple, cela ne présente aucune difficulté.

— Votre ordre exige-t-il une complète obéissance ?

— Une obéissance complète, un service du fond du cœur, une pauvreté absolue et un amour sans réserve pour le Christ. Les sœurs, devant se lier par leurs vœux, doivent savoir ce que de telles choses signifient. Le vœu d'obéissance signifie que nous devons faire la volonté de Dieu en toutes choses. Le vœu de pauvreté est très strict dans notre congrégation. Nous prononçons aussi celui de chasteté, et donnons entièrement nos cœurs au Christ. Pour finir, nous avons un quatrième vœu qui nous est propre : celui de servir les pauvres, gratuitement et de tout cœur. Nous ne pouvons travailler pour les riches, pas plus que nous ne pouvons accepter d'argent pour notre travail.

— Comment se fait-il que les sœurs aient l'air si heureuses ?

— Nous voulons que les pauvres se sentent aimés. Nous ne pouvons aller vers eux avec des visages tristes. Dieu aime que celui qui donne soit gai. Celui qui donne avec joie donne le plus.

— Que se passe-t-il si une sœur estime qu'elle a fait une erreur [en entrant dans l'ordre] ?

— Elles sont libres de partir. Une fois qu'elles ont prononcé leurs vœux, si elles veulent partir, elles peuvent en demander la permission. Très peu de sœurs nous ont quittées. Il est tout à fait extraordinaire que la plupart d'entre elles se soient montrées si fidèles.

— Et les doutes sur les questions quotidiennes, par exemple sur la façon dont le travail doit être organisé ? Peuvent-elles s'en ouvrir à vous ?

— Nous sommes une famille comme les autres, à ceci près qu'elle est très nombreuse, et nous partageons tout. Je crois que c'est cela qui fait la différence.

— Dans une foi aussi grande, peut-il y avoir place pour le doute, par exemple quand on accomplit une tâche ?

— Cela dépend pour qui. Une mère n'a aucun doute quand elle s'occupe de son fils, parce qu'elle l'aime. Cela change tout dans sa vie. C'est la même chose pour nous. Si nous aimons réellement le Christ, ce doute ne nous touche pas. Le désir de faire mieux, peut-être, mais pas le doute. Du moins, je ne l'appellerais pas ainsi. Le doute perturbe.

— La plupart d'entre nous doutent : ce que nous faisons est-il juste ?

— Non, ça ce n'est pas le doute. Vous voulez faire encore mieux pour votre enfant. Ce n'est pas le doute. Le doute vous vole votre liberté.

— Quand on est face à quelqu'un qui est physiquement diminué, qui souffre de lèpre, qui est mangé par les vers, le toucher pourrait provoquer le doute.

— C'est de la peur, pas du doute.

— Comment en vient-on à bout ?

— D'abord par la prière, mais si vous aimez vraiment la personne en question, il vous sera plus facile de l'accepter, avec amour et tendresse. Car c'est une occasion pour vous de mettre en œuvre votre amour pour Dieu. L'amour commence chez soi. Et pour nous, c'est très clairement indiqué dans les Écritures. Jésus a dit : « Ce que vous faites au moindre de mes petits, c'est à moi que vous le faites. Si vous donnez un verre d'eau en mon nom, c'est à moi que vous le donnez. J'avais faim, j'étais nu, j'étais seul. » La foi est un don de Dieu, qui vient par la prière. Le fruit du silence est la prière, le fruit de la prière est la foi, le fruit de la foi est l'amour, le fruit de l'amour est le service, et le fruit du service est la paix. Tout est lié.

— D'où tirez-vous votre force ?

— La messe est la nourriture spirituelle qui nous rassasie. Je ne pourrais passer une seule journée, une seule heure sans elle. Dans l'Eucharistie, je vois le Christ sous l'apparence du pain. Dans le taudis, je Le vois sous l'affligeante apparence du pauvre – dans les enfants, dans les corps brisés, dans les mourants. C'est pourquoi ce travail devient possible.

— Je voudrais vous poser une question que beaucoup de ceux qui ont travaillé avec vous posent souvent. Ils disent que vous incarnez la paix et ajoutent, ce qui peut-être vous déplaira, que vous êtes la femme la plus puissante du monde.

— Ah bon ? Si seulement ! J'apporterais la paix au monde entier ! *(rires)*

— Vous pouvez sans difficulté prendre le téléphone et joindre un Président ou un Premier ministre, parce que vous parlez au nom de la paix.

— Au nom du Christ. Sans Lui je ne pourrais rien.

— Vous œuvrez pour apporter la paix, mais pourquoi, vous demandera-t-on, n'œuvrez-vous pas pour empêcher la guerre ?

— Quand on œuvre pour la paix, on empêche la guerre. Mais je ne me mêle pas de politique. La guerre est le fruit de la politique, et par conséquent je ne m'y implique pas, c'est tout. Sinon, je cesserais d'aimer. Je serais du côté d'un seul, et non de tous. C'est là la différence.

— Mère, quand vous devez faire face à des situations telles que des émeutes, ne ressentez-vous pas de la peur ?

— Peur de quoi ?

— Peur de...

— Peur de monter au ciel ! *(rires)*

— Ou peur pour vos sœurs ?

— Non, nous avons donné nos vies à Dieu. Une fois, nous devions aller dans le sud du Soudan, avec du ravitaillement. Nos sœurs sont dans le nord du pays. Nous risquions d'être prises pour cibles, et le gouvernement ne voulait pas nous laisser y aller. Cinq d'entre nous ont signé [une déclaration] pour dire que nous étions prêtes à mourir si l'avion était abattu. Le lendemain, alors que nous allions partir, [les rebelles] ont déclaré : « Nous abattrons l'avion. » Le pilote a refusé de décoller. Sinon, nous y serions certainement allées.

— Au début, avez-vous rencontré beaucoup d'obstacles ? J'ai lu que lorsque vous avez voulu fonder une colonie de lépreux à Titagarh, les gens du cru s'y sont opposés parce que tout le monde avait peur de la lèpre.

— Mais une fois qu'ils ont vu, ils ont compris. Même en dehors de l'Inde, nous nous heurtons parfois à cette opposition, mais une fois que les gens voient, ils comprennent. Quand les gens entrent en contact avec les pauvres, ils se rendent compte à quel point ils sont merveilleux.

— N'êtes-vous pas en train de vous disperser, en ouvrant tant de foyers et en menant tant de missions dans tant de pays ?

— Nous sommes les Missionnaires de la charité, et un missionnaire est quelqu'un qui doit aller répandre la bonne nouvelle, peu importe où. Aujourd'hui en Inde, demain en Europe, partout où la voix de Dieu vous appelle. Et un missionnaire est quelqu'un qu'on envoie porter l'amour de Dieu. C'est pourquoi nous sommes Missionnaires de la charité. Comme on me l'a dit : « Vous gâtez les pauvres en leur donnant tout. » J'ai répondu : « Personne ne nous a plus gâtées que Dieu Lui-même. » Car Lui aussi donne. Et quelqu'un d'autre m'a dit : « Pourquoi leur donner un poisson à manger ? Pourquoi ne pas leur apprendre à pêcher ? » J'ai répondu : « Mes gens [les pauvres], quand je les trouve, ne peuvent même pas se tenir debout. Ils sont malades ou affamés. Alors je les emmène. Quand ils seront bien portants, ils ne viendront plus me voir, car ils pourront se débrouiller seuls ! »

— Et les coopérateurs souffrants ?

— Oui, ce sont des gens malades qui adoptent une de nos sœurs. Si vous êtes malade, que je suis là et que vous offrez toutes vos souffrances pour moi, vous les offrez à Dieu pour moi, pour le travail que j'accomplis. Et je l'offre à Dieu, j'offre mon amour, pour vous. Je vous aide et vous m'aidez. Chacun est le second moi de l'autre. C'est un don énorme. Vous ne pouvez agir, alors j'agis et vous souffrez. J'ai quelqu'un qui se charge de cela pour moi, elle a déjà dû subir beaucoup d'opérations. Elle les offre toutes à Dieu, tandis que je cours dans tous les sens pour elle. Elle souffre terriblement, mais elle offre tout pour moi. Nous comprenons que nous partageons tout. C'est là le lien. Elle avec sa souffrance, moi avec le travail et les prières. C'est magnifique. Chaque sœur a une personne malade qui prie pour elle.

— Vous y puisez donc des forces supplémentaires, et vous donnez cela à votre action.

— Oui, oui, et ils reçoivent des forces supplémentaires de nos prières, de notre action, des sacrifices que nous faisons. C'est magnifique.

— Et les autres coopérateurs ?

— Nous avons dans le monde une famille de presque quatre cent mille coopérateurs, qui viennent partager le travail des sœurs. Je leur donne l'occasion d'être en contact avec les pauvres et ceux qui sont seuls. À bien des égards, la solitude est pire que la pauvreté matérielle. Beaucoup de gens, de toutes les religions, viennent me voir, pas seulement pour faire un don, mais pour travailler de leurs mains. Nous avons aussi des médecins, des coopérateurs qui viennent dans les dispensaires s'occuper des malades ; des jeunes qui répandent parmi la jeunesse l'amour des pauvres, de la pureté, de la prière. Ils partagent cela avec les autres. Les jeunes sont à la recherche d'un défi à relever. Parfois on les égare. En fait, beaucoup d'entre eux sont à la recherche de Dieu. Regardez tous les bénévoles venus du monde entier. Ils viennent servir ici pour deux ou trois mois. Ils travaillent tout le reste de l'année pour rassembler l'argent nécessaire, car nous ne leur donnons rien, alors ils doivent tout payer.

— Un fait intéressant que j'ai toujours observé à Kalighat, c'est qu'il y a là beaucoup de personnes, une centaine peut-être, dont certaines sont proches de la mort, et que personne ne semble en avoir peur.

— On y sent la présence de Dieu, et ils sentent l'amour qu'on leur porte. Comme le disait l'un d'eux: « J'ai vécu comme un animal, mais je mourrai comme un ange », entouré de soins et d'amour. Ils meurent heureux. Vingt-trois mille d'entre eux sont morts là-bas.

— Quel est leur plus grand adversaire? Le rejet?

— La pauvreté. Ils n'ont rien, ils n'ont personne. Ils vivent dans la rue. Nous ne prenons personne d'autre, seulement les indigents malades et mourants; il faut qu'ils viennent de la rue. Nous ne prenons pas les autres. À Prem Dân, certains viennent peut-être des bidonvilles, mais à Kalighat nous ne prenons personne d'autre. Vous êtes allé à Prem Dân? Vous devriez.

— Vous m'avez dit une fois que l'humiliation est la plus grande crainte que puisse affronter un être humain.

— Le moyen le plus sûr de ne faire qu'un avec Dieu, c'est d'accepter les humiliations.

— Vous en avez subi?

— Oh oui, beaucoup. Toute cette publicité autour de nous est humiliation.

— Humiliation, ou reconnaissance de votre œuvre en faveur des pauvres?

— Humiliation, parce que nous savons que nous ne sommes rien nous-mêmes. Vous voyez ce que Dieu a fait. Je crois que Dieu veut montrer Sa grandeur en recourant au néant.

— Qu'en est-il donc de toutes ces récompenses que vous avez reçues, comme le prix Nobel ?

— Je ne me souviens même pas de leur nombre. Ce n'est rien. Pour le prix Nobel, j'ai dit : « Je l'accepterai si vous le décernez pour la gloire de Dieu et au nom des pauvres. » Je n'accepte pas de prix en mon nom. Je ne suis rien.

— Vous n'avez pas permis que le banquet traditionnel ait lieu après la remise du prix.

— Non. Ils m'ont donné l'argent. Cela nous a permis de nourrir deux mille personnes le jour de Noël. C'était bien mieux. À Delhi, on avait donné une réception, il y avait un dîner de gala. Je les ai emmenés au Nirmal Hriday, où ils ont nourri les gens. Les ministres, les gens importants, tous sont allés nourrir nos pauvres.

— Les lépreux sont-ils toujours les plus rejetés de tous ?

— Plus maintenant, parce que nous avons des remèdes. S'ils viennent à temps, nous pouvons les guérir. Mais être rejeté est la plus terrible maladie dont puissent souffrir les êtres humains. Le seul remède, il est dans des mains prêtes à servir, dans des cœurs prêts à aimer.

— Peuvent-ils reprendre leur place dans la société ?

— Oui, oui. S'ils viennent à temps. Partout nous avons des lieux pour les y aider. En Inde, nous avons de nombreux foyers : Delhi, Lucknow, Ranchi, Asansol, Calcutta, bien des endroits. L'État nous a donné beaucoup de terres ; nous achetons le matériel et le donnons aux familles de lépreux. Souvent, ils construisent eux-mêmes leur maison. Dans de nombreux pays, les gens nous donnent des terres ou des maisons, comme au Nicaragua ou à Budapest.

— Vous travaillez à Calcutta depuis bien des années. Votre œuvre a-t-elle changé les consciences ?

— Elle a amené beaucoup de gens à s'aimer mieux les uns les autres, et c'est le plus important.

— Aujourd'hui, y a-t-il moins d'indigents que quand vous avez commencé ?

— Je ne sais pas *(rires)*. Je ne pourrais pas vous dire. Mais ceux qui meurent avec nous meurent en paix. Pour moi, c'est le plus grand accomplissement de la vie humaine, mourir en paix et dans la dignité, car c'est pour l'éternité.

— Je voudrais vous poser une question difficile. Vous avez édifié un réseau très vaste, qui vous est lié.

— Comment cela ? Il est lié à toute la société, toute la congrégation.

— Oui, mais comme vous êtes sa fondatrice, vous êtes synonyme des Missionnaires de la charité.

— C'est exact. Mais seulement avec les sœurs.

— Avec vous comme principale organisatrice.

— C'est vrai. Il le fallait. Dans votre famille, vous jouez ce rôle. C'est la même chose pour nous. Il faut l'admettre, sinon ce serait la confusion.

— Mais mère, une fois que vous serez partie...

— Laissez-moi d'abord partir ! *(rires)* Dieu trouvera quelqu'un d'autre, comme Il m'a trouvée. L'œuvre est celle de Dieu, et Il y veillera.

— Mère, pourquoi montez-vous et descendez-vous les escaliers avec tant d'empressement, en dépit de vos problèmes cardiaques ? Je suis sûr que les médecins ne sont pas d'accord.

— *(rires)* Je n'ai pas le temps d'y penser !

— J'ai vu une photo de vous dans un magazine. On vous faisait visiter la Maison-Blanche, et vous aviez l'air sidérée.

— Je me disais : il y a là tellement de place ! J'ai toujours envie de prendre mes pauvres et d'en remplir des maisons entières. À voir le vide, j'ai toujours envie de le remplir (rires) !

— Avec un travail aussi difficile, comment réussissez-vous à avoir encore le sens de l'humour ?

— Mais c'est un travail extrêmement beau, vous savez. Nous n'avons aucune raison d'être malheureuses. Nous l'accomplissons avec Jésus, pour Jésus, en Jésus. Nous sommes des contemplatives au cœur du monde. Jésus a dit : « Ce que vous faites au moindre de mes petits, c'est à moi que vous le faites. Si vous donnez un verre d'eau en mon nom, c'est à moi que vous le donnez. Si vous accueillez un enfant en mon nom, c'est moi que vous accueillez. » C'est pourquoi je veux accueillir tous ces enfants à naître. L'image de Dieu est en chaque enfant, quoi qu'il puisse être, infirme, beau ou laid – c'est la superbe image de Dieu, créée pour de grandes choses : aimer, être aimé. C'est pourquoi vous, moi, nous tous, nous devons insister pour préserver l'image de Dieu, car c'est quelque chose de très beau. Le petit dont on ne veut pas, qu'on n'aime pas, qui est venu au monde alors qu'on ne l'aimait pas, quelle souffrance horrible est la sienne ! C'est la plus grande maladie d'aujourd'hui : ne pas être désiré, ne pas être aimé, être abandonné, rejeté de la société.

— Mère, vous m'avez raconté une très belle histoire, celle d'une femme de Calcutta qui partageait le riz.

— Oui, je me souviens. Je n'ai pas été surprise qu'elle donne. C'est naturel. Les pauvres partagent toujours. Mais j'ai été surprise qu'elle sache que ses voisins avaient faim. Les gens le cachent souvent, surtout s'ils ont connu des jours meilleurs. Un homme est venu me voir l'autre jour, il avait été plus à l'aise, il avait descendu la pente. Il est venu et m'a dit : « Mère Teresa, je ne peux manger ce qu'on donne ici. » Je lui ai répondu : « C'est ce que je mange. » Il m'a regardée et m'a dit : « Vous en mangez ? – Oui. – Alors, j'en mangerai aussi. » Que je le fasse lui a donné le courage d'accepter l'humiliation. Si je n'avais pas pu lui dire cela, il serait peut-être resté dur et amer au fond de lui-même, et n'aurait rien accepté. Mais quand il a su que j'étais avec lui, cela l'a encouragé.

— La pauvreté est-elle votre force ?

— Nous n'acceptons rien, ni salaire ni dons de l'Église, pour le travail que nous accomplissons dans le monde entier. Chaque Missionnaire de la charité est le plus pauvre d'entre les pauvres. C'est pourquoi nous pouvons tout faire. Nous portons les mêmes vêtements que les pauvres. Mais nous, nous avons choisi. Pour pouvoir comprendre les pauvres, il faut savoir ce qu'est la pauvreté. Sinon, ce serait parler un autre langage, non ? Nous ne saurions pas être proches de cette femme qui s'inquiète pour son fils. Nous dépendons entièrement de la Providence. Nous sommes comme les arbres, les fleurs. Mais nous sommes plus importants pour Lui que les fleurs ou l'herbe. Il en prend soin, mais

Il prend davantage soin de nous. C'est ce qui est si beau dans la congrégation.

— Qu'est-ce qui vous attriste ?

— Voir les gens souffrir physiquement me rend triste.

— Comment voyez-vous ce que vous avez accompli ?

— Il n'y a pas de réponse à cela. Nous ne devons pas gâcher l'œuvre de Dieu. Nous ne travaillons pas pour la gloire ou pour l'argent. Les sœurs sont consacrées, c'est un amour consacré. Tout est pour Jésus. Nous travaillons pour Dieu. Achha, je dois y aller maintenant !

II

DISCOURS PRONONCÉ PAR MÈRE TERESA LE 18 OCTOBRE 1988, À L'OCCASION DE LA PUBLICATION DE L'OUVRAGE DE NAVIN CHAWLA SUR LA LÈPRE

Prions tous ensemble.

Seigneur, rends-nous dignes
De servir tous ceux qui, dans le monde entier,
Vivent et meurent dans la pauvreté et la faim.
Donne-leur aujourd'hui, de nos mains, leur pain quotidien,
Et par notre amour plein de compréhension, donne-leur la paix et la joie.
Seigneur, fais de moi le chenal de ta paix;
Que là où est la haine, j'apporte la joie;
Que là où est l'injustice, j'apporte l'esprit de pardon;
Que là où est la discorde, j'apporte l'harmonie;
Que là où est l'erreur, j'apporte la vérité;
Que là où est le doute, j'apporte la foi;
Que là où est le désespoir, j'apporte l'espoir;
Que là où sont les ombres, j'apporte la lumière;
Que là où est la tristesse, j'apporte la joie.

Seigneur, accorde-moi de chercher à réconforter, plutôt que d'être réconforté;
De comprendre, plutôt que d'être compris;
D'aimer, plutôt que d'être aimé;
Car c'est en s'oubliant qu'on trouve,
C'est en pardonnant qu'on est pardonné,
C'est en mourant qu'on s'éveille à la vie éternelle.
Amen.

La lèpre n'est pas une punition, ce peut être un très beau don de Dieu si nous en faisons bon usage. Grâce à elle, nous pouvons apprendre à aimer ceux que personne n'aime, ceux dont personne ne veut; non seulement pour leur donner des choses, mais aussi pour leur faire sentir qu'eux aussi sont utiles, qu'eux aussi peuvent faire quelque chose parce qu'ils se savent aimés et désirés, qu'ils peuvent partager la joie de l'amour.

En Inde, en Afrique et au Moyen-Orient, nous prenons soin de cent cinquante-huit mille lépreux. Chaque Noël, nous leur offrons un repas spécial. Je me souviens d'un homme très gravement infirme assis à côté de moi. Lorsque je déclarai que la lèpre n'est pas une punition, il se mit à tirer sur le bord de mon sari, en répétant: «Redites-le, redites-le.» Son cœur en était touché, parce qu'il pouvait se dire: «On m'aime, on veut bien de moi.» C'est là ce dont nos frères et nos sœurs atteints de la lèpre ont besoin. Il est vrai qu'il nous faut leur donner des remèdes, il faut vraiment le faire. C'est là chose naturelle, mais la chose la plus merveilleuse est de faire en sorte qu'ils soient désirés, qu'ils soient aimés.

Partout les États ont été très bons pour moi, au

Moyen-Orient, en Afrique, en Inde – surtout en Inde –, et m'ont donné des terres pour aider à la réhabilitation des lépreux. Ici, à Delhi, nous avons un très bel endroit à Seemapuri, où nous amenons les malades relevés dans la rue. On n'en voit plus autant qu'autrefois dans les rues de Delhi. Nous essayons de réunir les familles. Dans certains endroits, nous achetons des matériaux de construction, pour qu'ils puissent bâtir leurs propres demeures. Ils ont leurs boutiques, leurs petites écoles et leurs terres, et ils peuvent ainsi sentir qu'ils sont quelqu'un.

Je pense que là est le plus grand remède : leur faire sentir qu'eux aussi font partie des élus. Et je dois dire que nous avons beaucoup de gens qui nous ont proposé leurs services. Des médecins viennent opérer les infirmes. Comme vous le savez, un enfant né dans une famille de lépreux ne l'est pas forcément lui-même. Aussi, dans chaque centre de réhabilitation, avons-nous un foyer pour enfants, et dès la naissance, avant même que la mère ait pu embrasser son bébé, nous le prenons avec nous. Les parents peuvent venir le voir, mais pas l'embrasser avant qu'il soit capable de marcher. Beaucoup d'enfants [nés de couples lépreux] ont grandi, certains font des études, d'autres travaillent, ils sont mariés et se sont installés dans la vie, sans présenter le moindre signe de la maladie. Une énergie neuve est venue remplir leur vie, ils se disent : « Je peux être parfaitement bien. » Dieu merci, on les reprend à leur travail, une fois que nous pouvons prouver qu'ils ne sont plus contagieux.

À Titagarh, près de Calcutta, ils tissent tous nos saris [ceux que portent les Missionnaires de la charité], nos draps, et fabriquent d'autres objets destinés à nos foyers. Une énergie nouvelle est venue remplir leur vie, car eux aussi sont utiles, eux aussi peuvent faire quelque chose parce qu'ils se sentent aimés et désirés, et peuvent partager la joie de l'amour.

Dieu a été très bon pour nous en nous donnant d'aussi belles occasions. Il est merveilleux de voir des familles ensemble, vivant ensemble, de les réunir, de leur redonner la joie de vivre.

Il nous faut nous débarrasser de nos craintes. Il y a une très belle chose que je veux que vous fassiez tous. Nous avons à Delhi une clinique mobile. Mettez les lépreux en relation avec les sœurs, qu'ils puissent obtenir des remèdes sans perdre de temps. C'est là le plus grand amour dont vous puissiez faire preuve, les mettre en rapport avec tous ceux qui travaillent pour les lépreux, ou avec nos sœurs. Et s'il y a ici des gens qui souhaitent visiter nos foyers de Seemapuri, ils seront les bienvenus.

Encourageons les lépreux à venir à temps, à se faire traiter à temps. Si un patient vient nous voir, nous ne le touchons pas tant qu'il n'a pas amené toute sa famille, que nous examinons, et nous décidons ensuite qui doit être traité, et ainsi de suite. C'est une très belle façon de montrer un grand amour. Souvenons-nous qu'Il veut que nous nous aimions les uns les autres, comme Il aime chacun d'entre nous. Et quand nous mourrons, pour Le retrouver, ce sera de nouveau la même chose : « J'avais faim et tu m'as nourri, j'étais nu et tu m'as vêtu, j'étais sans foyer, tu m'as accueilli, tu as fait tout cela pour moi. »

Et où commence cet amour ? Dans notre propre maison, dans notre famille, avec notre voisin dans le besoin, dans notre ville, notre pays. Prions ensemble. Nous avons besoin d'en revenir à la prière. Nous sommes des familles indiennes, nous sommes des familles unies, nous sommes des familles qui prient. Il est important pour les familles d'être ensemble, de prier ensemble.

En Occident règne une solitude que j'appelle « sa lèpre ». À bien des égards, elle est pire que la condition de nos pauvres de Calcutta. Ici, les pauvres partagent. Je connais une famille de six personnes qui mourait de faim quand nos sœurs la découvrirent. Elles donnèrent un peu de riz à la mère. Mais celle-ci le divisa en deux portions, et en donna la moitié à une autre famille elle aussi affamée. Je n'ai pas été surprise qu'elle donne ; j'ai été surprise qu'elle sache.

Au Yémen, qui est un pays entièrement musulman, j'ai demandé à un riche citoyen de faire construire un Masjid. Les gens avaient besoin d'un endroit pour prier, et je lui ai dit : « Tous et toutes sont vos frères et vos sœurs musulmans. Il leur faut un lieu où ils puissent rencontrer le Seigneur. »

Remercions donc Dieu de nous donner la merveilleuse occasion d'être ensemble, de prier ensemble pour nos frères et nos sœurs les pauvres. Remercions Dieu que vous et vos familles soyez en bonne santé, en mesure d'apprécier la vie, et prions-Le pour nos patients lépreux.

III

LETTRE AUX PRÉSIDENTS DES ÉTATS-UNIS ET D'IRAK

> 54 A, AJC Bose Road
> Calcutta-16
>
> 2 janvier 1991

Cher Président George Bush,
Cher Président Saddam Hussein,

Je m'adresse à vous les larmes aux yeux, l'amour de Dieu dans le cœur, afin de plaider la cause des pauvres et de ceux qui le deviendront si éclate la guerre que nous redoutons tous. Je vous supplie de tout mon cœur d'œuvrer à la paix de Dieu et de vous réconcilier.

Vous avez tous deux une cause à défendre, un peuple sur lequel veiller, mais veuillez d'abord écouter Celui qui est venu dans le monde nous enseigner la paix. Vous avez la force et la puissance nécessaires pour détruire la présence et l'image de Dieu, Ses hommes, Ses femmes, Ses enfants. Je vous en prie, écoutez la volonté de Dieu. Il nous a créés pour être aimés par Son amour, non pour être détruits par notre haine.

À court terme, il peut y avoir des vainqueurs et des vaincus dans cette guerre que nous redoutons tous, mais cela ne peut et ne pourra jamais justifier la souffrance et les pertes de vies humaines que provoqueront vos armes.

Je m'adresse à vous au nom de Dieu, le Dieu que nous aimons et partageons tous, pour vous supplier au nom des innocents, des pauvres du monde entier, et de ceux qui le deviendront à cause de la guerre. Ce sont eux qui souffriront le plus parce qu'ils n'ont aucun moyen de s'enfuir. Je plaide pour eux à genoux. Ils souffriront, et nous serons coupables de n'avoir pas fait tout ce qui était en notre pouvoir pour les aimer et les protéger. Je plaide auprès de vous pour toutes celles et tous ceux qui seront orphelins, veuves, et seuls, parce que leurs parents, leur époux, leurs frères et leurs enfants auront été tués. Je vous supplie de les épargner. Je plaide pour tous ceux qui resteront infirmes et défigurés. Ils sont les enfants de Dieu. Je plaide pour ceux qui se retrouveront sans foyer, sans nourriture et sans amour. Veuillez penser à eux comme s'ils étaient vos enfants. Pour finir, je plaide pour tous ceux qui perdront la chose la plus précieuse que Dieu puisse nous donner, la vie. Je vous supplie de sauver nos frères et nos sœurs, ainsi que les vôtres, car ils nous sont donnés par Dieu pour que nous les aimions et les chérissions. Il ne nous revient pas de détruire ce que Dieu nous a donné. Je vous en prie, faites que votre esprit et votre volonté soient celui et celle de Dieu. Vous avez le pouvoir de faire la guerre ou de bâtir la paix. JE VOUS EN PRIE, CHOISISSEZ LE CHEMIN DE LA PAIX.

Moi, mes sœurs et nos pauvres prions tant pour vous. Le monde entier prie pour que vous ouvriez vos cœurs à l'amour de Dieu. Vous pouvez gagner la guerre, mais quel sera le prix pour ceux qui seront brisés, infirmes, perdus ?

J'en appelle à vous – à votre amour, à votre amour de Dieu et de votre prochain. Au nom de Dieu, au nom de ceux que vous rendrez pauvres, ne détruisez pas la vie et la paix. Laissez-les triompher, et faites en sorte qu'on se souvienne de votre nom pour le bien que vous aurez fait, la joie que vous aurez donnée et l'amour que vous aurez partagé.

Priez pour moi et pour mes sœurs quand nous tentons d'aimer et de servir les pauvres, car ils appartiennent à Dieu, et sont aimés de Lui, de même que nous et nos pauvres prions pour vous. Nous prions pour que vous aimiez et nourrissiez ce que Dieu a confié à votre garde avec tant de confiance.

Que Dieu vous bénisse, maintenant et toujours.

God bless you
M Teresa mc

TABLE

Préface, par l'abbé Pierre 5

Avant-propos 9

1. Enfance 27
2. La Teresa bengali 33
3. Un ordre intérieur 43
4. Motijhil 57
5. 14 Creek Lane 75
6. La Maison mère 97
7. Frères et coopérateurs 123
8. Les Shishu Bhawan 155
9. Titagarh 179
10. Kalighat 203
11. La femme la plus puissante du monde... 225
12. L'adieu 245
13. Aller de l'avant 259
14. La voie de la sainteté 271

Épilogue 285

Annexes 291